UN NOUVEL ART DE VOIR LA VILLE ET DE FAIRE DU CINÉMA

Du cinéma et des restes urbains

Collection **Champs visuels**
dirigée par Pierre-Jean Benghozi,
Bruno Péquignot et Guillaume Soulez

Une collection d'ouvrages qui traitent de façon interdisciplinaire des images, peinture, photographie, B.D., télévision, cinéma (acteurs, auteurs, marché, metteurs en scène, thèmes, techniques, publics etc.). Cette collection est ouverte à toutes les démarches théoriques et méthodologiques appliquées aux questions spécifiques des usages esthétiques et sociaux des techniques de l'image fixe ou animée, sans craindre la confrontation des idées, mais aussi sans dogmatisme.

Dernières parutions

Luc VANCHERI, *Film, Forme, Théorie*, 2002.
Sylvie AGUIRRE, *L'ombre de la caméra : essai sur l'invisibilité dans le cinéma hollywoodien*, 2002.
Pierre Alban DELANNOY, *Maus d'Art Spiegelman : bande dessinée et Shoah*, 2002.
JP. BERTIN-MAGHIT, M. J. JOLY, F. JOST, R. MOINE (dir.), *Discours audiovisuels et mutations culturelles*, 2002.
Maxime SCHEINFEIGEL, *Les âges du cinéma : trois parcours dans l'évolution des représentations filmiques*, 2002.
Jean-Pierre ESQUENAZI, *Politique des auteurs et théorie du cinéma*, 2002.
Jean-Louis PROVOYEUR, *Le cinéma de Robert Bresson*, 2003.
Sébastien GENVO, *Introduction aux enjeux artistiques et culturels des jeux vidéo*, 2003.
Roland SCHNEIDER, *Cinéma et spiritualité de l'Orient extrême : Japon et Corée*, 2003.
Centre de recherche « La scène », *L'incompréhensible. Littérature, réel, visuel*, 2003.
Fabienne COSTA, *Devenir corps : passages de l'œuvre de Fellini*, 2003
Hervé PERNOT, *L'atelier Fellini, une expression du doute*, 2003.
Patrick BRUN, *Poétique(s) du cinéma*, 2003.
Jean-Paul DESGOUTTE, *Le verbe et l'image*, 2003.
F. SOJCHER et P.-J. BENGHOZI (dir.), *Quel modèle audiovisuel européen ?*, 2003.

Charles PERRATON et François JOST

UN NOUVEL ART DE VOIR LA VILLE ET DE FAIRE DU CINÉMA

Du cinéma et des restes urbains

L'Harmattan	L'Harmattan Hongrie	L'Harmattan Italia
5-7, rue de l'École-Polytechnique	Hargita u. 3	Via Bava, 37
75005 Paris	1026 Budapest	10214 Torino
FRANCE	HONGRIE	ITALIE

© L'Harmattan, 2003
ISBN : 2-7475-5106-7

PRÉSENTATION

Charles Perraton et François Jost
Communications, UQAM et Université Paris III-
Sorbonne-Nouvelle

En quoi le cinéma nous aide-t-il à repenser la ville à l'heure des « restes urbains », fragments d'objets et de pratiques disparates qui forment tant bien que mal notre décor ? Pour répondre à une telle question, il fallait multiplier les points de vue. Cet ouvrage fait donc le choix de la diversité disciplinaire pour comprendre la difficile articulation de la ville au cinéma. À l'image de ce qu'a réussi Fritz Lang dans *Metropolis* (1927), en transposant cinématographiquement son regard d'architecte, ou Wim Wenders dans *Lisbon Story* (1994), en expérimentant la ville avec sa sensibilité de réalisateur, cet ouvrage se propose de rapprocher des domaines qu'on a l'habitude d'isoler, les études urbaines et les études cinématographiques, pour ouvrir de nouvelles hypothèses sur notre manière de voir et d'habiter le monde.

L'influence de la ville sur le cinéma se manifeste depuis ses débuts. Ses rues, ses parcs et ses gratte-ciel, ses voitures, ses habitants et ses capitaux s'imposent à l'écran comme autant de motifs cinématographiques et de repères chronologiques précieux. La ville est comme un lieu cinématographique à part entière ; elle en est non seulement le point de départ, mais aussi le point d'arrivée. Alain Médam en fait la démonstration dans l'introduction en soutenant l'idée que « nous projetons sur les cités réelles, ces images d'elles-mêmes que des projections cinématographiques nous ont transmises », de telle sorte que « nous devenons les metteurs en scène inconscients de ces villes ».

Pour sa part, dans le premier chapitre intitulé **Le cinéma pour repenser la ville**, Charles Perraton reprend l'idée du sociologue américain Richard Sennett voulant que les villes ont leur part de responsabilité dans l'émergence des images, puisqu'elles ont cessé de se présenter comme des moyens de transcender notre condition en nous ouvrant à la diversité, contribuant plutôt à faire que « l'œil voit des différences auxquelles il réagit avec indifférence ». Qu'il suffise pour cela de considérer l'œuvre du célèbre architecte Mies van der Rohe qui a imaginé et construit les premiers édifices de verre (le premier édifice habillé de verre date de 1921, à Berlin, et la plus grande tour de verre, le Seagram Building, fut érigée aux États-Unis entre 1956 et 1958), dont on peut dire maintenant qu'ils ont contribué à l'isolement des individus. Voir le monde à travers des panneaux de verre a contribué à la dévaluation de la réalité tactile et à la séparation des individus. Comme si une amélioration de la visibilité devait paradoxalement s'accompagner d'une augmentation de l'isolement social de ses habitants. La ville elle-même aura donc contribué au développement de cette logique de la vision au détriment des autres sens.

Au cadre bâti risque donc de succéder le cadrage du bâti, à l'expérience urbaine une forme de « civilité tiède ». En réduisant la ville à sa dimension visuelle, et donc l'expérience et l'accueil tactile de l'espace à son expérience visuelle, le risque se fait grand de donner plus d'importance au mobilier urbain qu'à la qualité des rapports sociaux, oubliant par là que les villes sont d'abord faites pour être habitées. Isaac Joseph rappelle pour sa part que, dans ses déambulations au milieu des choses, l'habitant des villes expérimente une nouvelle forme de perception, la vision mobile, qui le prépare et contribue même au développement des vues animées. Certes les choses ne s'arrêtent pas là, puisque le cinéma peut renforcer « le paradigme de la ville comme machine indifférente », ce qu'elle réussit en mettant en scène des personnages dont les rapports se trouvent indexés au désir et à la narration, soulignant par là l'étrangeté des autres sur la rue. Si tout n'est pas perdu « en sortant du cinéma », il peut arriver qu'il y ait plus à faire après qu'avant d'« aller au cinéma ».

Pour François Jost, *Alphaville* (Godard, 1965) et *Family Viewing* (Egoyan, 1987) s'imposent à nous « pour la communauté de leurs postulats et la divergence des modèles urbains qu'ils représentent ». Comme il le souligne dans son analyse, « le premier [...] est fondé sur les conséquences totalitaires d'une mégapole conçue sur une autarcie et une centralisation ancienne », alors que « le second témoigne d'un développement du flux et du réseau où chacun peut devenir un "moyen" de communication et être vecteur des dangers que faisait redouter la ville des années 60 ». De son côté, Henrik Reeh reprend, dans son texte, la thèse de Kracauer selon laquelle le spectateur moderne en apprend davantage sur la réalité urbaine à partir des fragments constitutifs du film qu'à partir de ce qu'ils expriment dans leur totalité, tandis que dans le sien Brigitte Peucker porte son

Présentation

attention sur la singularité du rapport au réel dans le cinéma de Wim Wenders.

Décor obligé de nombreux films, la ville perd parfois son âme dans la transposition cinématographique, quand pour des nécessités économiques, les producteurs « délocalisent » leurs tournages, et n'en retiennent que la superficie, comme le montrent Germain Lacasse, Guy Bellavance et Mike Gasher dans le second chapitre intitulé **La ville décor**. Parce que le sens de la ville est dans son usage, ce dernier en oriente évidemment la lecture. Dès lors, que reste-t-il de la ville après le passage du cinéma ? Bien sûr, nous ne saurions attendre du cinéma ce que la ville ne saurait offrir elle-même, mais n'arrive-t-il pas souvent que les villes de tournage soient une simple toile de fond interchangeable ? À la différence d'Ettore Scola, dont l'inspiration est en prise directe sur la ville, Federico Fellini n'hésite pas à recréer cette dernière en studio pour qu'elle soit plus vraie que nature, pour la transmuer en états d'âme et faire ainsi que le spectateur se métamorphose à son tour en poète de sa ville.

Mais il arrive aussi que la ville devienne personnage, quand de grands cinéastes y impriment leur regard : c'est Lisbonne pour Alain Tanner et Wim Wenders, Montréal pour Denys Arcand et Charles Binamé, New York pour Martin Scorsese et Woody Allen, Paris pour Jean-Luc Godard et Jacques Tati, Rome pour Ettore Scolla et Federico Fellini. Après s'être enfermé dans les studios pendant plusieurs décennies, le cinéma regagne d'ailleurs la rue au lendemain de la Seconde Guerre mondiale. Du néoréalisme jusqu'au cinéma direct, en passant par la nouvelle vague, la ville et son image s'en trouvent modifiées. Plus récemment, des films comme *Central do Brasil* de Walter Salles (Rio, 1998), *Le fabuleux destin d'Amélie Poulain* de Jean-Pierre Jeunet (Paris, 2001), *Eldorado* de Charles Binamé (Montréal, 1995) ou *Laws of Gravity* de Nick Gomez (New York, 1991) nous incitent à imaginer la ville.

Dans le troisième chapitre intitulé **Le cinéma comme imaginaire de la ville**, Elena Dagrada élabore l'idée que New York impose sa forme au film *Manhattan* (1979) tout autant que ce dernier impose la sienne au premier, alors que Christina Bragaglia développe l'hypothèse du cinéma comme mémoire de « l'imaginaire en fuite ». Mais si le cinéma part de la ville pour y retourner, l'imaginaire qu'il suscite ne contribue pas toujours à son heureuse reconfiguration. Il lui arrive de contribuer à la banalisation de la ville par la mise en suspens d'une partie de ce qui la constitue, l'expérience sensible, à la faveur de sa mise en scène. C'est ainsi que les centres-villes des grandes cités du monde sont désormais la cible des entreprises de la mise en scène et du divertissement telles que Disney, MCA, AOL Time Warner, Paramount/Viacom, etc. Ainsi, en subordonnant les usages et les représentations aux impératifs de la mise en scène, Disney a-t-il réaménagé Times Square à New York en l'aseptisant.

Au quatrième chapitre intitulé **La ville : représentations et identité**, Jurgen Müller, à propos d'Amsterdam, Véronique Beelaert, à propos de Bruxelles, Maria Tortajada, à propos de la Suisse, Catherine Russell, à propos de Tokyo, et May Telmissany, à propos du cinéma dans les pays dits en voie de développement, montrent que c'est dans un contexte de confrontation des représentations et des usages de la ville qu'apparaissent de nouveaux enjeux liés au façonnement des identités. Certes la ville n'est pas vue par le cinéma comme la voit son habitant, mais parce que celui-ci va au cinéma, il peut revoir celle-là et sa manière de l'habiter. On en comprend qu'il ne faut pas tant aller de la ville à l'écran que de faire l'inverse pour comprendre le poids des images et la portée des scénarios sur notre manière d'habiter le monde. Ce n'est donc pas parce que les décors sont créés pour la caméra que nous sommes tenus, « en sortant du cinéma », de vivre la ville sous un mode visuel.

Dans la conclusion, Walter Moser clôt ce parcours dans l'archipel métropolitain en rappelant que le cinéma est un art d'accommoder les restes et que notre manière d'habiter la ville pourrait, au moment où nous la concevons et la transformons, s'inspirer d'un mouvement poétique et esthétique qui nous éviterait de perdre l'essentiel.

INTRODUCTION

Être de ville, être de film
Miroirs et réflexions

Alain Médam
Sociologie, CNRS, Toulouse

Metropolis (1927), *Manhattan* (1979), *Roma* (1972), *Alphaville* (1965), *Dans la ville blanche* (1982), *Lisbon Story* (1994), *Alice dans les villes* (1973-1974)..., tant d'autres films, tant d'autres titres liant la présence de la ville à celle du cinéma. Et d'ailleurs, lorsqu'un film se questionne sur une ville – sur la ville –, lorsque faisant ainsi, il se rapproche de l'être de celle-ci (ce qui fait l'essence de la cité, son esprit, son génie...), l'on voit ce film se rapprocher de son être propre, s'interrogeant sur ce qui fait l'essence, l'esprit, le génie du cinéma.

Et pourquoi en est-il ainsi ? Pourquoi donc quand un film ne se contente pas de faire d'une ville un décor, le fond de scène de son intrigue, mais qu'il la saisit comme un être, une présence énigmatique, presque une protagoniste, pourquoi voit-on ce film se retourner sur lui comme si la ville, lui confiant quelque chose de ce qu'elle est, l'invitait à saisir ce qu'il se trouve être, lui-même ?

Comme si le langage de cette cité, en somme – ses panoramas, ses perspectives, ses climats, ses profondeurs de champ, ses fondus enchaînés, ses brouillages, ses mouvements multiples et simultanés, ses précipitations subites, ses bruits, ses fracas, ses rumeurs – menait sans rupture jusqu'à la plurisensorialité du langage filmique. Comme si ce dernier se trouvait être le prolongement – sur d'autres modes, avec d'autres moyens – du langage de la ville. Comme si la grande ville, peut-être, avait anticipé par ses signes, ses dires, ses gestes, ses expressions, sur l'émergence du cinéma. Comme si elle l'avait fait naître au commencement du dernier siècle, exigeant de se poursuivre en lui.

Au même instant, du reste, la métropole marquait la littérature (R. Rolland, W. Benjamin...), la musique (G. Malher, J. Sibelius, E. Varese...), la peinture (expressionnisme allemand, futurisme italien...).

Un nouvel art de voir la ville et de faire du cinéma

En 1993, en Allemagne, Ludwig Meïndner affirmait : « Une ville est un bombardement de suites soufflantes de fenêtres, de cônes lumineux mugissant entre les véhicules de toute sorte et de milliers de boules scintillantes, de bribes d'hommes, d'affiches publicitaires et de masses colorées rugissantes et sans forme » (cité par Elger, 1988 : 228). Cependant que les Futuristes précisaient leurs recherches. « Le tohubohu de la cité est le thème privilégié du Futurisme italien. Les moyens de transport modernes inspirent des constructions syncopées d'images disparates qui veulent représenter l'accumulation incohérente des stimuli dans l'œil d'un observateur en déplacement rapide [...]. Il s'agit de fixer des instantanés qui s'inscrivent sur la rétine avant que la raison empirique ait remis à sa place et rendu à sa cohérence fonctionnelle chaque fragment d'objet » (Clay, 1975 : 304).

Dans ce tohu-bohu expressif, quels effets de langage peuvent être discernés ? Si la cité nous parle, quelles paroles, quelles interpellations nous sollicitent ? Quelles sortes de discours tient-elle, qui sachent passer en nous, se glissant parfois jusque dans les formes paradigmatiques du langage filmique ? On distinguera ici quatre modalités discursives : celles du panoramique, du fondu enchaîné, du travelling et de la prégnance enveloppante.

Discours du panoramique. Vue de haut, tandis que le regard se tourne de gauche à droite puis de droite à gauche selon une circularité contemplative, la ville se donne à la fois comme totalité et comme insaisissabilité totale. Elle se livre non moins entièrement qu'elle se dérobe. D'autant mieux semble-t-elle hors de prise, en revanche, d'autant mieux nous prend-elle. D'autant plus est-elle insaisissable, d'autant plus s'avère-t-elle saisissante. D'où ce sentiment d'univers « océanique » dont l'écrivain, saisi, nous entretient : l'illimité est là, devant lui, jusqu'aux confins de l'horizon ; jusqu'aux extrêmes de sa capacité à comprendre : à prendre ensemble cela. Le voici dépassé et c'est cette incapacité à prendre, à saisir, qui finalement l'étreint ; le saisit. Pour exprimer cela, la ville exige – peut-on dire – le panoramique. Elle l'invente. Et de cette invention le cinéma, quand il paraît, s'empare.

Discours du fondu enchaîné. Rien ne cesse jamais vraiment, dans le cours de la fébrilité urbaine, et rien, véritablement, ne commence jamais. Tout se superpose diachroniquement – les fins et les commen-

Introduction

cements, les apothéoses et les catastrophes, les temps morts et les heures folles – tandis que synchroniquement (en un même instant de ce flot diachronique) tout semble être l'objet de surimpressions innombrables tant et si bien que les profondeurs de champ se mesurent à l'aune des épaisseurs existentielles. La cité est le lieu de ces glissements, de ces coagulations, de ces brouillages et brouhahas, de ces véritables purées signifiantes. Tout est important et rien n'est décisif. Rien n'est négligeable et tout est contingent. Or c'est bien cela – ce continuum paradoxal de la présence absente et de l'absence présente – qui fait la pénétrante impénétrabilité de la ville. C'est cela qu'elle invente en l'espèce de la surimpression, du fondu enchaîné. Cela que le cinéma réutilise à sa manière, selon ses vues. Cela qu'il ramène de la ville à l'écran.

Discours du travelling. Dans la ville, quand on la traverse, sait-on qui avance ? Est-ce donc le sujet qui progresse vers l'objet ? Qui l'approche puis le pénètre ? Au contraire, est-ce l'objet qui vient vers soi pour imprégner puis submerger celui qui se croit maître du mouvement ? Bientôt, lorsqu'on chemine en ville, on ne sait plus. Tout ce mouvement est double et parce qu'il l'est, subjectivité et objectivité se trouvent relativisées. La dualité de ce travelling au quotidien substitue à la dichotomie de ce qui est subjectif ou objectif, une phénoménalité beaucoup plus globale et en ceci – existentiellement –, bien plus exacte. C'est cela, ici encore, que la ville invente : le génie du travelling ; cette capacité qu'a l'objectif (l'œil du passant ou plus tard, l'objectif de la caméra) de se glisser à l'interface, précisément, de subjectivité et objectivité. Là où il est impossible de « se fixer les idées ». Là où pourtant, bien que tout soit mouvant, le regard s'immobilise sur la vérité de cette interface.

Le discours de l'enveloppement, enfin. La ville enveloppe l'individu qui la découvre. De même, dans la salle obscure, le spectateur se voit-il enveloppé par le film qui se saisit de lui. Dans les deux cas, pas de recul possible ! Pas de prise de distance. On est impliqué. L'explication n'est guère possible, sinon après coup, une fois comprise l'explication (la désimplication) de celui qui se trouve submergé. Mais à vif, tant qu'on est dans le coup (dans la ville ou dans le film), rien de tel. Certes l'on sait bien que ce qui vous cerne n'est rien qu'un artefact : un agrégat d'architectures urbaines ; un simulacre sur pellicule. Mais quand même, rien à faire, cet artefact enveloppant, tant qu'il vous tient, bien plus que création semble devenir créature : chose vivante, agissante, presque surnaturelle. De cela, il est nécessaire de s'éloigner si l'on veut se reprendre. Cet enveloppement prégnant, la métropole semble l'avoir inventé, substituant à la nature sa propre surnaturalité. Et sans doute, là également, le cinéma par la magie de l'image devenant vie – et de la salle obscure devenant à elle seule, monde entier – a-t-il poursuivi à sa façon, à son échelle, cet art de l'enveloppement.

Ainsi donc, ces effets de sens, le cinéma les aurait-il trouvés dans la cité, les faisant siens. Ainsi le cinéma, prolongeant, métabolisant ces effets, serait-il devenu comme la métaphore de la ville : *Metropolis* métaphorisant les puissances et angoisses des métropoles. Et c'est bien là ce qui prédisposerait à ce retournement ! Lorsque le cinéma veut se questionner sur lui, désormais – sur l'essence de son propre langage ; sur son *ipséité* – il tend à revenir à cette matrice dont il est issu, à la mettre en scène, à s'y réfléchir, de sorte que la ville semble devenir à son tour, en retour, métaphore de la cité.

Et c'est pourquoi l'on observe, au spectacle des films que l'on évoquait tout à l'heure, qu'aux effets produits par telle ville – en tel film – sur le personnage central de l'intrigue, correspondent des effets exercés par le film sur le spectateur dans la salle obscure. Si bien que le « héros » – lorsqu'il s'interroge sur cette ville ; qu'il veut s'y retrouver tout en s'y perdant ; qu'il s'y égare mais en découvre les pièges et les lacis – conduit le spectateur du film, semblablement, à s'y perdre et à s'y retrouver, à cheminer en ses montages. Ces villes, en ce sens, serviraient donc aux films à donner, à connaître leurs vérités filmiques alors même que ces films croiraient poursuivre la vérité de ces villes-là. Ces films sur des villes seraient des films, en fait, sur le sens même du cinéma. Parce qu'ils donnent la parole à la présence des villes, ils se questionnent, chemin faisant, sur la présence de la parole du cinéma.

Ainsi de *Fellini-Roma* qui nous permet de voir, ici, de quelle façon s'exerce l'effet d'enveloppement. À la fois, en effet, la ville se recourbe sur Fellini, Fellini à son tour se recourbe sur la ville – à l'intérieur du film – tout comme il se recourbe, depuis l'extérieur, sur son propre film cependant que le film, à son tour, se recourbe sur le spectateur. Quadruple effet d'enveloppement qui mérite qu'on s'y arrête. Que

Introduction

Rome se recourbe sur Fellini, cela se fait tout au long du film, chaque fois qu'elle l'imprègne, l'investit, l'étreint. Ainsi de Federico tout jeune arrivant à la gare de Rome, découvrant pour la première fois une grande ville par la bigarrure, la fébrilité d'une foule allant en tout sens, avec ses figures grotesques, ses appels, ses séductions, ses rires. D'un coup, la ville s'empare de lui. Elle ne le lâchera plus, sa vie durant.

Et c'est pourquoi Fellini un jour, adulte, éprouve le désir de faire un film sur Rome dont le titre même – *Fellini-Roma* – montre qu'à son tour il s'empare de la ville, la marque, l'identifie à lui. Il l'entoure de son amour, de sa fantaisie, de sa passion, de ses fantasmes. Elle n'existe, ne mérite d'exister dans son film, que pour lors qu'il la possède (parce qu'il est possédé par elle) et qu'il la place ainsi, au cœur même de ce qu'il est, de ce qu'il est devenu grâce à elle.

Et c'est tout cela un jour, dans une salle obscure, qui entreprend d'envelopper le spectateur. Ce jour-là, cette création devient créature agissante, vivace, saisissante. Ce qui se saisit du spectateur, c'est à la fois Rome, Fellini et ce film tel qu'il se trouve se dérouler en sa circularité narrative. Parce qu'à dire vrai, tout au long de sa vie, Fellini fait le tour de la vie de Fellini faisant le tour de Rome. De sorte que la longue séquence tournée sur le périphérique a valeur emblématique. Quel temps faut-il pour faire le tour de Rome quand le temps est exécrable, qu'il pleut à verse et que les Romains, bloqués dans les embouteillages derrière les vitres embuées de leur voiture, se demandent ce que diable ils font là ? Comme est emblématique, également, la circularité historique de la scène du métro. Parce qu'il faut répondre aux exigences de la modernité, on doit percer le sol de Rome pour que le métro y circule. Mais faisant ainsi, à coup de marteaux-piqueurs, on exhume son antiquité : des fresques admirables qui sitôt découvertes, au contact de l'air, se dissolvent. Et cependant qu'elles s'évanouissent, meurt aussi, au même moment, l'ingénieur en chef du chantier, saisi peut-être par l'ancestralité de cette ville qui fait retour sur lui.

Un marin fait escale dans une ville, un jour. Nous sommes *Dans la ville blanche* d'Alain Tanner. Cette ville ? Lisbonne. Ce marin ? Un homme que cette ville saisit, enveloppe sitôt qu'il débarque et dont, quoi qu'il veuille, il ne peut repartir, enserré comme il l'est dans les mailles de cette toile d'araignée qui se nomme Lisbonne. Pourquoi laisse-t-il repartir son navire sans monter à bord ? Il ne le sait pas. Pourquoi se met-il à déambuler dans les rues jour après jour, parcourant les artères de cette chose qui le capte ? Il l'ignore. Mais il marche dans ces filaments, ces ramifications, suivant les rails des tramways, les réseaux de fils électriques, comme s'il voulait prendre la mesure de sa propre impuissance face à la force de l'enveloppement. Ainsi, par ses parcours, nous donne-t-il à voir ce qui pour lui demeure insaisissable, mais le retient. Il ne montre pas. Tanner, procédant de la sorte, ne montre pas Lisbonne. Encore moins, démontre-t-il quoi que ce soit. Ce à quoi il procède, plutôt, par cette démarche, c'est à une démonstration où ce qui se montre n'apparaît qu'à la mesure de la déconstruction de qui y tente d'y voir.

Mais en même temps, le marin, par cette révélation qui s'opère malgré tout, de l'emprise de la ville sur lui, tente de se ressaisir. Il écrit à une amie au loin, au pays dont il vient. S'il s'adresse à elle, s'il lui écrit, c'est pour tenter de lui expliquer qu'il ne peut repartir et qu'il ne sait pourquoi. Par cette explication difficile, presque avortée, tente-t-il de s'expliquer hors de Lisbonne ? De s'en sortir, du moins, par le truchement de mots ; d'expliciter ce qui l'implique à ce point, qu'il en devient capture ?

Autre film pour une même ville : *Lisbon Story* de Wim Wenders. Ici encore, un homme est enveloppé, retenu. Après un parcours plus ou moins chaotique depuis l'Allemagne, l'homme arrive sur les bords du Tage. Et peu à peu, on le comprend : c'est un preneur de son venu à Lisbonne rejoindre un ami qui se propose de tourner un film sur la ville. Mais cet ami qui devait l'attendre n'est pas là. Disparu. Nul ne semble savoir où il se trouve. Et donc celui qui vient d'arriver n'a plus rien d'autre à faire qu'à le guetter. En vain. L'ami ne paraît pas. Si bien que Lisbonne progressivement – ici encore – prend des allures de piège : captation molle, presque tendre, mais dissolvante, des énergies et certitudes. L'homme, alors, se met à parcourir la ville, ne serait-ce qu'afin de tromper son attente. Il lui semble d'ailleurs, les jours passant – comme il semble au spectateur – que cette ville est en passe, par elle-même, de devenir l'attente de cet ami qui n'est pas là pour la filmer. Il lui paraît qu'elle incarne toute son expectative ; cette suspension du temps qui s'impose à lui ; l'absurdité de cette

Introduction

absence que rien n'explique. Voici que l'homme, dès lors, se trouve enveloppé par cette ville comme il l'est par l'attente ; qu'il s'y trouve pris comme il l'est par cette incertitude qui se prolonge.

Pourtant les villes – et les films (et plus encore, les films qui nous parlent des villes ; et encore plus, ceux qui nous parlent de villes qui elles-mêmes se déploient comme des films) – n'exercent pas seulement des effets d'enveloppement, mais des effets de travelling. Et c'est à cet égard que l'œuvre de Wim Wenders – *Alice dans les villes* – retient notre attention.

Un homme, une petite fille, en voiture découverte, traversent l'espace américain. Sur le pare-brise de la voiture, l'homme place des photos prises au polaroïd à mesure de leur avancée. Ce qu'il saisit, ce n'est rien d'extraordinaire ; c'est l'ordinaire de cet espace qui, sans finir jamais, sans cesse les place et les situe au milieu de nulle part. Des campagnes qui n'en sont pas, marquées, parasitées par les retombées incongrues, par les restes urbains de villes lointaines. Et des villes justement, qui n'en sont pas non plus, posées comme des non-sens dans toute l'insignifiance des paysages.

D'où un glissement, un déplacement interminable, un travelling automobile sur des signes répétés qui imperceptiblement, pourtant, se modifient ou bien encore sur des transformations des apparences qui renvoient finalement à de récurrentes banalités. Rien n'a de sens ici. Et tout en a. Tout est inessentiel, dérisoire, transitoire, mais chaque chose est irremplaçable en ce vide ambiant. C'est cela dont s'empare l'objectif du photographe ; cela qu'il interpose sur son pare-brise, entre le monde et lui.

Ce travelling, en somme, est immobile puisque les signes demeurent les mêmes. Tout bouge et rien ne se meut. Ce n'est pas la voiture qui avance, semble-t-il, et ce n'est pas non plus ce paysage qui se porte vers nous, se portant vers l'homme et la petite fille. C'est cela, cette double immobilité du mouvement, que matérialisent les photos sur la vitre de la voiture. Elles sont les temps d'arrêt d'une mouvance somnambulique qui pourtant, infiniment, se poursuit. Elles apparaissent, finalement, ces traces, comme seule nécessité au sein de toute contingence.

Est-ce à dire, chemin faisant – le film se déroulant peu à peu – que ce que capte le travelling devient réel ? Que cela devient plus tangible que ce qui se trouve capté ? Le réel passe. Il se dissout sitôt qu'apparu. La voiture le dépasse ; la vie le dépasse. Demeurent seuls présents, les simulacres de ce réel dépassé : ces instantanés qui s'affichent sur la transparence du pare-brise ; ces faux-semblants dont la tangibilité vaut nécessité en un univers de faux-fuyants et d'inutilités insituables. Et de même en était-il un peu plus haut dans *Fellini-Roma*, quand ce long travelling circulaire montrait sur le périphérique romain des cohortes de voitures figées par un trop-plein de circulation. Par excès de trafic menant à l'absence de toute circulation possible. Seule demeurait en mouvement, alors, à contre-sens, la caméra du cinéaste, de sorte qu'à tout prendre, seule restait en vie la production de simulacres – les images du film – là où les simulés se voyaient réduits à une paralysie mortelle.

Restons encore un peu à « Roma » afin de demander à ce lieu-film (ou ce film-lieu) de quelle façon il découvre à nos yeux, nos oreilles – presque à notre odorat ou à notre goût – toutes ces surimpressions sensorielles, ces fondus enchaînés dans l'espace ou le temps, qui font les profondeurs de champ de cette ville.

Que ce soit dans la scène d'arrivée en gare de Rome ou celle tournée dans une maison de chambres ou celle du repas collectif en plein air, sur une place par un soir d'été, ou celle de la ronde de *scooters*, du défilé de mode, du percement du métro et tant d'autres encore, en chaque séquence du film, tandis qu'une intrigue se noue ou se dénoue, tout un jeu de brouhahas, de rumeurs, d'apparitions de silhouettes, de faciès, de disparitions subites, de sons de cloches, de grondements de moteurs, de bribes musicales, de fragments de gestes, de débris de phrases, d'aperçus, de perspectives, d'accélérations, de ralentissements, d'évocations mémorielles... tout cela, dans le désordre, forme comme la pâte urbaine dont se nourrit Fellini découvrant Rome.

Comme si cette pâte sensorielle – cette pâtée de signes et de sensations – trouvait dans son hétérogénéité elle-même, le génie de sa coalescence signifiante. Comme si cette pâte n'était guère moins matricielle, sensuelle, que celle dont sont faits les spaghettis *al dente*. Comme si toute cette incarnation donnait son épaisseur à l'existence, nous faisant assister, depuis les profondeurs de Rome, à l'émergence d'un sens : tous ces sens qui se sentent avant de se penser, qui

Introduction

s'éprouvent, donnant corps peu à peu, imperceptiblement, à la naissance d'un sens qui se pense, celui de l'identité romaine. Comme si Rome, en fait, ne pouvait être identifiée hors de cette phénoménalité, de cette globalité sans fin, sans fond, que ces surimpressions et ces fondus enchaînés filmiques donnent à connaître.

Même démarche dans *Lisbon Story*. On entend ici les cris des enfants dans les cours d'école. Les fracas d'ailes des pigeons s'envolant d'un seul coup. Les sirènes de navires. Les moteurs de motocyclettes et les stridences des trams sur leurs rails. Tout un magma sonore pour le preneur de sons. L'homme, d'ailleurs, sort dans les rues, s'en va déambuler dans les quartiers, en quête de bruits à saisir pour ce film qui reste à faire : que l'ami disparu ne fait pas. « J'écoute sans regarder », dit le preneur de sons. « Et ainsi, je vois. » Sa vision de cette ville s'accomplit par les sons de cette ville. Du reste, est-ce une vision ? Un entendement, plutôt. Entendement, plus qu'écoute. Entendement par les résonances : par les retentissements de Lisbonne sur cet homme vibratile.

Mais pour qui les effets de panoramique – pour rester dans l'espace de *Lisbon Story* – étendent-ils l'entendement ? Pour le preneur de son – lui qui voit sans regarder ? Ou pour le spectateur ? Parce qu'en effet, le panoramique a pour objet l'entièreté de la ville. Il la donne à voir en son ensemble et en même temps il suggère que cette totalité apparente est loin d'épuiser ce qu'elle recèle. L'observateur est comblé de satisfaction à son spectacle, alors même qu'il s'éprouve insatisfait, secrètement, de ne saisir point ce tout. En ce sens-ci, du reste, le panoramique au cinéma n'est rien moins que la vue surplombante, prise depuis un sommet, offerte par la carte postale. Celle-ci est là pour dire, semble-t il : « Tout est ici (et tout est beau). » Elle exprime cela au risque de réifier, bien entendu, ce qu'elle dévoile. Au contraire, le panoramique au cinéma (images de *West Side Story* [1961] ou de *Manhattan* [1979]) semble vouloir indiquer, si illimité soit ce qu'il découvre, que ce dont son angle de vue nous entretient est encore plus illimité.

Restons donc à *Lisbon Story*. Ici, dans ce film, l'intérêt de la démarche tient à un contrepoint. Succession de vues en panoramique sur Lisbonne, d'une part, et d'autre part, sur l'écran cathodique d'un tout petit appareil de visionnement au fond d'une pièce sombre d'un immeuble des bas-fonds de la ville, d'autres vues panoramiques filmées par l'ami disparu ; des perspectives que le preneur de son se projette afin de découvrir la ville et découvrir aussi cette amorce de film sur cette ville dans ce film – celui de Wenders, cette fois – qui nous parle de cette ville.

Si bien que les perspectives les plus dégagées – celles des panoramiques extérieurs – se voient ressaisies, réamalgamées dans les tissus même de la cité. Si bien que le macroscopique se voit reconduit, réduit au microscopique sur ce petit écran au fond de cette chambre. Cependant que ce contrepoint est encore souligné par cette autre opposition : les vues en panoramique « réelles », prises en extérieur, sont de couleurs éclatantes à dominante outremer. En revanche, dans l'appartement, tout est dans les verts sombres de sorte que l'écran minuscule, au cœur de cette pénombre, forme un point bleu de mer qui nous dit tout l'illimité de la ville au dehors. Le panoramique, ainsi, acquiert une dimension double – extensive et intensive – et devient, par là, plus encore incommensurable. Quand on voit Lisbonne désormais, étendue vers tous les horizons, l'on ne peut ignorer qu'elle recèle un lieu sombre qui à son tour recèle, en réduction et en abîme, tout un panoramique de Lisbonne. Intensivement, pour lors, la ville n'est guère moins hors d'échelle, hors d'atteinte, qu'elle ne l'est extensivement.

Nous cheminons dans des villes. Mais quelle part de film peut-il y avoir aujourd'hui, dans la découverte d'une ville ? Ainsi, Romain Gary découvrant New York : « L'Amérique est un film [s'exclame-t-il]. C'est un pays qui est cinéma [...]. Lorsque je suis arrivé à New York pour la première fois, je n'ai éprouvé qu'un sentiment de déjà vu. Comme si chaque silhouette, chaque coin de rue, chaque séquence de vie resemblaient à ces bouts de film non utilisés au montage, qui traîneraient par terre » (Gary, 1974 : 119).

C'est qu'à notre tour, nous projetons. Nous projetons sur les cités réelles ces images d'elles-mêmes que des projections cinématographiques nous ont transmises. En ce sens, nous devenons les metteurs en scène inconscients de ces villes ; nous y faisons « notre cinéma ». Nous ne voyons plus le *Skyline* new-yorkais sans penser à *Manhattan*. Plus encore : si nous sortons d'une salle obscure dans les rues de Paris, ayant vu juste à l'instant un *thriller* se passant à Hong-Kong, ces rues

Introduction

de Paris nous ne les percevons plus sous le même angle ni sous les mêmes lumières. Et n'est-ce pas, là encore, ce que suggère Fellini tout au début de *Roma* ? Federico, enfant, habite une petite ville de province. Là, par un soir d'été, dans un cinéma en plein air, il découvre *Quo Vadis* (1902), peplum hollywoodien du début du siècle dernier. C'est par là qu'il pénètre dans Rome, capitale éternelle qui se trouve à quelques kilomètres à peine de sa ville de province. Mais en même temps, ce soir-là, c'est la magie du cinéma qu'il découvre, sidéré comme il l'est par ce film muet. Si bien que lorsqu'il pénétrera plus tard les secrets, les rumeurs de la Rome réelle, il ne pourra non plus dissocier son amour de cette ville de sa passion du cinéma, non plus qu'il ne pourra faire la part entre l'immémorialité de Rome et sa trivialité la plus récente. Rome sera toujours dans Rome, pour lui, mais aussi, toujours dans l'insolite ou le saugrenu.

De ce retournement, peut-être sommes-nous porteurs, nous également. Non contents de devenir metteurs en scène oniriques de nos villes, ces villes sur lesquelles nous projetons nos films – ou plutôt, leurs films –, nous devenons un jour metteurs en scène des films que nous découvrons puisqu'à leur tour, aussi, ils sont l'objet de nos divagations. Ayant déambulé un jour dans New York, ce n'est plus le même *Manhattan* que nous habiterons, l'espace d'une séance de cinéma. Ayant mis nos pas dans les petites places de Rome, nous saurons, quand nous verrons *Roma*, que cette fiction est vraie, plus vraie peut-être que Rome.

Reprenons notre proposition du début. Quand le cinéma veut se questionner sur son esprit, son génie, son essence, il le fait par le biais d'un questionnement sur une ville qui elle-même, en son essence, peut s'entendre comme un film à propos duquel ce film sur cette ville se réfléchit. Ainsi la cité, pour l'art cinématographique, est à la ressemblance d'un miroir ou plutôt d'un prisme au travers duquel, par difraction, le sens du cinéma se met en lumière. Transitant par le champ signifiant de la ville, ce sens déchiffre son propre champ heuristique.

Ce n'est donc pas pour rien si dans *Lisbon Story* un film est à faire sur cette ville, un cinéaste se trouvant là en filigrane, absent-présent, si bien que Lisbonne se dévoilant à nos yeux – grâce au film de Wenders – c'est le sens qu'il y a à faire un film tel que Wenders le fait qui se trouve questionné par ce film qui pourrait se faire, mais ne se fait pas.

Et de même, dans *Fellini-Roma*, l'on voit donc sur l'autoroute périphérique de Rome par jour d'orage, sous les bourrasques et la pluie, une équipe de tournage – qui pourrait être celle de Fellini – capter ce qui se passe (les voitures arrêtées, des bâches emportées par le vent, des femmes qui se fardent derrière leur pare-brise, un cheval qui meurt sur le bas-côté…), le capter sans doute à la façon dont Fellini tourne ce film, le sien, qui met en scène cette équipe de tournage tâchant de faire un film sur le périphérique de Rome. Par ce jeu, là encore, c'est le sens qu'il peut y avoir à faire un film, un tel film, c'est la manière de considérer ce qui fait le sens d'un film, qui se trouve questionné, tandis que Rome se dévoile parce que ce que Rome révèle avant tout, c'est qu'elle est un grand film, elle-même, en quête d'un film qui sache le dire et le montrer.

Reprenons quelques points. Ce que nous enseigne le travelling, c'est combien subjective – doublement subjective – peut s'avérer être la mouvance de l'objectif. Ce dont le fondu enchaîné nous fait part, c'est de la profondeur des surimpressions sensorielles. Ce que nous apprend le panoramique, c'est que ce qui se donne pour livré devant nous demeure pourtant insaisissable. Enfin, ce que nous enseigne l'enveloppement, c'est que nous ne pouvons saisir, nous-mêmes, qu'en nous voyant saisis par un film qui nous prend ou par une ville qui nous retient. Bref, tout cela, les films nous le suggèrent. Mais tout autant, nos villes nous le confient. Tout cela encore, les films l'expliquent aux villes. Mais celles-ci, aussi bien, l'expliquent aux œuvres cinématographiques qui se retournent ensuite vers elles pour les réfléchir, s'y réfléchissant. Et nous-mêmes qui cheminons dans les films de nos villes ou les villes de nos films, nous découvrons souvent que nos propres approches de la cité, telles qu'elles se conçoivent aujourd'hui, ont forcément partie liée avec ces jeux de réflexion du cinéma dans la cité et de celle-ci dans les œuvres filmiques.

Ainsi celui qui voudrait parler de New York, comment pourrait-il le faire si ce n'est en se transformant en un œil en mouvement ? Longs travellings de l'écrivain, du sociologue, du voyageur dans Manhattan du nord au sud, du sud au nord de la presqu'île, faisant de leurs marches, peu à peu, comme les démarches d'un objectif vigile

Introduction

et vivant. C'est qu'il ne s'agit pas tant, là, de recueillir une information objective sur cette cité, qu'en acceptant la force d'une subjectivité double – celle du marcheur, celle du phénomène parcouru – de se saisir des particules élémentaires d'une matière à penser. Aperçus fugitifs, flashs, fracas, gestualités, fragments d'affiches, rumeurs, constituent bien ces particules. Quant à cette matière à penser, elle est celle, précisément, par laquelle New York demande qu'on réfléchisse à elle parce qu'ensuite – mais seulement, ensuite – viendront les mises en perspective historique, les analyses socio-économiques, les statistiques sur l'emploi, la violence, la délinquance...

Comme s'il importait que l'intelligence, que l'intelligibilité que l'on puisse se donner de cette ville, procède d'abord de cette matière à penser et qu'ensuite le dévoilement du sens de cette dernière en vienne à exiger l'intervention d'autres approches. Comme si par ce travelling mi-subjectif mi-objectif, on en venait progressivement, dévoilant la ville, à se « faire New York » : à s'identifier à elle, corps et âme ; à la posséder parce qu'on s'en trouve possédé ; parce qu'elle possède elle-même qui la pénètre.

Mouvement double du travelling devenant ainsi possession double. Empathie, pour tout dire, voulant que le marcheur ne sache plus si c'est lui qui traverse New York ou celle-ci qui le traverse. Voulant qu'il ne sache guère mieux si c'est lui qui pense cette cité ou bien celle-ci qui se pense par lui, à travers lui, lui dictant ses signes et ses mots. Interface sensible – entre pensées de l'homme sur la ville et pensées de la ville se projetant sur lui – où l'objectif du travelling travaille.

Que le voyageur se rende dans une autre ville, maintenant – Naples, par exemple – et le paradigme heuristique qui s'impose à lui devient autre. Non plus celui du travelling mais ici, celui du fondu enchaîné. Se peut-il que les villes, ainsi, s'approchent suffisamment de qui les approche, pour leur imposer leurs tournures en sorte que les formes de connaissance ne puissent que se plier, par mimétisme, aux formes à connaître ? À Naples, en tout cas, ce qui s'impose c'est d'abord la figure d'un chaos. Les fureurs, les touffeurs de la rue, bien sûr – les surimpressions étourdissantes, vertigineuses, d'expressions sensorielles, visuelles, sonores, olfactives, gustatives –, mais aussi, les surimpressions de temporalités, la mémoire du passé demeurant vive et comme à vif au sein d'un présent tourmenté.

C'est que ce que fut Naples hier encore – capitale du Royaume des Deux Siciles ; ville glorieuse, grande métropole européenne au XVIIIe siècle – se poursuit dans la décrépitude d'aujourd'hui. À la fois la cité est un vaste effondrement – écroulement des immeubles, des palais, des architectures princières, des références emblématiques – et une image épiphanique : celle d'une *Napule* harmonieuse étendue face à sa baie fermée par un Vésuve empanaché. Toutes ces oppositions – tantôt enfer et tantôt paradis – se confondent en un présent presque tragique, convulsif, cependant que cette tragédie mémorielle nourrit le génie de cette ville, son vouloir-vivre farouche, baroque, halluciné.

Or pour rendre compte de toutes ces profondeurs de champ, que peut faire le témoin sinon faire éclater son écriture, celle-là même qui tente de saisir ces éclats ? Ici, plus rien de linéaire ne semble plus à même de témoigner de ce chaos. Plus de premier plan. Plus d'arrière-plan. Plus d'avant. Plus d'après. Mais tout, partout en même temps. C'est comme histoire, en effet, que le présent se présente. Et c'est comme un présent que l'histoire de Naples, depuis la Grèce antique, s'impose à chacun et à chaque heure. Aussi bien, le champ scripturaire du témoin se bouleverse-t-il. Les phrases explosent. Les paragraphes coexistent plutôt que de se succéder. Les mises en pages se compliquent afin de faire droit aux simultanéités existentielles. En même temps, il importe que le texte sache demeurer lisible. Comment résoudre cette aporie ? Faire en sorte que le brouillage, que le brouhaha soient éclairants ? Que les glissements de plans les uns sur les autres sachent conserver au sens d'ensemble, une transparence ?

Si New York en ce sens – pour le sociologue, pour l'écrivain – est comme un travelling vertigineux, si Naples est comme un fondu enchaîné inextricable, Montréal pour sa part, lorsqu'ils veulent en saisir quelque vérité, ne s'offre-t-elle pas à eux à l'image d'une étendue panoramique ; d'une étendue sans commencement ni fin ? Où se trouve la ville, réellement, en tout cette horizontalité que depuis le mont Royal en son centre, ils découvrent, à l'est comme à l'ouest, au sud comme au nord ? L'ouest de la métropole, encore aujourd'hui, reste-t-il anglophone et bourgeois ? Et l'est, francophone et populaire ? L'axe du boulevard Saint-Laurent demeure-t-il celui où se succèdent, depuis le port jusqu'aux lointains, les communautés immigrantes ? La « montréalité », s'il en est une, se vit-elle, se métaboliset-elle en centre-ville (voire, dans le centre des affaires) ou plutôt dans les quartiers périphériques et les banlieues ? Tous ces villages juxtaposés constituent-ils une ville ? Ce patchwork forme-t-il un ensemble ? Qu'est-ce qui se tisse malgré ce rapiéçage ? Ce grand tricot à mailles lâches relie-t-il les uns aux autres ceux qui participent à cet attachement ?

Autant de questions que l'observateur de cette ville, depuis ses hauteurs – géographiques ou analytiques – ne peut manquer de se poser s'il veut, par son regard, rester à ras de sol, là où la ville se joue. Bref, le panoramique est nécessaire ici, sans aucun doute, mais s'il l'est n'est-ce pas pour suggérer finalement tout ce que la considération panoptique, si souveraine qu'elle soit, est incapable de saisir ?

Mais incapable de saisir quoi ? On y revient : où se situe le tout de toutes ces parties (qui pourtant, on le sent, font bien partie d'un tout) ? Mais encore ceci : pourquoi cette cité est-elle d'autant plus attachante qu'elle semble moins attachée à elle-même, faite de pièces et morceaux et à l'extrême – tant l'hétéroclite l'habite – ni faite ni à faire ? C'est là ce que le panoramique ne peut montrer. Mais c'est là aussi qu'il transcende, grâce au constat de ces limites, l'acception que d'ordinaire l'on a de lui puisqu'aussi bien, à défaut d'exhiber une totalité monumentale et harmonieuse, il laisse bien soupçonner que cet ensemble désarticulé, dissonant, parfois douloureux, n'en a pas moins son être propre. Ce que le panoramique comprend ici, c'est la présence, la singulière prégnance de l'imperfection.

Le panoramique fait donc tourner son objectif sur une complexité qui lui échappe – mais le tourmente. Ne cherche-t-il pas à envelopper, à embrasser du regard cette incommensurabilité qui se donne là, présente, mais se dérobe ? Passons alors d'une ville à une autre – par exemple de Montréal à Jérusalem –, voici qu'un retournement se produit... Ce n'est plus le regard qui tant bien que mal tente d'envelopper l'objet, mais celui-ci qui se trouve envelopper le regard : qui le cerne, l'étreint, lui interdit toute échappée, l'enferme dans ses nœuds. Jérusalem, ainsi, enveloppe l'observateur qui la découvre parce qu'elle-même – il le découvre – s'avère être enveloppée par sa propre historicité ; par la circularité répétitive d'une histoire faite de destructions, de résurrections, de reconstructions et de destructions à nouveau. Jérusalem, ainsi, fut détruite dix-sept fois et, selon ses périodes de résurrection, dominée par le judaïsme, l'islam ou le christianisme. D'où il résulte aujourd'hui un encerclement du présent de la ville par ses propres obsessions séculaires, par ses souvenirs non liquidés sans cesse réactualisés au gré des conflits de l'heure.

De sorte que celui qui veut pénétrer cette ville en ses profondeurs ne peut guère le faire qu'en en faisant d'abord le tour. Il faut cerner Jérusalem, allant d'une de ses portes à une autre, tout comme l'histoire a ceint Jérusalem. Il convient de la circonscrire tantôt en hiver, tantôt en été, tantôt selon le regard de telle croyance, tantôt selon celui de cette autre, afin de se donner le temps, ainsi, d'envelopper par l'esprit ce qui enveloppe cette cité : c'est-à-dire, sa durée. Il faut prendre le temps de tourner autour d'elle pour voir son temps se mettre à lui tourner autour.

Mais attention ! Une fois à l'intérieur de la cité, c'est elle qui se met à tourner autour de celui qui l'a pénétrée. Il n'en sort plus. Ne s'en sort plus. Le voici étreint à son tour, habité par ce qu'il habite, occupé de toutes parts, préoccupé, fatigué par l'insoutenable pesanteur de cet anneau d'histoire. Plus d'issue vers l'extérieur. Plus de rupture possible de l'encerclement. C'est vers l'intérieur qu'il faut trouver une brèche : vers le mystère secret de cette ville ; vers sa vérité cruciale.

Nous sommes habitants et spectateurs. Habitants de nos villes. Spectateurs de nos films. Mais à dire vrai, ne sommes-nous pas au spectacle, souvent, de ce que nous habitons ? Et nos spectacles, est-ce que nous ne les habitons pas ? Dans notre vie courante, dans la vie comme elle va, ces niveaux de perception se confondent et nous ne savons plus très bien si à défaut d'habiter nos films, nous ne mettons pas en scène, oniriquement, nos villes.

Quoi qu'il en soit, tout comme Fellini tentant de saisir Rome, nous aussi nous tentons de saisir le sens de nos cités, afin de nous donner de celles-ci quelque idée qui se tienne. Mais alors, est-ce que nous ne ramassons pas dans la ville des poussières de signes, de fragments, de restes urbains finalement, de débris de sens – ce qui nous reste dans les mains – essayant, à partir de là, de reconstruire difficilement un tout ? Comme si les villes n'offraient que des symptômes à nos regards, à nos prises, à nos sentiments et que partant de là, de toute cette pulvérulence, de toute cette inchoativité qui fait signe mille fois sans encore faire sens véritablement, il nous fallait reconstruire un fantasme de sens : quelque chose qui ait « du corps », qui « tourne rond », qui ait « de l'allure », et dont nous pourrions dire : « Oui, ceci est bien Rome. Ceci mérite ce nom : Rome. Du moins, est-ce ainsi que je l'entends. »

Mais dans ce cas, toute découverte faite quant au sens d'une ville ne procède-t-elle pas d'abord par une récupération de restes urbains, de fragments plus ou moins à la dérive, de bris hétéroclites, de pièces et de morceaux, pour donner à entendre et à comprendre la configuration phénoménale de cette ville-là ? Et est-ce que cette œuvre de reconstruction ne serait pas – quoi qu'elle veuille, quoi qu'elle fasse – nécessairement fantasmatique, alors même qu'elle penserait être en quête d'une vérité et d'un mystère ?

Voici ce que nous ramassons : ces symptômes. Et voici ce qu'à partir de là, nous œuvrons : ces fantasmes. Nous ? Les cinéastes aussi bien que nous-mêmes. Mais cette question demeure encore : comment ramassons-nous ? À cette question, une réponse ici a été proposée : par les jeux du travelling, du fondu enchaîné, du panoramique, de l'enveloppement prégnant. Ce qui fait qu'on le comprend mieux, à présent : ces jeux d'approche, de préhension, d'écoute, d'entendement ne se réduisent pas, loin s'en faut, à des jeux de caméra. Cet art de faire – pour ce qui est du cinéaste aussi bien que de l'habitant – est bien plus complexe. Il suppose qu'il y ait mouvement, captation, certes mais aussi à partir de flashs et de rushs, amorces de montages, esquisses de scénarios, usages de simulacres, de décors, de bandes sonores, d'effets spéciaux, de faux-semblants, pour autant que l'ensemble de ces stratagèmes – de ces stratégies – s'avèrent plus efficaces, pour saisir et pénétrer, que le simple regard d'un objectif.

D'où cette dernière question. Pourquoi ces stratégies se révèlent-elles si fructueuses ; pourquoi ces stratagèmes « marchent-ils » si bien ? Pourquoi donc est-ce par ces jeux, ces effets, que des films en arrivent à retentir en nous, tout comme les villes dont ces films parlent, ce qui fait à ce point résonance au cours de leur déroulement ? Sans doute – et c'était notre point de départ – parce que les villes elles-mêmes s'expriment ainsi : par ces jeux de discours ; par ces effets de sens. C'est ainsi qu'elles nous font part de leur mystère ; de leur être. De leur *ipséité*, non pas au sens d'une essence intangible, mais d'un esprit ; d'un génie. À nous de les entendre ou pas. Il est toujours possible, bien sûr, de traverser New York sans rien voir ni penser. Sans y trouver écho. On peut vivre à Rome sans devenir Fellini. On peut faire ses affaires à Jérusalem – et sans plus. Mais ce qui importe, c'est que toutes ces phénoménalités étant là, présentes, certains ne puissent faire autrement que d'espérer saisir leur être, ne serait-ce que pour mettre leur propre être en question.

1
LE CINÉMA POUR REPENSER LA VILLE

Réinventer la ville en sortant du cinéma

Charles Perraton
Communications, UQAM

UNE FASCINATION POUR CE QUI EXCÈDE L'IMAGE

Le titre de ma communication, « Réinventer la ville en sortant du cinéma », ne fait pas que créer une ambiguïté en suggérant que le cinéma pourrait avoir un effet d'inhibition ou de prédisposition à l'action, il reprend aussi volontairement l'intitulé d'un texte de Roland Barthes (1975), « En sortant du cinéma », pour évoquer une argumentation dont j'aurai besoin pour soutenir mon hypothèse : les vues du cinéma peuvent servir à réinventer la ville. Pour Barthes dans ce texte, l'image filmique nous fascine au point que nous nous collons à l'écran au moment de la représentation, en ce sens que nous tombons sous son charme, surtout avec la force des techniques qui en rajoutent à la « naturalité » de la scène. Un tel effet de vraisemblance finit par déteindre sur notre perception des choses et par nous tenir, comme seule l'idéologie sait le faire. L'imaginaire cinématographique risquant ainsi de se substituer à la réalité, Barthes propose d'ajouter une autre fascination à la première, celle des images, pour échapper à l'effet d'hypnose, une fascination pour tout ce qui excède l'image.

Ce souci du contexte et du dispositif rejoint l'idée selon laquelle c'est en sortant du cinéma que nous arriverons à prendre nos distances, en évitant tout particulièrement de prendre l'imaginaire pour la réalité. Cela dit, qu'une fascination pour ce qui excède les images puisse nous garder en éveil, c'est une chose, mais que cela nous prédispose à une relecture de l'espace environnant et à une réinvention du cadre bâti et de la ville, c'en est une autre... et c'est le point que je voudrais aborder dans ce texte.

Bien avant Barthes, Adorno et Horkheimer soulignaient dans « La production industrielle de biens culturels » (1974) le caractère idéologique du cinéma dont ils dénonçaient le rôle de filtre culturel. Comme le fera Barthes plus tard, ils insistaient sur l'importance qu'il y a à maintenir nos distances par rapport à la culture des images qui nous fait perdre notre puissance d'imagination et notre pouvoir critique. Les suivre dans ce raisonnement nous amènerait à vouloir sortir du cinéma au double sens du terme : sortir non seulement de la salle, mais aussi de l'imaginaire envahissant du film. Avant d'opérer ce mouvement, il m'apparaît utile de parler d'abord de celui qui nous conduit de la ville au cinéma. Alors que pour les critiques de Francfort, le cinéma ne laisse pas assez de temps pour réfléchir sur ce qui (se) passe, pour Benjamin le cinéma possède au contraire la capacité de faire de nous des spectateurs différents et un public nouveau pour l'art.

DE LA VILLE AU CINÉMA

Pour sa part, en effet, Walter Benjamin (1971, 1974 et 1989) attribua à la ville d'abord, puis au cinéma ensuite, un effet de choc qui permettrait au public des villes et aux spectateurs de cinéma de développer leur imaginaire configurateur. Il reconnut également cet effet à l'art, dans la mesure où il le considérait comme analogue à la ville, qui s'offrait au siècle précédent en une série d'images que le flâneur parcourait, en la découvrant chaque fois différente ; non pas ce flâneur féru de mode et de spectacle qui s'accommode aisément de cette nouvelle « civilité tiède[1] », mais ce flâneur dont parle Baudelaire à propos de Constantin Guys dont la modernité se reconnaît à son projet de bien observer le réel pour mieux le saisir, sans jamais rien concéder à sa volonté de le transfigurer. Véritable métaphore de la modernité, le flâneur se définit comme un regard ambulant dont l'émergence remonte à l'apparition des métropoles. Il préfigure le cinématographe et son mode perceptif.

Dans ce contexte, la ville devient un énorme maelström déstabilisant pour les individus. En prenant des proportions gigantesques au début du XIXe siècle, des villes comme Paris, Londres et New York deviennent des mégalopoles traversées de flux circulatoires où les foules se croisent et les individus développent un nouveau regard. Les

---
1. Expression que l'on doit à Isaac Joseph.

passages publics jouent un rôle décisif dans l'apparition de ce nouveau mode de réception favorable à l'émancipation de l'imaginaire du public. En témoigne la poésie de Jules Laforgue (1860-1887), et plus particulièrement sa « Grande complainte de la ville de Paris », dont la « prose blanche » ressemble au monde culturel dont il parle. À une époque où la circulation domine (aussi bien celle des voitures que celle des marchandises), son texte reprend la forme de la ville et sa complainte en adopte la vitesse. La structure syntaxique parle déjà du mode syncopé dans lequel l'expérience de la ville se vit[2]. Le point de vue se déplace à la vitesse de la circulation, les affiches des boutiques parlent à travers le texte, l'ensemble a les allures d'un collage qui nous fait passer d'une idée syntaxiquement inachevée à une autre :

> Bonne gens qui m'écoutes, c'est Paris, Charenton compris. Maison fondée en... à louer. Médailles à toutes les expositions et des mentions. Bail immortel. Chantiers en gros et en détail de bonheurs sur mesure. Fournisseurs brevetés d'un tas de majestés. Maison recommandée. Prévient la chute des cheveux. En loteries ! Envoie en province. Pas de morte-saison. Abonnements. Dépôt, sans garantie de l'humanité, des ennuis les plus comme il faut et d'occasion. Facilités de paiement, mais de l'argent. De l'argent, bonne gens ! (Laforgue, 1967 : 180)

C'est à la ville et au cinéma – mais aussi à la photographie – qu'il faut attribuer le mérite d'avoir été les premiers à rapprocher les œuvres du spectateur. Il suffit de reprendre ici l'argument de Benjamin sur la valeur d'exposition qu'il oppose à la valeur cultuelle rattachée aux œuvres « authentiques », réussissant ainsi à distinguer le cinéma des premiers temps des arts traditionnels qui ne facilitaient pas la médiation entre les œuvres et leur environnement. Or, la « valeur d'exposition » ne provient pas de l'œuvre elle-même, elle apparaît plutôt dans un contexte à la genèse duquel elle contribue. C'est du reste pourquoi je crois nécessaire de lier l'œuvre au discours qu'elle suscite et qui la met en lumière.

LE POINT DE VUE DE WALTER BENJAMIN

Pendant que l'architecture du tournant du XIXe siècle se faisait cinématique pour mettre en mouvement l'habitant des villes dans les

---

2. Sans doute faudrait-il parler de « déraillement sémantique et syntaxique » comme le suggère Christopher Pendergast (1996).

nouveaux temples de la consommation, le cinéma se spatialisait pour prendre naissance. Ainsi en est-il du passage public, cette figure archétypale de l'architecture du XIXᵉ siècle, qui développa un mode d'habiter fondé sur l'expérience visuelle et la subordination des autres sens. Avec lui, l'architecture devient cinématique dans la mesure où elle transforme l'usager des lieux en acteur et metteur en scène de son propre cinéma. Car du seul fait de son déplacement, le flâneur peut enregistrer autant d'images d'objets que lui en offrent les vitrines des boutiques bordant le passage. L'intérieur de ces nouvelles galeries se meuble d'objets et d'éléments de décor desquels le promeneur espère tirer son inspiration (Benjamin, 1989 : 877). Chacun, à l'écoute de son âme, interroge le miroir des objets qui s'y trouvent pour se faire une « bonne image » de lui-même. La qualité esthétique et le caractère exotique des objets ont d'ailleurs plus d'importance que leur utilité. Ils sont des petits luxes qui jouent un rôle prépondérant dans l'animation des passants, ces fantômes errants à la recherche d'une âme.

Pour sa part, la première tâche du cinéma aura été d'ordre architectural, dans la mesure où elle consista à organiser le volume virtuel livré au spectateur dans son orthogonalité bidimensionnelle grâce à l'application des lois de l'optique et du code de la perspective. À l'image de ce que la grande ville offrait au passant, le cinéma développait jusqu'à l'exacerbation ces nouvelles expériences perceptives. C'est ce que développa notamment le cinéma d'Eisenstein grâce au montage des attractions qui plonge ses racines dans l'urbanisme des grandes métropoles comme Berlin, Paris et New York.

Benjamin se sert de l'architecture pour caractériser le cinéma et rendre compte de ce qu'il propose au public comme nouvelle expérience de l'art. C'est ainsi qu'il souligne la contribution du cinéma à la mise en question du rapport cultuel à l'art et au développement d'une nouvelle forme de réception, davantage fondée sur le divertissement. Benjamin reprend d'ailleurs à Adorno et Horkheimer cette opposition entre contemplation et divertissement, pour l'inverser :

> La fusion actuelle de la culture et du divertissement n'entraîne pas seulement une dépravation de la culture, mais aussi une intellectualisation forcée du divertissement (Horkheimer et Adorno, 1974 : 152). [...] celui qui se recueille devant une œuvre d'art se plonge en elle [...] ; au con-

traire, dans le cas du divertissement, c'est l'œuvre d'art qui pénètre dans la masse (Benjamin, 1971 : 205-206).

Walter Benjamin soutient en effet que l'opposition d'Adorno et Horkheimer n'offre pas « une bonne perspective pour comprendre le cinéma » (p. 205), croyant plutôt nécessaire de partir de l'architecture pour comprendre ce dernier. Ainsi distingue-t-il deux manières d'accueillir un édifice, l'une visuelle, de contemplation (le bâtiment est fait pour être vu), l'autre tactile, de divertissement (le bâtiment est fait pour être utilisé).

Il y a deux manières d'accueillir un édifice : on peut l'utiliser, ou on peut le regarder. En termes plus précis, l'accueil peut être tactile ou visuel. On méconnaît du tout au tout le sens de cet accueil si l'on n'envisage que l'attitude recueillie qu'adoptent, par exemple, la plupart des voyageurs lorsqu'ils visitent des monuments célèbres. Dans l'ordre tactile, il n'existe, en effet, aucun correspondant à ce qu'est la contemplation dans le domaine visuel. L'accueil tactile se fait moins par voie d'attention que par voie d'accoutumance. En ce qui concerne l'architecture, cette accoutumance détermine également, dans une large mesure, l'accueil visuel. Ce dernier consiste beaucoup moins, d'entrée de jeu, dans un effort d'attention que dans une prise de conscience accessoire (Benjamin, 1971 : 206).

Alors que l'accueil visuel est propice à la contemplation, l'accueil tactile est propice à l'accoutumance, et permet donc de développer des habitudes (on a ses parcours, ses coins préférés, etc.). Pour Benjamin, cette accoutumance rend possible les changements. Du reste, ce ne sont que les tâches auxquelles nous sommes accoutumés que nous pouvons accomplir dans un état de distraction, de divertissement. Or l'accueil tactile, ou par voie de divertissement, est symptomatique des nouveaux modes perceptifs et trouve son meilleur terrain d'expérience dans le cinéma, en ce sens que par son effet de choc (par ses nombreux changements de lieux et de décors), ce dernier correspond justement à cette forme d'accueil qui prédispose à de nouvelles expériences perceptives. « Des tâches qui s'imposent, en effet, aux organes réceptifs de l'homme lors des grands tournants de l'histoire, on ne s'acquitte aucunement par voie visuelle, c'est-à-dire sur le mode de la contemplation. Pour en venir à bout, peu à peu, il faut recourir à l'accueil tactile, à l'accoutumance. » (Benjamin, 1971 : 206)

Du cinéma à la ville

Mais le cinéma ne renforce-t-il pas « le paradigme de la ville comme machine indifférente » (Comolli, 1994), ce qu'elle serait notamment en mettant en scène des personnages dont les rapports se trouvent indexés au désir et à la narration, soulignant par là l'étrangeté des autres sur la rue ? Si tout n'est pas perdu « en sortant du cinéma », n'y a-t-il pas plus à faire après qu'avant d'y entrer ? Bien sûr, si le cinéma est parti de la ville, c'est pour mieux y retourner, mais ne pouvons-nous pas penser que l'imaginaire qu'il suscite ne contribue pas toujours à son heureuse reconfiguration ?

Vers la fin du muet, la ville constituait un modèle de composition pour la réalisation de films comme *Berlin, symphonie d'une grande ville* (Walther Ruttmann, 1927) et *L'homme à la caméra* (Dziga Vertov, 1929). Le montage, le rythme et la signification de ces œuvres obéissent à la même forme de répétitivité des « temps modernes ». Puis, des débuts du parlant jusqu'aux années 1960, la représentation de la ville s'est faite pour l'essentiel à partir des studios (sauf dans des exceptions comme *Naked City* de Jules Dassin, 1948). Dans le film noir, la ville affirme son omniprésence étouffante. Puis, dès le néoréalisme italien et avec l'arrivée de la(les) nouvelle(s) vague(s), la ville revient à la surface pour occuper une place de choix. Si elle s'impose comme réalité incontournable, c'est davantage par ses ruines (*Fellini-Roma*, 1972) que par sa forme qui n'inspire plus vraiment l'esthétique des films.

Le cinéma ne cesse de nous parler de la ville. Empruntant souvent un scénario technique, il lui arrive d'opposer un discours critique au discours de la ville. Dans sa forme critique, son discours se rapproche de celui des utopistes du XIXe siècle (Cabet, Considérant, Fourier, Godin, Owen, etc.), avec la différence qu'au lieu de s'éloigner du sentiment de dégoût qui l'anime (l'utopiste tourne le dos à ce qui le dégoûte), il ne fera qu'en rajouter par l'ironie, et le nihilisme décadent, comme en font preuve des films comme *Metropolis* (Fritz Lang, 1926), *Blade Runner* (Ridley Scott, 1982) et *Strange Days* (Kathryn Bigelow, 1995) (*cf.* Cauquelin, 1979).

Comment dans le contexte actuel de mondialisation des villes, le cinéma peut-il contribuer à réinventer la ville ? De manière générale, la perception et l'expérience sensible de la ville ne se sont-elles pas largement transformées sous l'influence du cinéma ? De sorte qu'il ne faudrait pas tant aller de la ville à l'écran que faire l'inverse, pour comprendre le poids des images et la portée des scénarios sur notre manière d'habiter le monde. Ne faudrait-il donc pas partir du cinéma (partir de là, mais en sortir ensuite) pour réinventer la ville ?

LE POINT DE VUE DE RICHARD SENNETT

À première vue, Richard Sennett (1976 et 1990) développe un raisonnement inverse à celui de Benjamin. Pendant que ce dernier faisait ressortir le caractère subversif de l'expérience proposée au cinéma, parce qu'elle empêche le recueillement contemplatif du spectateur et l'oblige ainsi à réagir sur le plan social, le premier propose l'idée que dès le XIXe siècle, les villes deviennent le lieu d'expression de différences inacceptables (celles par exemple entre les personnes occupant des positions de domination ou de soumission) devant lesquelles l'œil du passant ne réagit plus qu'avec indifférence. Pour Sennett, cette indifférence devant les séquences linéaires d'éléments différents a tout d'un effet pervers du développement des grandes villes qui « au lieu d'investir l'espace de signification », exercent leur contrôle « par la neutralisation des lieux » (Sennett, 1992 : 86).

Sennett voit la solution à cette difficulté dans la réhabilitation du pouvoir d'interprétation de l'œil, qui, plutôt que de s'en remettre aux représentations du pouvoir – celles qui permettent de penser notamment que chacun est maître de lui-même –, doit tenir sa conscience en éveil pour expérimenter la ville autrement, et notamment par l'expérience non linéaire de la différence. La reprise du pouvoir d'interprétation de l'œil passe donc par la critique des représentations du pouvoir.

Doit-on en conclure que Benjamin s'est trompé ? Non, dans la mesure où l'effet de choc qu'il décrit permet de penser l'art autrement qu'en termes de recueillement contemplatif, et de reconnaître à chaque individu le droit de s'exprimer (n'ayant plus à s'en remettre aux spécialistes pour leur interprétation) et le pouvoir de réagir socialement dans ce nouveau contexte créé par la réception des œuvres.

Revoir Montréal en sortant du cinéma

Que puis-je faire de ma ville en sortant du cinéma ? Puis-je la réinterpréter avec la force réhabilitée du pouvoir de l'œil qui refuse les représentations du pouvoir, et cherche à « tenir sa conscience en éveil pour expérimenter la ville autrement » ? (Sennett, 1990) Prenons l'exemple de *Jésus de Montréal* de Denys Arcand (1989). Quelle attitude face à la ville ce film permet-il de prendre ?

Dans *Jésus de Montréal*, un jeune chômeur du nom de Daniel Coulombe est appelé à faire une représentation du chemin de Croix sur le haut du mont Royal. L'histoire se veut une réflexion sur la religion, mais aussi sur la création artistique. « En juxtaposant à des thèmes de la Passion selon saint Marc mes souvenirs d'enfant de chœur dans un village perdu, catholique depuis des siècles, et mon expérience quotidienne de cinéaste dans une grande ville cosmopolite » (Denys Arcand, 1989 : 7).

La pièce que doit monter Daniel Coulombe est une commande du sanctuaire. Pour ce faire, il recrute un certain nombre d'acteurs et procède à la relecture de l'histoire de Jésus, en soulevant notamment la question du sens de ce personnage historique. Le public réagit bien à cette interprétation, ce qui n'est pas sans déplaire au clergé qui en viendra à interdire la représentation. Une série d'événements se produiront autour de cette fin abrupte souhaitée par les autorités, mais refusée par les comédiens. Il y aura altercation et dans la mêlée générale, le jeune acteur interprétant le rôle de Jésus sera violemment projeté au sol du haut de sa croix. En tombant, il se fracassera le crâne et sera victime d'une commotion cérébrale qui nécessitera son hospitalisation. Il sera hospitalisé à deux reprises ; de la première il ne reviendra pas vraiment rétabli. Il s'écroulera une seconde fois dans le métro, après avoir prononcé un dernier discours à saveur mystique, et sera déclaré médicalement mort, mais maintenu dans un état neurovégétatif grâce à l'assistance d'un respirateur artificiel.

Le médecin traitant demandera alors aux amies du jeune comédien orphelin l'autorisation de prélever des organes pour d'éventuelles greffes, le cœur allant à un anglophone des Cantons de l'Est et les yeux à une Italienne de Montréal.

Partant de ce film, nous pouvons occuper pour un instant la position de Mireille qui, dans la séquence de la fin, va pleurer la mort de son ami à l'Observatoire de la montagne d'où l'on peut voir une dernière fois le centre-ville illuminé à la tombée du jour. À cette scène du belvédère s'enchaîne un dernier plan, nous faisant voir deux jeunes filles qui chantent le début du *Stabat Mater* de Pergolèse à l'intérieur d'une station de métro.

À l'approche du deuxième référendum, le *Jésus de Montréal* de Denys Arcand anticipe les suites d'une défaite. On peut en effet se demander dans quelle mesure ce film exprime allégoriquement l'idée de la résurrection culturelle d'un corps politique sacrifié. C'est l'interprétation que confirme peut-être la fin du film lorsque, à la mort du jeune acteur montréalais incarnant le Christ, on procède à l'extraction de ses organes (le cœur et les yeux, plutôt que la langue, il va sans dire) pour mieux les greffer à des receveurs de communautés culturelles différentes. Comme si, tel que le suggère le *Stabat Mater* de la fin du film, le sacrifice du corps apparaissait comme le moyen de faire triompher l'âme : *Quando corpus morietur, Fac ut animae ne denetur Paradisi gloria. Amen* [Quand mon corps mourra, Fais qu'à mon âme ne soit pas refusée La gloire du paradis].

Ce que nous pourrions traduire de la façon suivante : « Quand mourra mon rêve de faire du Québec le corps auquel j'appartiens, Fais en sorte que ma culture puisse rayonner néanmoins. » Bref, puisque ce corps m'est refusé ou puisqu'il m'abandonne, Fais en sorte qu'à mon âme il soit permis de gagner la gloire du paradis. On aurait d'ailleurs tort de ne pas se rappeler que Denys Arcand avait déjà retenu la leçon du référendum de mai 1980, ce dont il témoigne dans son film de 1981, *Le confort et l'indifférence*, qui montrait combien la résistance au changement l'avait emporté sur le désir de changement.

La ville sans cinéma. Le cinéma dans la ville

Isaac Joseph
Sociologie, Université Paris X-Nanterre

Mon propos dans le texte qui suit n'est ni un argument ni un commentaire de plus sur les rapports que le cinéma entretient avec la ville. Il s'agit plutôt d'une série de variations sur le thème du détachement : le détachement comme conséquence d'une éducation du regard propre à l'expérience urbaine et à sa traduction filmique. Problème immense qui renvoie sans doute à une politique du regard comme on a pu évoquer une politique de la conversation. N'étant pas spécialiste de cinéma mais simplement cinéphile, j'aurais du mal à commenter des images et je ne suis pas mécontent d'échapper ainsi aux réflexions en termes de représentation. Il y a plusieurs langages de la ville : celui du cinéma, celui du théâtre, de la peinture, mais aussi du vêtement et, pourquoi pas de la cuisine (que seraient des « restes urbains » dans ce langage ?). Mais il n'y a certainement pas une réalité dont tous ces langages seraient les représentations, sauf à considérer, selon un usage attristant, qu'une œuvre puisse se résumer à un catalogue d'images commentables infatigablement et qu'il y aurait une image derrière l'image, du sens au-delà de ce qui est vu.

J'ai choisi de présenter cette thématique de manière séquentielle. Ce caractère séquentiel peut lui-même renvoyer à plusieurs langages et plusieurs cadres : on peut dire qu'il s'agit d'une série de vignettes ou de tableaux mis bout à bout, à la manière d'un « La ville vue par », ou alors imaginer une série de cartons comme au temps du cinéma muet ou encore des « claps » indiquant que ça tourne et de quoi il retourne dans la scène en cours.

AMSTERDAM, 1631 : COMMODITÉS ET LAÏCITÉ

Première vignette donc : la ville bien avant l'invention du cinéma et l'urbanité avant même cette période historique de construction des civilités bourgeoises décrite par Habermas et Elias au XVIIIe siècle. René Descartes, le grand philosophe français vit et travaille à l'étranger. Je signale au passage qu'il ne se pose pas beaucoup de problèmes quant à son identité et qu'il se trouve bien dans ce monde décrit par

Simon Schama (1993) comme celui où règne l'embarras des richesses. Dans une lettre datant du 5 mai 1631 à un certain Balzac, il vante les mérites d'Amsterdam en soulignant plusieurs qualités des grandes métropoles ou des « villes-mondes ». Il invite son ami à quitter Paris, sa vie de cour et les mondanités épuisantes de ce que nous appellerions aujourd'hui le « microcosme parisien ». Que propose Amsterdam au contraire ? La série d'atouts de la ville qu'énumère Descartes mérite d'être rapportée :

1. C'est d'abord la solitude confortable, celle qu'assurent « les commodités de la vie » – « Quelque accomplie que puisse être une maison des champs, il y manque toujours une infinité de commodités, qui ne se trouvent que dans les villes ; et la solitude même qu'on y espère, ne s'y rencontre jamais toute parfaite » ;
2. C'est ensuite les relations choisies et « toutes les curiosités qui peuvent être souhaitées » – « Je me vais promener tous les jours parmi la confusion d'un grand peuple, avec autant de liberté et de repos que vous sauriez faire dans vos allées, et je ne considère pas autrement les hommes que j'y vois, que je ferais les arbres qui se rencontrent en vos forêts, ou les animaux qui y paissent. Le bruit même de leur tracas n'interrompt pas plus mes rêveries, que celui de quelque ruisseau » ;
3. Descartes parle également de la possibilité d'éviter l'importun, qui tient au marché lui-même – « ...en cette grande ville où je suis, n'y ayant aucun homme, excepté moi, qui n'exerce la marchandise, chacun y est tellement attentif à son profit, que j'y pourrais demeurer toute ma vie sans être jamais vu de personne » ;
4. Le confort intérieur, enfin – un poêle ou un grand feu qui savent mieux protéger du froid que les maisons romaines ne protègent de la chaleur.

S'il faut commenter cette page de publicité pour les grandes villes, c'est parce qu'elle nous permet de comprendre les valeurs d'urbanité sans les associer trop vite aux clichés de la modernité. Nous pourrions ainsi nous demander – mais j'ai promis de ne pas argumenter – si l'attractivité d'une métropole ne tient pas à cette combinaison « bourgeoise » (et n'oublions pas les prétentions à l'universalité de la

bourgeoisie en termes de circulation de biens, de modes de vie et de valeurs). Dans la combinaison, il y aurait :
- la solitude confortable du « quant-à-soi » (que nous appellerions aujourd'hui individualisme) ;
- la possibilité de construire ses relations, associée à la possibilité de les étendre par curiosité. La forme du cercle ou du club et les ouvertures de l'*open society*. Ce deuxième trait distinguerait la métropole de la vie provinciale (de la « belle province ») où les réseaux sont réputés s'inscrire dans un cercle étroit et où règne au contraire la frustration de cette propension à la curiosité ;
- le troisième trait (« la possibilité d'éviter l'importun » et de vivre « ni vu, ni connu ») a largement été analysé par les sociologues depuis Georg Simmel jusqu'à Erving Goffman. Il s'agit de l'évitement et de la réserve auxquels sont contraints les citadins non seulement pour se prémunir des pièges de la vie de cour, mais pour ne pas devenir fous. Si on veut comprendre le détachement, il faut insister sur la simultanéité de l'engagement avec le fait d'être pris par ailleurs. Le droit à la ville est immédiatement et simultanément un droit à la tranquillité et un droit à la distraction, c'est-à-dire le droit d'avoir à faire ailleurs, d'être « pris » par ailleurs. Et le respect de ce droit s'appelle depuis Goffman « indifférence civile » (*civil inattention*). Que ce droit prenne la forme du marché ne doit pas nous tromper : les embarras de la ville ne tiennent pas seulement à la forme marchande mais à la coprésence elle-même et à la densité des relations. La concentration d'activités a pour conséquence une densification des relations et donc l'impossibilité de les totaliser à chaque instant ;
- enfin, le confort intérieur, poêle ou grand feu, qui protège le chez-soi de l'extérieur. Inutile d'insister sur cette écologie urbaine qui conduit Descartes à comparer Amsterdam et Rome et évoquerait pour nous les problèmes actuels de São Paulo ou de Paris : comment penser la tension entre l'accessibilité qu'assure la grande « brasserie » urbaine et la demande de sécurité ou le sentiment d'un « chez-soi » ? On peut y voir un peu plus qu'une question de climat et de chauffage, c'est-à-dire

l'équilibre entre la demande d'être « chez-soi en ville » (pour reprendre l'intitulé d'un programme incitatif ministériel récent) et l'emprise du dehors, c'est-à-dire le fait du trafic, de la promiscuité ou de la pollution, les bruits et les insécurités diverses de la ville.

Quels que soient les jugements que l'on peut porter sur ce modèle d'urbanité, bien loin du romantisme de la rencontre et de l'aventure et bien loin du souci ou de l'intérêt de connaissance pour les « restes urbains », notons toutefois qu'il annonce déjà la formule célèbre selon laquelle l'air de la ville rend libre. Liberté fondée chez Descartes sur ce qu'il appelle une « morale par provision », apparentée à une forme de stoïcisme et très peu engagée. Le détachement auquel on parvient dans ce modèle est la condition d'un autre « attachement » (au travail productif et aux affaires, à la méditation métaphysique ou à la conversation et à la correspondance savantes entre pairs, etc.).

Thierry Jonquet 1999 : attachement et civisme

Deuxième tableau, contemporain cette fois, et destiné à corriger ou à compléter la vision « libérale » de la ville que propose Descartes. Il s'agirait cette fois d'interroger les catégories du détachement et de l'attachement comme des catégories de l'habiter, d'aller au-delà de la sphère des civilités ou des incivilités de la coprésence pour problématiser l'attachement à un lieu.

Thierry Jonquet, auteur de romans-policiers, vient de faire paraître un livre, *Jours tranquilles à Belleville* (1999) où il raconte son installation dans un quartier qu'il habite depuis quinze ans, auquel il est attaché. Quartier populaire et multiethnique à la fois, où la multi-ethnicité, comme la révolution selon Mao, n'est pas un dîner de gala : concentration de misère et d'alcoolisme, de violences à l'école, d'incivilités attribuées à une classe de jeunes que Jonquet appelle les « nique ta mère » qui le plus souvent ne savent pas quoi faire de leurs jours et de leurs nuits dans les espaces qu'on leur a aménagés au pied des tours de la rénovation et où ils « tapent les murs ».

Jonquet raconte un incident, une petite « affaire », dans laquelle il est impliqué et qui peut nous aider à comprendre ce que serait l'attitude opposée au détachement bourgeois du citadin selon Descartes. Jonquet est écrivain et aime le soleil. Il dispose d'une terrasse à un étage élevé où il lui arrive de s'installer pour travailler en joignant l'utile et l'agréable. Un beau jour, lors d'une pause, il observe le bas de sa rue et constate un curieux manège autour d'un jeune homme, vêtu d'une chemise à carreaux, planté non loin d'un petit bosquet de sa résidence, juste derrière le siège du syndicat CFDT. Des gens s'arrêtent lui disent quelques mots, s'éloignent, le jeune homme à carreaux va dans le bosquet, revient vers son interlocuteur qui s'éloigne. Le manège recommence plusieurs fois. Jonquet, capable d'observation et d'interprétation, notons-le, comprend que le jeune homme est un *dealer*. Or, Jonquet a beau être de gauche, participer à toutes les manifestations de la famille de gauche, il n'aime pas les *dealers* et il a peur pour son quartier dans lequel on trouve des seringues qui traînent dans les squares, et pour son propre enfant qui fréquente une école du quartier. Il décroche donc son téléphone et appelle le commissariat pour signaler à la police ce qui se passe sous ses fenêtres. On lui demande alors de préciser le signalement du jeune homme à la chemise à carreaux : « de quel type ? »... « Il est jeune et porte une chemise à carreaux... » ... « De quel type ?! » insiste le policier au bout du fil. La mort dans l'âme Jonquet finit par dire : « Il est bronzé »... « C'est un Arabe ? » ... « Oui. »

L'épreuve idéologique ne s'arrête pas là pour Jonquet et il a le mérite de la raconter jusqu'au bout. En effet, la police arrive sur les lieux, interpelle le jeune *dealer* qui, évidemment, n'a rien sur lui. Jonquet, qui surveille la scène du haut de son « mirador », se met en colère et rappelle le commissariat en indiquant le bosquet. Il faut fouiller le bosquet. Un quart d'heure après, la police trouve la drogue et arrête le *dealer*. Encore faut-il que Jonquet accepte son rôle de témoin jusqu'au bout, aille au commissariat pour donner son nom, ce qui lui permet de faire la connaissance du commissaire, pas raciste pour deux sous, attaché au quartier et faisant son travail, etc.

Cette histoire me paraît significative à plusieurs titres. D'abord parce qu'elle est racontée par un « habitant » et qu'elle est racontée comme une expérience où c'est le confort de l'idéologie qui est mis à mal (sans compter les risques très réels que Jonquet accepte de prendre). Dans cette expérience, l'écrivain devient un personnage public et actif. Peut-être compte-t-il sur sa notoriété locale pour se dire qu'il doit en répondre et prendre ses responsabilités. Cela serait déjà une forme d'engagement, répondant à la définition classique pour notre génération, mais l'engagement se traduit ici non dans le vocabulaire de la protestation et de la réclamation abstraites (un avenir pour ces jeunes, un emploi pour tous), mais dans celui de la dénonciation concrète et singulière d'un individu.

Cette histoire, ensuite, nous introduit à une sphère qui n'est plus celle des simples civilités et des principes du quant-à-soi, de l'arrangement, du ça ne me regarde pas, etc. Elle exige que l'on ait une idée de ce qu'est un quartier habitable, qu'on dénonce les troubles (simple dénonciation) ou les fauteurs de trouble (délation), bref qu'on se donne une « grandeur » civique que l'on dit implicitement respecter, vis-à-vis de laquelle on manifeste une certaine déférence. On sort donc de la sphère de l'égalité présumée dans la sphère des civilités pour afficher une autre présomption qui consiste à faire la loi, à se mettre à la place non d'un autrui quelconque, ni même d'un autrui généralisé, mais d'un législateur.

Enfin, la dénonciation civique passe par un défilé de signifiants et de procédures qui la construisent comme l'acte du citoyen Jonquet signalant au citoyen commissaire un individu commettant un délit. Les catégories de l'action et le vocabulaire de l'action changent. Le fait d'être de « type maghrébin » est un signalement instrumental dans un contexte d'action et dans le cours d'action du policier, tout comme le fait d'être témoin ne consiste pas seulement à exercer son droit de regard mais à « déposer » quelque chose de son identité, à attester que le témoignage est bien le fait d'une personne identifiée par son domicile, etc.

D'un attachement non cinégénique

J'ai raconté l'histoire de Thierry Jonquet parce que j'habite Belleville depuis quelques mois et parce qu'elle me semble plus vraie, moins « photogénique » que les réclames sur Belleville, qu'elles se présentent comme des complaintes nostalgiques sur le quartier populaire – ce monde que nous avons perdu, disait Peter Laslett, et qu'on peut voir dans le film de Robert Bober sur la rue Vilin où habitait Georges Perec – ou qu'elles chantent la multiethnicité, en effet exceptionnelle, qui est aussi une compétition pour l'espace de tous les instants. Compétition pour l'espace commercial entre Asiatiques et Maghrébins, Juifs ou Arabes ; compétition pour le logement entre les logements sociaux et les ateliers pour artistes, les logements d'architectes et de professeurs ; compétition pour l'espace public entre les crachats et les crottes de chiens, entre les piétons, enfants ou personnes âgées, et les automobilistes et les motards ; compétition pour les espaces intermédiaires des cafés – par exemple, le café des Folies, occupé le matin par des Juifs tunisiens, des Maghrébins et des Asiatiques, le soir par la bohème parisienne. Un regard écologique sur le quartier ne peut pas ignorer cette compétition pour l'espace : c'est, comme du bon vieux temps de l'École de Chicago naissante, un outil anti-eugénique, qui met entre parenthèses les appartenances et les origines pour comprendre des relations émergentes dans un contexte et dans un univers physique et sensible partagé.

Quel est le cinéma qui convient à ce regard non cinégénique sur la ville ? La question est sans doute prétentieuse ou vaseuse : le cinéma n'a aucune mission de ce genre et n'a aucune raison de rendre des comptes à une politique du regard. Je voudrais simplement dire que ce qui de la ville est cinégénique, des moments de l'expérience urbaine (par exemple, la nuit ou les courses poursuites) ou des morceaux de villes (par exemple, les gares comme lieu de rencontres et de rendez-vous, comme lieux où l'homme perdu dans la foule est identifiable par un mouvement de caméra, comme univers de l'homme des files, tout aussi important pour l'expérience urbaine concrète que l'homme des foules), ces hauts lieux de la ville au cinéma n'ont qu'un temps. Il faut un autre regard pour aller chercher Méliès en vendeur de colifichets en gare de Montparnasse à la fin de ces jours. Il faut un autre regard pour s'enfoncer dans Manhattan une fois qu'on a passé l'instant de la reconnaissance et pour ne pas en rester au déjà vu. Woody Allen joue sur cet arrière-plan du cliché, il donne à voir derrière l'image et l'imagerie. Hitchcock et Rivette reviennent dans les gares mais les traversent autrement : elles deviennent comme des marque-pages, des signets ou des relais de la ville et de la mobilité urbaine ou interurbaine. Ce sont des scansions du regard plus que des images.

Dans deux des films que j'emporterais sur une île déserte, *Shadows* (1959) de John Casavetes et *La promesse* (1996) des frères Dardenne, il n'y a pas une seule image de la ville. La ville, loin d'être l'acteur omniprésent comme dans *Marius et Jeannette* (1997) par exemple (un film que je trouve insultant pour Marseille, tellement il est populiste et boulevardier), n'est nulle part. On ne cède pas à la tentation théâtrale de la tirade (panorama ou travelling), on ne met pas en scène la ville. Je dirais qu'on la voit transpirer par tous ses pores : Casavetes filme trois personnages nègres blancs et leur évolution sur la « scène urbaine » new-yorkaise, c'est-à-dire au ras des trottoirs ou dans des appartements encombrés. Quant à *La promesse*, nous sommes au beau milieu des « restes urbains », au cœur de l'Europe des migrants clandestins et du petit trafic, et nous parcourons cet espace à mobylette. La ville n'est plus dans l'image et elle n'est pas là pour faire image. Ce sont les images qui sont dans la ville comme des moments quelconques de sa rumeur – aussi bien le transport des clandestins en camionnette que cette superbe scène de karaoké où le héros adolescent du film chante avec son père pervers, au comble du cynisme et de l'oubli et loin de la promesse qui ne se réalisera qu'à la fin du film.

Shadows, plus que *La promesse* dont *Rosetta* (1999) est un remake plus triste, se démarque du cinéma de la tirade de plusieurs manières qui me semblent intéressantes pour notre propos. Si les « restes urbains » ont quelque chose à voir avec la « zone » ou avec ce que Burgess appelait « zone de transition », Casavetes nous fait parcourir cet univers avec trois personnages. Ce n'est pas *Short Cuts* (1993) de Altman, parce que ce n'est pas le résultat d'un montage. Les séquences s'enchaînent (et on sait que le film a été improvisé) et s'organisent autour de cette « pluralité de perspectives ». Ce qui fait la cohérence du film, c'est la déambulation des personnages, leur découverte de la ville par explorations distinctes, leurs conversations parallèles. Ce qui fait la cohérence du film, c'est aussi le mixage (et non le montage) de ce que Deleuze (1985) appelle les op-signes (les signes visuels de la ville) et les son-signes (la musique de Mingus). Jamais mieux que dans ce film, on ne comprend l'importance pour le cinéma et le récit cinématographique des « personnages secondaires » (Daney, 1998). Jamais aussi on ne comprend que le vocabulaire qui convient aux mélanges que produit la ville, ce n'est pas le vocabulaire démographique du métissage, ni celui, plastique, du montage, mais celui du mixage. Mixage sonore, mixage de séquences visuelles. Le travail de Jean-Pierre Thibaud montre justement comment la notion d'ambiance, ambiance architecturale et urbaine, doit autant à la notion de paysage qu'à celle de situation. Un paysage urbain, sauf à se poster sur les grands axes et les perspectives majeures, sauf à en rester au couple du monument et de l'alignement (Loyer, 1990), est toujours un paysage situé, et situé par une activité dans un territoire qui lui-même peut être mobile. En un mot, voir la ville en sortant du cinéma, c'est non seulement ne pas négliger les « restes urbains », mais s'affranchir du théâtre et du sens de la perspective.

Cela peut vouloir dire deux choses, pour le cinéma et pour la philosophie. Pour le cinéma et l'expérience du cinéphile d'abord. On a pu dire que le spectateur de cinéma, enfoncé dans son fauteuil, n'était plus qu'un œil énorme et que, par cette béance, les images projetées sur l'écran pouvaient se frayer une voie aisément jusque dans son inconscient. C'est l'image du spectateur captif, aliéné au visible. Cette description de l'expérience cinématographique me semble peu convaincante. Lorsque Walter Benjamin parle de la transformation de l'expérience sensorielle humaine par le cinéma, il ne suggère pas tant une opposition entre le divertissement et le recueillement, qu'une transformation de l'art lui-même et de l'œuvre d'art, de la manière qu'ils ont d'offrir une vision de la réalité immédiate. Non seulement l'hypothèse d'une captivité du regard est discutable parce qu'elle ne tient pas compte de l'éducation du regard contemporain par la télévision et par d'autres écrans, mais de plus, elle ne saisit pas la mobilité de l'œil à laquelle invite le cinéma. Le théâtre et les arts du spectacle ont depuis longtemps su utiliser ces possibilités (voir par exemple, *Shazzam* de Philippe Découflé et son utilisation de la reproduction de la scène sur plusieurs écrans). Pour comprendre ce qu'est cette « réalité immédiate » que tente de restituer le cinéma, c'est donc une autre « écologie de la perception » (Gibson, 1986) à laquelle il faut se référer : non pas se demander ce que le spectateur a dans la tête en regardant les images, mais sur quel corps cette tête est posée ? est-elle mobile ou non ? quelles sont les prises que lui offre le visible ? Et non plus seulement quelles sont les emprises de l'image, ce qu'il entend aussi dès lors que le cinéma n'est plus muet.

J'aimerais terminer précisément sur la séquentialité de la vision et sur le vocabulaire qu'elle exige. Si le cinéma naturalise la séquentialité, celle-ci est caractéristique de la vision mobile. Le caractère séquentiel de la vision n'a rien à voir avec l'expérience de la fragmentation et encore moins avec je ne sais quelle expérience du corps morcelé qui semble sous-jacent au discours nostalgique sur la ville. La dispersion de la vision et la distraction de l'œil sont naturelles dès lors qu'on accepte de considérer la perception autrement que comme une confrontation avec une image, dans un modèle mentaliste ou représentationnel que William James appellerait « saltatoire » et qui est, rappelons-le, l'expérience cartésienne de la certitude à laquelle s'oppose le pragmatisme depuis Peirce (Tiercelin, 1993). La perception et la connaissance elle-même ne sont pas l'expérience d'un point de vue fixe sur un corps immobile : elles sont déambulation au milieu des choses tour à tour organisées comme paysage ou situation, détachement relatif et attachement à l'activité en cours. L'esthétique de l'image et de la contemplation de l'image méconnaît cet ordinaire de la perception mobile qui, en effet, ne se donne pas ce temps d'arrêt et de surplomb que réclame « le partage du sensible » (Rancière, 2000) de l'esthétique savante.

Cette méconnaissance de l'ordinaire, longtemps considéré comme le théâtre de l'aliénation et de la trivialité, relève de ce que William James appelait le péché de la pensée absolutiste, acharnée à débarrasser l'univers de l'expérience de ses scories et de sa nature plurielle. Le premier opérateur cognitif que propose le pragmatisme consiste précisément à penser par strates, par cadres ou par modalités. C'est résolument une pensée de la découpe et de l'assemblage, du patchwork et de la mise en réseau, des plis et des préjugés. Une pensée qui interroge nos croyances communes et la manière dont elles s'agencent plutôt que nos représentations individuelles ou collectives et la façon dont elles s'imposent et nous obligent. On pourrait même se hasarder à dire que l'histoire des sciences sociales se structure sur l'opposition, repérable des deux côtés de l'Atlantique au tournant du siècle, entre ceux qui sacralisent le social par l'extraordinaire et ceux qui leur opposent une *religion civile de l'ordinaire*. Opposition entre une vision du social qui ne serait à l'œuvre que dans sa grandeur, en son point de fusion dans l'effervescence (Durkheim), l'orgie sacrée (Weber) ou la dépense (Mauss) et une pensée attentive aux coalescences du social, à sa pluralité émergente, à la dispersion des croyances collectives, à leur vulnérabilité et leur « convertibilité » sans grandeur (songeons à ce voisinage étonnant chez James, de la conversion religieuse avec l'expérience de l'alcoolique repenti !).

Parce qu'ils ont pris pour cible les formes « absolutiste » et « moniste » de la transcendance, les pragmatistes ont opéré une conversion du regard qui a abouti à « instrumentaliser » la perception, à « naturaliser » les habitudes et les croyances, les emprises et les prises qu'elles se donnent dans le réel de l'action. Naturaliser, c'est d'abord créditer la réalité sociale d'une intelligibilité immanente et c'est inviter le chercheur à s'attacher à la description des mondes sociaux ordinaires dans leur confusion et leur disparate. Contribue à cette mise à plat des expériences la définition très large de l'action à l'œuvre chez Mead et, avant lui, chez James :

> Quand je parle d'action, il faut prendre ce terme dans son sens le plus large. J'entends par action notre langage, notre écriture, nos affirmations et nos négations, nos sympathies et nos antipathies, les états émotionnels de notre présent immédiat, mais aussi l'avenir éloigné. Je parle : vous écoutez. Rien, semble-t-il, ne résultera dans la pratique de cette activité purement théorique. Mais un résultat pratique doit se produire et notre causerie ne saurait laisser votre conduite sans modification (James, 1892, 1996).

L'enquête pragmatiste porte sur l'état de nos croyances en tant qu'elles sont actives et rendent possible l'action. En ce sens, elle s'intéresse, dans l'ordinaire, à l'état de repos de la pensée. Le repos de la pensée nous rapproche pratiquement d'un univers foncièrement inachevé et nous éloigne d'une quête de l'adéquation contemplative au réel. Dans un texte datant de 1913, *Pragmatisme et sociologie* (1955 : 78) commentant l'apport du pragmatisme, Durkheim dit de la croyance qu'elle est « un facteur de la réalité à venir » et il voit bien que c'est l'état de la pensée d'un être « qui non seulement est à un moment donné différent de ce qu'il était auparavant mais aussi, et dans un même instant, lui-même et différent de lui-même ». Durkheim comprend tout à fait, par ailleurs, les conséquences de la critique pragmatiste de la vérité comme adéquation : dès lors que la vérité n'est pas une copie, dit-il, « ce n'est pas *derrière* l'idée qu'il faut chercher le critère de sa vérité, mais *devant* elle » (p. 88). De même, il perçoit bien que la définition de l'acte de connaissance est radicalement transformée : penser ce n'est pas franchir le fossé (sauter) de l'idée à l'objet, mais *déambuler* au milieu des relations existant entre les choses ou entre les pensées. Ce n'est pas céder à l'évidence, mais « déraidir la vérité pour en faire quelque chose d'analysable et d'explicable » (p. 140).

Pourtant, Durkheim n'est pas convaincu par cette subordination de la pensée à l'action et lui oppose l'expérience de l'attention, concentration consciente qui a besoin de prendre ses distances par rapport à l'action, de suspendre le mouvement. « Penser, c'est se retenir d'agir », dit-il. Contre le pragmatisme qui voit l'action et la pensée faites d'une même matière, il s'en tient à une définition de l'action comme « décharge » et extériorisation. « Agir, c'est s'extérioriser et se répandre au dehors. » Or, dit Durkheim, « l'homme ne peut pas être à la fois tout entier en soi et tout entier au dehors de soi » (p. 165).

C'est précisément sur cette expérience de l'attention et sur la pluralité des canaux de communication qu'elle mobilise (Goffman, 1991) qu'il faut revenir pour prendre la mesure de l'apport de James. C'est le doublet de l'acteur (au dedans de soi) et de son expression (au dehors de soi) qui est remise en cause par la naturalisation pragmatiste. D'une part, parce que *l'action prime sur les acteurs* – dans une formule à l'emporte-pièce, James déclare : « Je n'ai cure de savoir s'il y a ou non des "agents" ou si les actions de l'homme sont bien les siennes ou non » (1924 : 104) ; d'autre part, parce que *la matière expressive est interactionnelle* et que l'expression retourne à l'esprit sous la forme d'une impression nouvelle, l'impression d'avoir agi. « Nous recevons ainsi des impressions sensibles nouvelles de notre conduite et de ses résultats. Nous entendons les paroles prononcées, nous ressentons le coup que nous donnons, nous lisons dans les yeux d'autrui le succès ou l'échec de notre attitude. Or le retour de l'impression sur elle-même complète l'expérience globale. » (James, 1996 : 67) Autrement dit, s'il y a un phénomène social total chez James, ce n'est pas par intégration de l'individuel et du collectif dans la chaîne causale du phénomène, mais par dédoublement réflexif et socialisation immédiate de l'expérience individuelle. La nature à laquelle nous participons ne se laisse saisir dans l'expérience que dispersée, disséminée, située. Cohérente avec la fonction pratique des routines, on trouve dans l'empirisme radical de James la mise en évidence, pour la première fois dans l'histoire de la psychologie, de la structure distribuée (et donc « distraite », du point de vue de l'attention) de la cognition en situation.

L'univers pluraliste n'est pas pour autant le monde défait de l'atomisme. James n'est pas satisfait de la réponse atomiste à l'intellectualisme dans la mesure où elle ne sait pas comment dépasser le caractère disjoint des sensations. Les conjonctions, dit-il, sont tout autant données dans l'expérience que les disjonctions. Il faut donc considérer ensemble les deux principes qui veulent premièrement que la réalité n'est saisissable que par séquences et, deuxièmement, que *le mot* ET *prolonge toute phrase*. Les choses existent sous leur forme singulière (*each-form*) et sont liées entre elles par coalescence de proche en proche. Du coup l'opposition introduite par Durkheim entre la conscience attentive et l'action expressive est remplacée par un jeu de stratifications et de modalisations de l'expérience perceptive et cognitive, expérience qui va de l'attention focalisée à l'attention distribuée, de la singularité d'un moment aux franges contextuelles qui le relient, par distraction, à d'autres moments. L'œuvre de Goffman, notamment *Les cadres de l'expérience* (1991), explorera cette double dimension de l'expérience sociale, à la fois circonstanciée ou cadrée et, en même temps, susceptible d'être modalisée ou recadrée par ceux qui la vivent.

Tout cela n'est pas sans conséquences sur la manière de se représenter l'action pertinente. L'univers pluraliste de la connaissance ordinaire est un univers inachevé, dit James, mais cet inachèvement est plus qu'un défaut, un manque ou une incomplétude. C'est d'abord une chance et une confirmation de la dimension « opportuniste » de l'action qui ouvre sur une pensée de l'occasion, un « typhose » selon le mot de Peirce repris par James, ou une pensée de l'élan vital et du « devenir réel » que James découvre dans l'œuvre de Bergson qu'il admire. Et c'est aussi une condition de l'expérience morale la plus concrète : nous vivons dans un « muletiers » moral, dit James, et notre monde est précisément de ceux qui provoquent des jugements de regret (James, 1897 : 177). Argument principalement antidéterministe, sans doute – « Je ne puis comprendre le regret sans admettre dans le monde de possibilités réelles » (p. 191) –, mais qui souligne en même temps la vulnérabilité du monde et le travail de stabilisation qu'accomplissent les croyances.

De même que nous nous interrogions, il y a quelques années, en lisant Goffman et les ethnométhodologues, sur une « politique de la conversation », on pourrait se demander avec James cette fois-ci ce que serait une politique cohérente avec cette théorie de la perception. La lecture par Durkheim des thèses de la philosophie pragmatiste dans son cours de 1913-1914 (Durkheim, 1955) montre combien il a perçu le pluralisme comme une menace contre le rationalisme traditionnel et contre « l'intérêt national ». Au lieu d'une société en apparence une, dit Durkheim en commentant James, on aboutit à une société qui se compose en réalité « d'une multitude de petits groupements, de petits mondes sociaux qui parfois interfèrent, mais dont chacun vit d'une vie propre et reste, en principe, extérieur aux autres »... « Le monde est une république fédérative qui laisse à chacune de ses parties une grande part d'autonomie. Ce n'est pas une société monarchique. Le monde n'est pas quelque chose de rigide, de compassé, de bureaucratique ; il n'a pas la belle ordonnance qu'y aperçoivent les rationalistes : c'est un "univers débraillé" » (p. 69-70).

De son côté, David Lapoujade (1996) a montré le lien entre cette philosophie d'un « univers pluraliste » (James, 1907), en « patchwork » et la sociologie de la mosaïque des mondes telle que l'École de Chicago la thématisera à partir des années 1920. Mais il insiste à juste titre sur un point qu'avait déjà noté Durkheim, à savoir la place centrale qu'occupe, dans cette philosophie, une théorie de la *connaissance comme déambulation*. Exploration de la continuité des relations qu'entretiennent les choses entre elles (« Et James oppose souvent, disait Durkheim, ce caractère ambulatoire de la pensée au caractère saltatoire que suppose la conception discontinuiste de l'univers » – [Durkheim, 1955 : 107]). Cette dimension de la déambulation sera comprise par les pragmatistes aussi bien au sens propre du déplacement (l'homme comme être de locomotion est un explorateur et un lecteur d'indices dans un milieu toujours partiellement étranger ou intellectuellement opaque) ; et au sens figuré comme une capacité à la réorganisation des perspectives dans toute communication (adopter le rôle d'un autrui ou de l'autrui généralisé, dans la distinction introduite par Mead entre « play » et « game » – Mead, 1964). Le rapport de la connaissance et de l'action est à la fois son émancipation par rapport à une théorie contemplative de la vérité et une manière d'ancrer la connaissance dans un univers problématique, c'est-à-dire dans les pratiques communicationnelles ordinaires qui ont pour objectif de satisfaire un « besoin d'être d'accord », avec les choses (pertinence) ou avec soi-même (cohérence), de s'attacher au monde et de s'en détacher.

Surveiller et unir

François Jost
Communications, Université Paris III-Sorbonne-Nouvelle

De *Metropolis* (1927) à *Family Viewing* (1987), de nombreux films racontent cette histoire : pour échapper à la décomposition ou à la destruction qui la ronge, une ville va trouver dans l'amour de deux êtres le lieu de sa refondation. Par sa récurrence à l'intérieur des films qui confèrent un rôle majeur à la ville dans leur scénario, ce motif retient l'attention du chercheur. Faut-il comprendre qu'il n'y a de solution qu'individuelle à la crise de l'urbain ? Que des refuges dans l'utopie ? Si ces questions peuvent se poser, elles nous intéressent moins que leurs tenants et leurs aboutissants narratifs : quels développements de l'urbanisme engendrent un tel *topos* ? Et quelle vision de la ville cherche-t-il à réparer ?

À interroger l'histoire du cinéma de la sorte, deux films se sont imposés à moi pour la communauté de leurs postulats et la divergence des modèles urbains qu'ils représentent : *Alphaville* (Godard, 1965) et *Family Viewing* (Egoyan, 1987)[3]. L'un et l'autre, en effet, acceptent comme prémisse que la ville se définit par les dispositifs d'information et de communication qu'elle met en place et qu'elle est à sa manière, comme les médias pour Mc Luhan, un prolongement des sens et, plus particulièrement, du regard. Mais, tandis que le premier voit dans la Mégapole, l'aboutissement du dispositif de surveillance des siècles passés, le second insiste plutôt sur les nouveaux lieux d'une communauté pensée dans sa virtualité.

« ANCIPENSÉE » ET « PENSÉECRIME »

« Il arrive que la réalité soit trop complexe pour sa retransmission orale. La légende la recrée », nous avertit Godard dès l'ouverture d'*Alphaville*. Quelle est cette réalité qui se montre mieux qu'elle ne se dit ? Cette réalité qui échappe au pouvoir des mots seuls et qui ressortit à l'empire de l'image ?

---

3. Ce texte fait suite à l'exploration du topos commencée dans : « L'erreur, l'errance : deux visions de la géographie américaine », *Cinémas*, vol. 1-2, n°s 1-2, Montréal, 1990, p. 20-31.

La première réponse est dans la légende de Lemmy Caution, c'est-à-dire, étymologiquement, dans *ce qui doit être lu* du personnage. Celui que Godard présente comme son neuvième film (il fait l'économie de ses courts métrages et des sketches insérés dans d'autres films) est aussi le dixième film de ce héros récurrent. Plus précisément, *Alphaville* succède à la dernière enquête du célèbre espion du FBI pour retrouver un savant américain enlevé. « Étrange aventure » que cette rencontre de la nouvelle vague avec la « qualité française ». Car, pour saisir la fonction d'Eddy Constantine dans *Alphaville*, qui se rapproche de celle de Peter Falk dans *Les ailes du désir* (1987), il faut la lire sur le fond de mythe ou de légende qui l'accompagne : ce héros, dont le premier geste est de tirer et de taper, lit à présent *Le grand sommeil* (dont on se rappelle la version cinématographique particulièrement absconse) ou *Capitale de la douleur*, d'Éluard, et communique par aphorismes, à la manière de Godard. Il faut dire que le décor dans lequel évolue Lemmy Caution a changé : ce ne sont plus ces lieux de cartes postales (Riviera, Cannes, Paris) qu'affectionnaient les films de Borderie, mais une ville d'anticipation.

Pourtant – et c'est là l'une des complexités que seule peut rendre l'image –, il ne s'agit pas, comme on le dit couramment, d'une ville du futur. Ce Paris que Godard filme n'est pas une construction de studio (comme l'est la ville utopique de *Playtime* [1967]), mais un décor réel formé par des rues et des immeubles qu'on peut alors voir dans la *capitale* de la France, promue comme centre de la *douleur*. En filmant l'espace qui lui est contemporain, Godard fabrique un artefact. Choisir des lieux contemporains du tournage pour représenter le futur donne naissance à une chimère temporelle, qui n'a de réalité que par l'image. Achronie plus qu'utopie, cette chimère donne à penser que l'avenir est (déjà) le présent, que le présent est avenir, ou, pour mieux dire, que celle qu'on appelle fugitivement « zéro ville » est une répétition indéfinie du Même : le futur sera pour toujours incarné par la maison de l'ORTF, tout juste sortie de terre, par les périphériques et le métro aérien. « Le présent est la forme de toute vie » (31'20"), comme le suggère le nom de l'ordinateur, alpha 60, partagé entre la logique de la lettre, l'alpha, et celle du numérique, symbolisé par une décennie sans fin. De ce point de vue, *Alphaville* rejoint l'imaginaire de la ville exploré par *La jetée* (1962).

Bloqués dans le temps, ceux qui vivent comme des rats, dans les souterrains de la colline de Chaillot, remettent leur sort dans les mains d'un homme qui, par son attachement pour une « image du passé », saura les remettre sur le chemin de l'avenir et du devenir. De même, alpha 60 s'intéresse à Lemmy Caution, qui, grâce « à sa tendance à revenir sur le passé », peut être utile (54'25")[4]. « Le temps est un cercle sans fin » (31'20"). En fait, plus qu'une opposition entre le passé et le *no future*, thème qui prendra de l'ampleur, ce film de Godard se construit sur l'opposition entre le temps humain et le temps de la machine. Celui-ci serait fait d'imprévu, d'aléa, de poésie ; celui-là serait calculé, prévisible, inexorable : « les gens sont devenus esclaves de la probabilité » (27') ; « Tout ce que je projette s'accomplit » (1h11'). La ville est une « société technique, comme celle des termites ou des fourmis », qui s'oppose à la société d'autrefois où « il y avait des artistes, des romanciers, des musiciens, des peintres » et au milieu de laquelle règne la télévision.

Les zélateurs des écrits de Paul Virilio ne pourront s'empêcher d'admirer, une fois de plus, la primauté des artistes sur les philosophes. Ne croit-on pas entendre, en effet, dans ses mots d'*Alphaville*, ceux que ce dernier écrit, près de trente ans plus tard ? « Ici n'est plus, tout est maintenant » (Virilio, 1998). Ne lit-on pas dans ce film les craintes de Virilio sur le temps réel et la dictature optique ? Est-ce la pensée du philosophe qui est datée ou celle de Godard qui est anticipatrice ? Si la question est mauvaise, le rapprochement des images filmiques et de l'essai suggère que l'association de la peur informatique aux peurs de l'avenir urbain est récurrente et qu'elle s'appuie sur un schéma de la ville assez conventionnel. Cette phobie de l'ordinateur – qui vaut à *Alphaville* de figurer sur un site « Fear » parmi les utopias, les dystopias et les paranoïas diverses d'aujourd'hui – est associée à une représentation de la ville comme corps, avec ses organes centraux et sa périphérie, dont le risque ultime est d'être paralysé par son propre cerveau.

Dans son analyse du *Contrat social*, Althusser montrait comment Rousseau, dans ce livre, progressait dans l'idéologie, mais régressait dans la réalité, en proposant des solutions politiques rétrogrades. On

---

[4]. « Personne n'a vécu dans le passé, personne ne vivra dans le futur. Le présent est la forme de toute vie... »

pourrait en dire autant du film de Godard (et de Virilio) : en affirmant « nous sommes entrés dans la civilisation de la lumière », *Alphaville* pressent qu'avec l'extension de l'ordinateur, l'histoire de la ville est entrée dans une nouvelle phase, dont le film nous conte les jours critiques, ces heures où, selon Hippocrate, le sort du malade se joue. Mais, en même temps, sa vision du futur, ou plutôt du *no future*, est asservie au paradigme urbain du passé. *Alphaville* est une ville féodale, fortement orientée (selon la division Nord/Sud) et repliée sur elle-même ; l'intra et l'extramuros sont délimités (« les faubourgs »), avec des zones interdites, qui mettent à l'abri des « pays de l'extérieur ». Elle s'est développée en fonction de deux lois : l'entropie, propre à tout système vivant, et le gigantisme. En sorte que l'espace est devenu inhabitable : l'homme est perdu soit parce que tout y est devenu labyrinthique, corridors d'hôtel de fiction traversés par Lemmy Caution ou couloirs de la Maison de l'ORTF, qui abrite alpha 60. Dans cet univers vectorisé et orienté par des flèches qui somment le voyageur de suivre la direction, se lit aussi une critique à peine voilée des deux disciplines qui accompagnent le développement urbain : la sémiologie et la sémantique, dont l'Institut règne sur *Alphaville*. Le film de Godard, ne l'oublions pas, est contemporain de la naissance du Centre d'Étude des Communications de Masse, où travaillent Barthes, Bremond, Morin, Todorov ou Greimas, et de ces grandes opérations immobilières qui visent à faire disparaître les îlots « insalubres » de Paris pour les remplacer par des immeubles parallélépipédiques et où les banlieues sont remplacées par les HLM (rebaptisées par Godard « les hôpitaux de longue maladie »). Le thème de la non-communication se développe aussi bien dans les films de fiction qui prennent la ville pour acteur (ceux d'Antonioni, notamment, mais aussi ceux de Marcel Hanoun, avec le dernier plan d'*Une simple histoire* [1958]) que dans les reportages de télévision sur Sarcelles.

Tous les malheurs de la ville (« pour notre malheur, le monde est réel », conclut le film) seraient donc dans la rencontre d'un dispositif de vision ancien, poussé à l'outrance, le panopticon, et d'un mode de pensée émergent, solidaire lui-même d'une conception de la langue. En poussant à la limite les conséquences de la télésurveillance et en l'associant à l'image des buildings et des métros aériens, Godard s'inscrit dans la filiation de Lang, avec lequel il vient de tourner *Le mépris*

(1963) (rappelons que le patron de *Metropolis* surveille ses ouvriers sur un grand écran qui se trouve dans son bureau).

L'alliance de l'œil et de la pensée dans le système de surveillance va plutôt chercher ses racines dans *1984*, où se trouvent déjà tous les thèmes du film de Godard : l'invention d'une novlangue chargée d'éliminer les mots inutiles et de censurer les idées d'hier, « l'ancipensée » et de créer des néologismes capables de remplacer plusieurs concepts, comme liberté et égalité, par un seul mot, en l'occurrence « penséecrime » ; le « contrôle de la réalité » par l'effacement de toute trace du passé, tâche confiée à un Commissariat aux Archives, lui-même sous tutelle du ministère de la Vérité. Le mot « télécommuniquer » que l'on rencontre dans *Alphaville* est déjà dans ce Commissariat aux téléprogrammes que la novlangue de *1984* nomme par un raccourci « Télécom », nom de marque qu'a pris en France la principale entreprise de téléphone.

Du point de vue thématique, *Alphaville* n'innove donc pas beaucoup. En revanche, le film puise dans son présent une pensée du langage qui identifie le cheminement de la langue naturelle à celui d'une

> machine à calculer d'un type assez banal, qui peut passer par un nombre indéfini d'états. On admet que cette machine, à chaque passage (comme à chaque transition d'un état à un autre émet un certain symbole (par exemple, un morphème français) [...]. On peut aussi dire que chaque séquence produite de cette façon est une phrase et que chaque machine de ce type définit un langage... (Ruwet, 1968 : 91).

Cette conception est aussi à la base des langages informatiques alors en vigueur. Un tel mécanisme, qui assimile la phrase à une suite de choix et de restrictions successives, est exactement celui qui règle le récit d'*Alphaville* : ce monde avec ses sens obligatoires, ses zones interdites, ses grands espaces vides, ses couloirs labyrinthiques est à son image. Cette aventure étrange de Lemmy Caution est un peu celle de Taomino franchissant les obstacles pour rejoindre sa Pamina-Natacha. La ville y est encore conçue comme un espace dans lequel on se déplace, un espace ouvert aux trajets des habitants, mais où la ligne droite n'est nullement le plus court chemin d'un point à un autre : « Je courais sur une droite qui ressemblait à un labyrinthe », conclut Lemmy Caution. Cette perte du sens de la ligne (dans la double acception du terme : direction et signification) est solidaire d'une double opération de la pensée : d'une part, la ville est conçue comme une langue ; d'autre part, la langue est principalement envisagée dans sa dimension paradigmatique, comme si le sens venait d'abord des unités. L'Institut de sémantique n'est pas tenant de la méthode générative : il règne d'abord, comme dans le monde d'Orwell, sur le lexique, faisant disparaître des signifiants aux signifiés trop dangereux (rouge-gorge, lumière d'automne, conscience, tendresse), rendant incompréhensible l'usage des mots obsolètes.

Cette réduction du processus linguistique à sa dimension verticale affecte d'ailleurs alpha 60, qui, à écouter Lemmy Caution, avoue : « un mot isolé peut être compris mais la signification de l'ensemble échappe ». Si l'on rapproche ces trois éléments mis en jeu par le scénario que sont alpha 60, une idée de la langue et le décor urbain, on constate qu'ils reposent sur une conception du langage pour laquelle la phrase est conçue comme une succession paradigmatique où le locuteur comme l'ordinateur avance pas à pas sans comprendre l'ensemble et où certaines boucles renvoient à des impasses ou à des lieux déjà traversés (comme la commande « Go to »). Pareillement, du point de vue architectural, *Alphaville* montre des éléments de décor doués de sens (escaliers, couloirs, ponts), mais la liaison des uns et des autres ne fait plus sens, plongeant l'usager de la ligne droite dans une errance continuelle.

Par une ironie de l'histoire, ce modèle de ville coupée du monde donnera son nom à une démarche urbanistique singulière : *Alphaville* est aujourd'hui à 25 kilomètres de São Paulo. Cité privée, entourée de murs, où les privilégiés se mettent à l'abri de la violence urbaine. Ses quartiers forteresse sont gardés jours et nuits et on n'y pénètre pas sans autorisation. Les habitants y trouvent tout ce dont ils ont besoin...

Réseau urbain, réseau filmique

Autre ville, autre crise, autre regard... Les premiers plans de *Family Viewing* répondent comme en écho aux interrogations de Godard sur l'informatisation de la société : une architecture rigoureuse grille l'écran ; des plateaux sont retirés et l'on comprend que l'on voit une chambre d'hôpital à travers un porte-plateau. Dans le fond de la pièce, une télévision, puis un adolescent qui tend le bras pour changer de chaîne, des images hétérogènes : un film de famille, un documentaire sur les enfants et, enfin, le visage d'une femme qui se fait ouvrir une porte par un interphone visuel.

En quelques secondes, une conception de la ville s'est mise en place : l'écran de télévision y est « le cadre obligé de tout ce qui est communiqué à l'ensemble de la société » (Castells, 1998 : 381) (et non plus le symbole de la non-communication comme chez Godard), les images se chassent les unes les autres en un véritable flux qui mêle aussi bien l'information que le divertissement, l'espace public (sous surveillance) que l'espace privé. Le passage d'un univers à l'autre est instantané et se mêle au temps réel des caméras automatiques. La caméra de surveillance a envahi l'espace privé, le panopticon est domestiqué. Ce n'est plus le patron qui l'utilise, ni même un ordinateur *Big Brother*, mais le père de famille.

Nous ne sommes plus dans une société – réelle ou redoutée – à émetteur central, mais dans un système fondé sur un « réseau de communication multi-nodal et horizontal » (Castells, 1998 : 423), formant ce que Castells appelle un « espace des flux ». Nous ne sommes plus dans un système de la langue ou de l'information binaire, mais dans l'horizontalité du « rhizome » deleuzien et de l'hypertexte, qui en est, finalement, le versant informatique. Comment définir cet espace de flux ?

D'abord par la disparition des lieux au profit du réseau. À la fois, les services avancés sont dans des nœuds urbains et l'information est délocalisée, passant par des « moyeux » d'où elle est organisée et distribuée. À l'instar d'*Alphaville,* qui est dépendant d'une conception de la langue des années 1960, le film d'Atom Egoyan met en jeu une vision émergente du tissu urbain : Arsinée est opératrice de téléphone rose dans des locaux qui sont, en quelque sorte, une tête de réseaux, avant d'être délocalisée, c'est-à-dire en l'occurrence envoyée chez elle (« Tu pourrais appeler de chez toi », lui dit son patron). Lorsqu'un client va demander à la rencontrer, le rendez-vous sera fixé dans un de ces grands hôtels qui représentent, par excellence, cette architecture de flux, définie par sa seule fonction de nœud du réseau. C'est par le biais des connexions téléphoniques qu'elle sera amenée à rencontrer le père du jeune héros, tout simplement parce que celui-là subordonne la vie érotique de son couple aux appels d'une opération de charme.

De fait, l'espace privé est devenu lui-même un « moyeu » où s'échangent et se recouvrent les vies dont le statut représentationnel vacille. Rien de plus saisissant, à cet égard, que cette séquence du début : le jeune homme regarde la télévision. La couleur bleutée de l'image laisse à penser qu'il s'agit d'une scène captée par une caméra de surveillance. Des rires, qui pourraient émaner de la télévision visible dans le champ, scandent l'arrivée de l'amie de son père, quand, soudain, le fils arrête le magnétoscope... et l'on s'aperçoit qu'il s'agissait d'un enregistrement qu'il « renroule ». La représentation du quotidien est structurée comme un véritable anneau de Möbius effaçant tous les repères. Se trouve-t-on dans la réalité ou dans la représentation ? Tout se mélange : ce que les personnages sont en train de vivre, les scènes érotiques du père et de son amie, les films de famille du passé de l'enfant.

Alphaville trouvait sa source dans la peur de l'extension de la programmation, destructrice de poésie, d'art et d'amour ; *Family Viewing* montre une ville en proie à l'éphémère, où le flux l'emporte sur les archives et sur la mémoire du passé. On pourrait m'objecter qu'une telle vision est déjà en germe dans *Alphaville*. Sans doute. Mais il existe une différence de taille entre le film de Godard et celui d'Egoyan : le premier, dans la lignée de *1984* (1956), considère la destruction du passé comme une entreprise totalitaire indifférenciée (qu'on pense au *Figaro-Pravda*) s'appuyant sur l'axiome qu'il ne sera plus possible d'établir « le fait le plus patent » à partir du moment où il n'existera « aucun enregistrement que celui d'une seule mémoire » (Orwell, 1982 : 56). Chez Atom Egoyan, c'est l'individu lui-même qui est vecteur de l'éphémère, amnésique de son passé. Comme si celui-ci, loin de la nostalgie qu'il engendre souvent, pouvait s'accommoder du regard détaché du passant qui traverse la ville. Représentative de cette victoire du présent et de l'instant sur le souvenir, l'activité du père, employé dans un magasin vidéo, qui « veut tout enregistrer » et qui recouvre les vieux souvenirs de l'enfance et du fils de sa première femme par le filmage de ses cérémonies érotiques. Le flux ronge chaque jour un peu plus les archives familiales, déposées en stock sur les cassettes.

Une autre mémoire du passé est, elle, représentée non plus par des fonctions, des professions ou des arts (la poésie), mais par des personnes, en l'occurrence des vieilles abandonnées dans un hôpital. Une jeune femme et un jeune homme vont se rencontrer autour de ces présences humaines. Scènes sans aucune équivoque énonciative, clairement désignée par la fiction comme réelles au premier degré et non comme représentation de représentation. Au-delà de l'histoire d'amour entre les deux jeunes gens, sauver la grand-mère du mouroir où l'y laisse le père est la quête fondamentale qui permet de fuir la logique de la ville-réseau, comme l'attestent maintes scènes du film. D'abord, celles-ci, où la grand-mère totalement coite, reprend vie lorsqu'elle voit les images de sa fille et de son petit-fils et se ferme, à l'inverse, quand elle tombe par hasard sur une scène sado-masochiste entre sa fille et son mari, qui déjà recouvrait les souvenirs familiaux. On ne peut plus clairement désigner les archives comme lieux de mémoire. Ensuite, le sauvetage de la grand-mère : pour la substituer aux regards, le petit-fils l'abritera dans une partie inhabitée de l'hôtel où il travaille. Déconnecté du réseau, ce lieu hors cartographie offrira un refuge provisoire, illustrant parfaitement le sort de ces espaces qui, subissant une déconnexion informationnelle, sont à rejeter dans le néant.

Mais ce qui nous importe plus encore que cette illustration de l'émergence d'un nouveau tissu urbain est le fait qu'il engendre du même coup un nouveau type de récit, lui-même conçu comme un *flux*. La première scène du film en est emblématique : si Hitchcock refusait de mettre la caméra dans le réfrigérateur, Egoyan n'hésite pas ici à adopter, à la lettre, le point de vue de la télévision. C'est de l'écran du récepteur, en effet, que nous voyons le visage du jeune homme et sa main qui s'approche pour changer de chaîne. Quelles sont les caractéristiques de cette vision subjective de notre univers par la télévision ? 1) L'indistinction du monde de l'image et de l'image du monde. Dans *Family Viewing*, la limite entre le programme diffusé par la télévision, le film d'amateur et la réalité diégétique au premier degré est indécidable : les rires de la première séquence, on l'a dit, sont aussi bien ancrés dans l'espace diégétique qu'au commentaire extra-diégétique. Ce que nous prenons pour le présent du film – par exemple, une discussion entre le jeune homme et l'amie de son père – peut apparaître *a posteriori* comme l'enregistrement de l'une des caméras surveillant l'appartement. 2) La dé-hiérarchisation des images : les différents types d'images ne sont plus corrélés à un type d'écran (comme le cinéma, la télévision ou le film d'amateur l'étaient). Tout *converge* dans le téléviseur, quels que soient les usages et les fonctions des images : embaumer le temps qui passe, informer, surveiller ou assouvir la pulsion scopique. 3) La dé-hiérarchisation de l'acteur et du spectateur : celui qui regarde peut être regardé à son insu ; la cité d'aujourd'hui appartient au regardeur regardé. 4) La victoire de l'image en temps réel sur le stockage de la mémoire. 5) La suppression des trajets : contrairement à *Alphaville*, où la ville est un espace dont il faut trouver l'issue à force de parcours, *Family Viewing* est « immobile à grands pas », le récit progresse sans que l'on y bouge physiquement. C'est le montage qui assure la liaison d'une séquence à une autre, grâce à des *syntagmes* « *moyeux* » qui font communiquer les espaces : cette configuration non répertoriée par la sémiologie metzienne se caractérise par le fait qu'elle accueille en son sein un plan qui, formellement, syntaxiquement, semble à première vue appartenir au contexte dans lequel il surgit et qui, sémantiquement, apparaît pourtant hétérogène jusqu'au moment où la séquence suivante lui confère un sens. C'est le cas de cette scène déjà évoquée où, par un juste retour des choses, le plan de la jeune femme vue par l'interphone visuel vient « trouer » une séquence de feuilleton que l'adolescent regarde avec sa mère. Dans un tel contexte narratif, les images qui traversent l'esprit des personnages – les ocularisations modalisées – sont encore et déjà des images vidéo : elles n'empruntent pas l'allure énonciative de la transparence, elles sont aussi opaques que les archives qui sont à leur origine (*cf.* 49'50").

Face à cet espace de flux, qui a contaminé le récit lui-même, ce n'est plus l'amour d'un couple qui est salvateur, mais celui d'un petit-fils pour sa grand-mère. À cette vieille femme qui sourit au souvenir des images du passé, il offrira le réconfort d'un lieu bien réel – contrairement à l'hospice d'où il l'a fait fuir – lieu cernable, isolable et retrouvable et non plus simple connexion virtuelle. À l'éphémérité du flux répond la mémoire des images ; à la délocalisation marchande une affectivité de l'espace.

Bien qu'il existe des « nœuds » de communication entre *Alphaville* et *Family Viewing* – la perte du passé, la « télécommunication », etc. –, ces deux films exemplifient deux modèles différents : le premier, apocalyptique, est fondé sur les conséquences totalitaires d'une mégapole conçue sur une autarcie et une centralisation ancienne. Le second témoigne d'un développement du flux et du réseau où chacun peut devenir un « moyeu » de communication et être vecteur des dangers que faisait redouter la ville des années 1960. Les dérives de cette cité informationnelle dépendent aussi bien du citoyen, à présent. Aussi l'amour a-t-il changé : s'il est, chez Godard, conçu comme une rééducation à la mémoire du passé (une étrangère doit apprendre à redire « je t'aime », comme une autre quelques années plus tôt, dans un autre film, terminait sa vie en demandant « c'est quoi dégueulasse ? »), celui qui vit bien le réseau de *Family Viewing* (le père) s'en acclimate en mettant à son service, avec détachement, les développements. L'amour dans ce film n'est plus une lutte contre une structure écrasante, mais une lutte urbaine, une recherche des raisons familiales qui nous rappellent que, si la société de l'information a envahi le quotidien, il n'en reste pas moins que « les gens vivent encore dans des lieux » (Castells, 1998 : 480).

The Street – Repressed or Redeemed ?
Siegfried Kracauer on Cities and Cinema

Henrik Reeh
Littérature comparée, Université de Copenhague

INTRODUCTION : CINEMA AND CITY – A HOSTILE RELATION ?

"Ceci tuera cela" – "this will kill that", XIXth century French writer Victor Hugo stated in an attempt to summarize the destructive consequences of book printing for architecture (Hugo, 1966 : 237). In Gutenberg civilization, Hugo argued, the book would inevitably annihilate architecture's previous role as a dominant cultural medium. Transposing Hugo's hypothesis to modern history, XXth century cultural critics often conceived of the relation between cinema and the city in terms of hostility. Cinema was supposed to menace the city. A few lines from Paul Virilio's *Esthétique de la disparition* (1980) suffice to indicate how cinema is expected to undermine the life and space of the city : "[À] l'habitude de la cité", Virilio notes, "succède une inhabituelle motricité [...] ; la cité n'est plus un théâtre (agora, forum) mais le cinéma des lumières de la ville [...]" (Virilio, 1980 : 75). The emergence of cinema is seen as the impetus of a cultural transformation that implies the triple loss of materiality, theatrality and sociality, and consequently makes human experience problematic. In this view, nothing much seems to be left of the city after the historical encounter with cinema.[5]

The conception of cinema as a destructive source in the city is indeed useful for polemical purposes. From a culture-analytical point of view, however, it is more accurate to understand the process in question as both destructive and creative. Far from simply dissolving the significance of city fabric and urban life, cinema (both as an urban institution and as a medium) also contributes to a particularly *modern urbanity* (as opposed to life in the traditional town). Although city life in the age of cinema is invaded by speed, immateriality and

---

5. For an account of Virilio's approach with its shortcomings and unexplored potentials, see Reeh, 1986.

social differentiation that challenge the ideals of a pre-modern *Gemeinschaft* (community), these factors of mobility and instability may in return generate perceptual and mental tools for addressing modern urban life. In this way, cinema may be a source of urban culture and self-reflection. This is the conclusion of a reading of Siegfried Kracauer's writings on cinema and cities in which a striking reciprocity – conflictual and creative alike – between film and modern urban life is revealed.

City and Cinema :
The Street in an Image of Recollection

Cities and cinema run parallel in Siegfried Kracauer's writing from the mid 1920s onwards. As editor of the *Frankfurter Zeitung* in Frankfurt and, from 1929, in Berlin, before seeking exile in Paris in 1933, Kracauer wrote hundreds of film reviews as well as numerous essays on urban motifs. In his book publications from that period, the city (rather than cinema) was present in the novel *Ginster* (1928), in *Die Angestellten,* a book on white collar workers of Berlin (1929), and in the socio-biography *Jacques Offenbach and the Paris of his Time* (1937), all published before World War II. Cinema, in turn, dominated Kracauer's books from his successful arrival in New York City in 1941, at the age of 52, after having fled Nazi Germany and Nazi-occupied France. *From Caligari to Hitler* (1947) and *Theory of Film* (1960) focus primarily on cinema as if Kracauer wanted to translate his own flight from urban Europe to cinematic America in the very choice of his subjects of research.

The books on cinema contain substantial references to the urban, and Kracauer's early journalism testifies to the fact that city and cinema are related in intriguing ways. In retrospect, an ambiguous but fruitful relationship between urban and cinematic experience is confirmed in the preface to Kracauer's *Theory of Film* from 1960. The following remarks illustrate the extent to which urban experiences and motifs pervade Kracauer's reflections on cinema :

> I was still a young boy when I saw my first film. The impression it made upon me must have been intoxicating, for I there and then determined to commit my experience to writing. To the best of my recollection, this was my earliest literary project. Whether it ever materialized, I have

forgotten. But I have not forgotten its long-winded title, which, back home from the movie-house, I immediately put on a shred of paper. Film as the Discoverer of the Marvels of Everyday Life, the title read. And I remember, as if it were today, the marvels themselves. What thrilled me so deeply was an ordinary suburban street, filled with lights and shadows which transfigured it. Several trees stood about, and there was in the foreground a puddle reflecting invisible house façades and a piece of the sky. Then a breeze moved the shadows, and the façades with the sky below began to waver. The trembling of the upper world in the dirty puddle – this image has never left me (*Theory of Film*, p. xi).

The presence of the city in this incident is plural. The movie-house and the home of the young boy are two urban places separated in space by streets. After walking home through the real streets of the city – not necessarily that different from the "ordinary suburban street" he was fascinated with in the movietheatre – Kracauer translates his experience of film (and of the city ?) into an intellectual project. By focusing on cinema as a means for discovering the "Marvels of Everyday Life", the project itself emphasizes the links between film and life, a life which is urbanized, as one sees in the example of the puddle that reflects houses and the sky above the street. More than a long-winded title, *Film as the Discoverer of the Marvels of Everyday Life* points out an essential intuition at stake in *Theory of Film*, subtitled *The Redemption of Physical Reality*, and elsewhere in Kracauer's œuvre.

To be sure, Kracauer does not specify the role of the streets of his native city. Only the image of the street – in the movietheatre and in his memory – is mentioned. This omission allows us to see a major question at work in Kracauer's text : "What's left of the city after cinema's passage ?"[6] Does Kracauer's omission of the real streets mean that the experience of urban space has been replaced by a cinematic image (as suggested by Virilio) ? Or, on the contrary, does his memory of the street image on the screen imply a recognition of the city as the very condition of cinema and as a place for modern experience ? The quotation gives no unambiguous answer ; both readings make sense in Kracauer's writings on the issue.

---

6. Charles Perraton in call for papers to the conference of Montreal *Du cinéma et des restes urbains /Cinema and Urban Remains*, in may 2000.

The possibility of considering cinema either a sort of repressive substitution or an elevating and intensifying recognition of the city turns out differencier, depending on the genre and the historical moment in which Kracauer considers the issue. In fact, Kracauer's early film *criticisme* and his later film *theory* provide distinct paradigms for estimating the contributions of cinema to modern urban experience and vice versa. An outline of cinema's relation to the city in Kracauer's film criticism and film theory respectively shall be given as a basis for finally understanding the two interpretations as variations within his approach to critical cultural analysis.

For the sake of precision, the present essay will focus less on the city as such – this would easily become too general and vague – than on the street, that Kracauer pointed out as a decisive stage of anonymous urban life, inside and outside cinema.

Part I. Urban Essays versus Film Criticism : Movies against Street Experience

Individual films rarely address modern street experience in an adequate way. This stands out if one compares the image of the street in cinema, according to Kracauer's film *criticism* and film *history*, and his own analyses of streets in various urban essays from the interwar period. Kracauer's collection of essays (originally written for the *Frankfurter Zeitung*) *Straßen in Berlin und anderswo* [Streets in Berlin and elsewhere] includes a section entitled "Streets" in which articles on Paris and Berlin outline a culture-critical analysis of modern streets. The streets of Paris and Berlin were also important in major films reviewed by Kracauer for the *Frankfurter Zeitung* or commented on in his book *From Caligari to Hitler*. A comparison of street essays and film *criticism* reveals a significant version of the relation between city and cinema.

For analytical reasons, Paris and Berlin shall be dealt with seperately in the following pages.

PARIS : SELF-REFLECTION AND POPULAR PRACTICES (KRACAUER) VERSUS IDYLLIC MOVIES ON THE QUARTIER (RENÉ CLAIR)

Kracauer's Paris (as represented in his own city essays) is the Paris of *faubourg* streets rather than the Paris of the boulevards in the centre. The streets of the *faubourgs* – quarters outside the medieval centre but within the city borders – recall the "ordinary suburban street" Kracauer mentioned in his preface to *Theory of Film*. In addition, the Parisian street is associated with extraordinary qualities at the level of individual experience as well as social practice.

From the individual point of view, Parisian streets form a seductive labyrinth that attracts the individual and makes him (or her) walk endlessly, without a precise goal but so much the more intoxicated by the streets themselves and by the intense rhythm of walking. At certain times, this walking becomes a force of its own, a force that the individual cannot escape. The individual *flâneur* comes under the spell of the streets. In such situations the *flâneur* – a stranger in the quarter he is walking through – is held back by an invisible net, before suddenly being able to overcome this immobility and repetitive walking in the streets. The street is inhabited by the forces of the uncanny, but by potentials of subjective dynamics as well.[7]

The disruptive forces of the street reappear at a social level. Kracauer sees the streets of the *faubourgs* as a protest against the smooth and orderly surfaces of Paris. Poverty coincides with fragmenting practices that defy the reigning values in the city of Haussmann. In street life, the limits between indoors and outdoors dissolve. And objects disposed in a sketchy manner soften the distinction between built space and mobile environment. Thus Kracauer associates the streets with improvising energies (Reeh, 1993) which indicate that *non-bourgeois* combinations of material and social elements are present inside the *bourgeois* city itself.[8]

If in Kracauer's urban essays, the streets of Parisian *faubourgs* are both attractive and uncanny, both disruptive and submissive, this dialectic is absent in René Clair's movies of the late 1920s and early 1930s – from *Entr'acte* (1924) to *July 14* (1933) via *Sous les toits de*

---
7. "Erinnerung an eine Pariser Straße", Kracauer, 1987 : 7-11 ; Reeh, 1991 : 128-132.
8. "Analyse eines Stadtplans", Kracauer, 1987 : 12-14 ; Reeh, 1991 : 154-9 ; Reeh, 1999.

Paris (1930), *Le million* (1931) and *Vive la Liberté* (1944). This is the recurrent judgment in Kracauer's series of reviews for the *Frankfurter Zeitung*. Indeed, the street is present in Clair's movies as "street impressions" (Kracauer, 1974 : 125) mixing with images of lust (in *Entr'acte*), or as "street environment" (p. 126) joining public dance restaurants and small rooms under the roofs of Paris (in *Sous les toits de Paris*), but also as "street perspectives" which, combining with "room interieurs" and "façade signs", are "savoured", as Kracauer writes, "in enchanting improvisations" (p. 133), together with dance halls and private interiors.

Nonetheless the street in René Clair is overdetermined by the *quartier*, which remains a romantic entity. The *quartier* is associated less with anonymous metropolitan life than with a local community of a pre- or even anti-modern order. Instead of disruption, René Clair's streets represent picturesque life of the Parisian villages. Kracauer traces this far too cosy image of Paris back to Clair's "flâneur passion" (Kracauer, 1974 : 133) which, on the other hand, succeeds in making the narrative and the images pass through all sorts of Parisian spaces from the public street to the private room. It seems as if no physical borders and social boundaries exist in urban life as well as in the "Flaneurtum" (p. 135), to which these movies owe much of their undeniable charm but also certain limits.

In Clair's movies, the uncanny and disciplined aspects of the modern city are dissimulated. The city of Paris may hold a major role, but Clair's city is idyllic : "Nowhere does the film show the ruptures under the surface, on the contrary, it covers them and fills out all pores. Too soon, existence becomes arabesque, and liveliness is missing the shivering that would render it legitimate", Kracauer notes (Kracauer, 1974 : 134-135). In his view, René Clair turns popular life of the *quartier* into a gratuitous "arabesque" (Kracauer, 1974 : 125, 127, 130, 132, 134) instead of stressing the possible *fragmentation* of bourgeois reality embodied in much street life. However charming the arabesque may be, it also eliminates the social and psychic conflicts pervading urban life. As a result, the film becomes "kunstgewerblich", (Kracauer, 1974 : 127, 130, 135) i.e. "arts-and-crafts-like" rather than truly cinematic and modern.

This critique of Clair's Paris reveals the difference between Kracauer's own urban essays on *faubourg* streets and the idyllic and

The Street – Repressed or Redeemed ?

romanticizing image in René Clair's movies. Without referring to explicit criteria, Kracauer's film criticism draws substantially on the conception of the street that he developed within the discourse of urban essayism.

But let us turn to Berlin.

BERLIN : FRAGMENTS OF BEAUTY PREFIGURING SOCIAL JUSTICE (KRACAUER) VERSUS FORMALIZING CROSS-SECTION FLEEING SOCIAL CONTENT (RUTTMANN)

Kracauer's own writing on *Berlin* is determined not by the tourist point of view as in Paris, but by his approach as a critical journalist living in the city and addressing its urban social and cultural problems. This point of view allows for a composite image of the German capital in the late 1920s and the early 1930s.

Observing the evening lights of a Berlin street from a train arriving in the city and ready to continue into the German countryside, one may experience the city as the place of crude and artificial life.[9] Perceived from inside the city, however, urban space is a landscape of second nature with its own compensating and beautifying features.[10]

Of course, the amusement industry exploits many simulacra and much illusion, bound to distract the urban masses.[11] And architectural renovation may progressively eliminate places and signs that helped orient the individual subject as well as they supported collective consciousness.[12] On the other hand, this loss of stable points of reference generates a new and unpredictible sort of memory. Based on fragments and linked to involuntary forces, this new memory plays a pivotal role in urban culture.[13]

As in Paris, life in commercial Berlin creates its own visual fragmentation that breaks up the surface of discipline, at the occasion of Christmas markets, for instance. Yet, in Berlin, fragmentation of

---

9. "Lokomotive über der Friedrichstraße", Kracauer (1987 : 33-34) ; Reeh (1991 : 122-123).
10. "Ansichtspostkarte", Kracauer (1987 : 33-34) ; Reeh (1991 : 123-125).
11. "Berg- und Talbahn", Kracauer (1987 : 35-36) ; Reeh (1991 : 145-146).
12. "Abschied von der Lindenpassage", Kracauer (1987 : 24-27) ; Reeh (1991 : 169-173).
13. "Straße ohne Erinnerung", Kracauer (1987 : 15-18) ; Reeh (1991 : 145-146).

bourgeois totality can barely be interpreted to the benefit of beauty, as long as measures of social justice need to be taken.[14]

The streets of Kracauer's Berlin remain spaces of a human alienation so profound that at times, the streets themselves seem to scream.[15] New urban spaces cry out for a human component which is absent from the means of architectural construction. Urban spaces need to be re-subjectified by human and social forces.[16]

As in the case of Paris, film representation of streets and street experience does not do justice to Kracauer's essays on contradictory metropolitan life. Walter Ruttmann's movie *Berlin, the Symphony of a Great City* (1927) may be recognized by Kracauer as a major cross-section representation, in which the street is essential. "Street scenes", Kracauer notes, "predominate in the prototype of all true German cross-section films : *Berlin, die Symphonie einer Großstadt* (*Berlin, the Symphony of a Great City*)" (Kracauer, 1947 : 182).

Given his critique of Clair's idyllic Paris, but also Kracauer's own emphasis on surface phenomena as a means for analytically grasping the essential traits of a period (Kracauer, 1963 : 50), one might expect him to hold a positive view of Ruttmann's cross-section montage of urban images, not in a traditional narrative but according to the progression of the day, hour by hour. And Kracauer was indeed receptive to the idea underlying the cross-section form, which had been conceived as a cinematographic way of representing the simultaneity of sensations, typical of central urban places. Moreover, Kracauer approved of the camera work by Karl Freund, driven forward by the "voracious appetite of a man starved for reality" (Kracauer, 1947 : 183). All the same Kracauer was seriously disappointed by the montage done by Ruttmann who pursued the idea of making "a melody of pictures", parallel to a musical composition, which, in Kracauer's view, "was bound to strengthen the formal tendency of the editing" (*Ibid.*). Consequently, urban experience remains inaccessible.

As early as his newspaper review, Kracauer was critical of city representation in this cross-section movie : "Technically irreproachable, and not without visual fantasy : But is this Berlin ?" he asks (Kracauer,

---

14. "Weihnachtlicher Budenzauber", Kracauer (1987 : 30-32) ; Reeh (1991 : 159-161).
15. "Schreie auf der Straße", Kracauer (1987 : 21-23) ; Reeh (1991 : 166).
16. "Die Unterführung", Kracauer (1987 : 33-34) ; Reeh (1991 : 122-123).

The Street – Repressed or Redeemed ?

1979 : 404). And in a subsequent comparison with Vertov's *Man with a Movie Camera* (1929) and in Kracauer's booklength study of German interwar film, *From Caligari to Hitler,* he reiterates his critical remarks on Ruttmann's *Berlin* symphony. Throughout Kracauer's writings on film, he opposes the formal orientation of Ruttmann's editing to a montage which would include the social and political content of the multiple images of urban life.

In his 1929 review of Vertov's *Man with a Movie Camera,* Kracauer refers to Ruttmann's film as a negative example before praising Vertov's way of presenting the composite material so that it generates sense but also strengthens the coherence between the "splinters of reality" (Kracauer, 1974 : 90). The comparison of Ruttmann and Vertov turns out to the advantage of the latter. Whereas "Ruttmann provides a simple association ['Nebeneinander,' i. e. next-to-each-other] without enlightening this ; Vertov interprets it [the 'Nebeneinander'] through his presentation" (*Ibid.*).

Even when social contrasts appear in Ruttmann's Berlin, Kracauer, in *From Caligari to Hitler,* conceives of them as "visual analogies" (Kracauer, 1947 : 185) because the meaning of the images has been erased by their formal association (*Ibid.*). To Kracauer, a critique of chaos and social injustice would have been the appropriate answer. But Ruttmann remains indifferent to the content of the images in his focusing on formal and rhythmic criteria (Kracauer, 1947 : 187). Kracauer quotes his own original review in which he estimated that "[t]his symphony fails to point out anything, because it does not uncover a single significant context" (*Ibid.*).

The basis of Kracauer's negative judgment can be observed in his essays on the substantial and dynamic role of the street in modern social reality and consciousness. Despite the importance of street images in the *Berlin symphony,* this movie even marks a regression compared to the earlier so-called "street films" which considered the street a place of utopian importance. Kracauer observes that "[w]hereas *Berlin* refrains from idealizing the street, such films as *Asphalt* (1929) and *Tragedy of the Street* (1927) praise it as the refuge of true love and justified rebellion. These films are like dreams called forth by the paralyzed authoritarian dispositions for which no direct outlet is left. *Berlin* is the product of the paralysis itself" (Kracauer,

1947 : 187). Far from being an appropriate cinematic representation of the experience of metropolitan life, *Berlin, the Symphony of a Great City* allegedly avoids the necessary reflection on an important material.

In Kracauer's view (as a film critic) the representation of the street in most films of the interwar period remained inferior to the street experience articulated in essays written from a culture-critical point of view on the city. Within the medium of film, neither René Clair nor Walter Ruttmann succeeded in presenting the street as a stage for the uncanny as well as for involuntary memory – a space of alienation and social injustice, but also a medium for critical fragmentation. Instead of elaborating urban experience, these films apparently ignored, repressed or disfigured the problematic aspects of the street. A contradictory, but so much the more paradigmatic, stage of modern everyday life was left out of consideration. In this way, individual films reveal a hostile relationship between film and city, between cinematographic representation and the experience of urban reality.

PART II. THEORY OF FILM : REDEEMING THE STREET

Kracauer's severe judgment on street representation in movies from the interwar period found expression within the genres of film criticism and critical film history. The entire situation is altered in Kracauer's later *Theory of Film : The Redemption of Physical Reality*. The genre of this book from 1960 might be termed epistemology if not philosophy. The degree to which its discourse differs from Kracauer's film criticism is illustrated by the fact that the theme of the street is often elaborated on within the text itself, not in parallel urban essays. More importantly, however, Kracauer's scattered but recurrent observations on streets in *Theory of Film* all point toward a fundamental reciprocity of city and cinema. On the one hand, film enables us to discover typical aspects of urban life ; on the other, urban life, in particular that of the street, provides the paradigmatic model of film. In fact, the street is the privileged example of the "flow of life" to which cinema, too, is closely related (Kracauer, 1960 : 71-72). Instead of annihilating or misrepresenting the city, film is said to generate consciousness of the street. Conversely, the street is the very material of film. Instead of competing for attention, individual, city, and cinema reinforce each other as elements of modern reality.

The Street – Repressed or Redeemed?

Kracauer makes the street occupy a multi-layered position in his outline of the potentials of film as a medium. As the street is a place for movement, it corresponds to the particular susceptibility of film to all that is transient and mobile, in brief, to modernity (Kracauer, 1960 : xi). Not unlike photography (Kracauer, 1960 : 19), film has an eye for the fortuitous (p. 63), especially where masses of human beings gather or mingle in the streets of a modern city, and thereby embody the "flow of life" so central to Kracauer's conception of reality (p. 273).

Via the streets, cinema approaches the stage of the *flâneur* who was intoxicated by the masses but also driven forth by the labyrinth of urban space itself (Kracauer, 1960 : 72). Attempting to translate the *flâneur's* perception of space into images, film may present the street as an ensemble of mobile and sometimes threatening forms (p. 59). But film is less inclined to render the complex processes of involuntary memory that also inhabit the *flâneur* and his art of street walking (p. 238). If film is oriented toward external urban space rather than inner psychological processes, this may, however, be not only a limit, but also a possibility.

After all, the street is an utmost cinematic material, capable of linking the most varied situations in a movie (Kracauer, 1960 : 224). Far from being a bore, the street may occupy the attention to such an extent that the spectator forgets about the central narrative and makes the street the centre of his or her interest (p. 231, 170). In this way, the street may sometimes rush from the unnoticed background to the fore of the image (p. 303) as perceived by the spectator. The street – in the large sense of the word which also comprises railway stations, cafés etc. (p. 299) – may then have an "intoxicating effect" (p. 303) on the viewer as it had on the *flâneur*. The street in cinema may even make the spectator discover something new and nearly magic in things he or she considered well-known.

This ability of the street in film to capture and to concentrate the viewer's attention on marginal situations and images may explain Kracauer's strategic valorization of it. Thanks to film, the street comes to play a paradigmatic role in his lifelong battle against the abstractness that dominates modern society and thinking (Kracauer, 1960 : 291).

In his *Theory of Film,* Kracauer reduces modern science – social science as well – in so far as its quantitative and rationalist categories are reductive to life. As a way of countering such simplifications, Kracauer promotes insight into the concreteness of material life (Kracauer, 1960 : 296). This does not imply that Kracauer is hostile to abstraction. On the contrary, he praises it, if only abstraction is respectful of the complexity of life. Instead of quantitative methods of analysis, Kracauer recommends to follow the path of the modern novel (p. 298) (Proust, Joyce, and Virginia Woolf) in its paying attention to the fragmentary and overlooked aspects of life. Such aspects may further a kind of abstraction that is capable of retaining essential elements without giving up the complexity of reality.

In the world of cinema, Kracauer's promotion of concreteness pays particular attention to the reception by the modern Spectator – a fragmentized individual. Inside the movie theatre, this individual subject is in a kind of dream state which allows him or her to focus on selected elements, and less on the film as a totality. By focusing intensely on these images that withdraw from the narrative, one might discover not only overseen aspects of reality but also the traces of power and social injustice inscribed into materiality itself (Kracauer, 1960 : 307-308). Once the film surface is broken, certain fragments of physical reality as well as our imagination of it, may be redeemed by the viewer's gaze (p. 300). In turn, such fragments arouse waves in the mind of the spectator, waves which necessarily affect everyday life (p. 308-309).

In this project of redeeming reality by focusing on overseen aspects and, further, by reintegrating such images into the practice of everyday life, the role of the street is central. The film image of the street may renew the spectator's urban consciousness. In this way the cinematic representation of urban space returns to street practice itself as if to join the "flow of life".

CONCLUSION

A striking contrast has come to the fore in Kracauer's comments on cinematic represention of the street. On the one hand, his film criticism pointed out the incapacity of individual films to represent adequately the modern street and the experience of it. On the other hand, his film philosophy (or film epistemology) argued that film as a medium may redeem the street and street imagination. Film does so by inviting the spectator to delve into urban visual reality and to reintegrate fragmented images of it into modern life. In other words, film may have unexplored possibilities of strengthening urban consciousness.

This strategy of fragmentary perception as a way of challenging abstractness is far removed from naive realism. Moreover, Kracauer's position in *Theory of Film* from 1960 is consistent with his early work from the 1920s and 1930s. Those were the days when Kracauer wrote his seminal essay "Das Ornament der Masse" – "The Mass Ornament" or probably better, "The Ornament of the Mass" (Reeh, 1991 : 107-120). This essay from 1927 is a manifesto for the analysis of mass culture phenomena (such as the famous Tiller Girls dance company) but also of the ambiguous and virtually utopian ornaments of the city (Reeh, 1993 ; Reeh, 2000 : chapters 4-5).

Central in this 1927 strategy for cultural analysis is Kracauer's idea of focusing on unnoticed surface phenomena, so-called ornaments. By means of critical interpretation, such "ornaments" should be transformed into elements of meaning, thus allowing them to break through the paradigm of a narrow ratio that prevails in capitalist organization and thinking. Within the modern city, the street is indeed a surface phenomenon, an ornament that interpretation may amplify and turn into a tool for coping with everyday life. It is one of film's major achievements to help the spectator in accomplishing this interpretive process.

Whereas the individual movie may prove incapable of addressing the street, the selective reception by the spectator still has the possibility of making particular images into tools for discovering and even redeeming fragments of modern life. After all, Kracauer's position is clear as regards the relationship between city and cinema. Instead of considering cinema a systematic enemy of the city, he points out the shortcomings of actual films, but also the extraordinary potentials of film as such : Film may contribute to our perception of life and let us see something like the trembling of the upper world in a dirty puddle. These potentials are still to be explored and turned into cinematic and urban reality.

"The Ecstatic Membrane of the Real":
Filming Wenders' Cities

Brigitte Peucker
Germanic Language, Literature and Film Studies
Yale University

The intention of this essay is to take up the other side of the question asked by some critics concerning Wim Wenders' postmodern interest in simulation. It focuses instead on the question of the real – or, to speak with Baudrillard, of "signs of the real" – in Wenders' filmmaking, particularly as they occur in his cinematic renderings of the city, where the movement between fictional and non-fictional impulses is most apparent (Baudrillard, 1988 : 167). I will argue that Wenders' concern with the real and its entry into the space of the text – figured or otherwise – is mediated by a strong commitment to the photographic basis of the cinematic medium. In this he resembles both Siegfried Kracauer, for whom film is "essentially an extension of photography", and André Bazin[17] (Kracauer, 1960 : ix). Wenders derives from Kracauer's *Theory of Film : The Redemption of Physical Reality* many aspects of what he calls his "phenomenological approach" to cinema, an approach by means of which he, too, asserts film's unique capacity to "picture transient material life" (Kracauer, 1960 : ix). For Wenders, as for Kracauer, film's unique task is "to preserve the existence of things"[18] (Dawson, 1976 : 10-11). With Kracauer and Walter Benjamin, Wenders shares an interest in the traces that photographic images bear of that "tiny spark of contingency, of the Here and Now, with which reality has, so to speak, seared the subject" (Benjamin, 1979 : 243). Like these theorists of the visual, Wenders is fascinated with the physiognomic

---

17. Although there seems to be no specific reference to Bazin in Kracauer's work, it should be noted that in the "acknowledgments" to *Theory of Film*, Kracauer writes that "Mr. Henri Langlois and his associates at the Cinémathèque Française, old friends from my Paris years, did everything they could to anticipate my wishes" (Kracauer, 1960 : xiii).
18. See also Kolker and Beicken, *The Films of Wim Wenders*, p. 3, and Schlüpmann on Kracauer's study of Kant : it is probable that a trace of Kant's "Ding-an-sich" resides in this interest (Schlüpmann, 1998 : 22).

and topographical aspects of people, places, and things that the camera reveals to the eye. And, like Bazin and Roland Barthes, Wenders takes an interest in the indexicality of the photographic image, in the commitment to the photographic image as an "emanation of the referent"[19] (Barthes, 1981 : 80). For Wenders, its relation to the real is the utopian – albeit nostalgic – element of cinema. This essay, then, maps out two areas of Wenders' interest in the real : the first is tied to the indexicality of the image – to the imprint of the real that is the photographic image ; the second involves film's permeability to the real, its documentary aspect.

Let me begin by recounting the anecdote from the preface to *Theory of Film* (1960) in which Kracauer anchors his interest in the moving image. Here Kracauer recounts his first film experience as a young child, the occasion on which he saw a film entitled – rather prophetically for his work – "Film as the Discoverer of the Marvels of Everyday Life". "What thrilled me so deeply", writes Kracauer much later, "was an ordinary suburban street, filled with lights and shadows which transfigured it. Several trees stood about, and there was in the foreground a puddle reflecting invisible house facades and a piece of the sky. Then a breeze moved the shadows, and the facades with the sky below began to waver. The trembling upper world in the dirty puddle – this image has never left me" (Kracauer, 1960 : ix). From this poignant description of a childhood experience – tinged with the melancholy engendered by memory – we can derive a number of the salient features that, for the Kracauer of *Theory of Film*, at least, make the filmic medium significant.

In the sequence described by Kracauer, the film camera has recorded a moment of everyday life, its location a street. The experience is ephemeral, spanning the brief moments in which a sudden breeze passes over a puddle. Along with the sky, the facades of houses are mimetically reflected in the mirror of that puddle ; from the point of view of the spectator, they are upside down. A breeze then sets the reflected scene in motion. Until the moment the breeze begins to blow, the image conjured up by Kracauer's description seems purely photographic. But with the introduction of movement the image

---

19. Heide Schlüpmann can find no reference to Kracauer in Barthes' *Camera lucida* (Schlüpmann, 1994 : 56).

becomes filmic : nature and culture – the sky, the houses – begin to move and "take on life" : they "waver" and "tremble". Nature and culture, the uncoded and the coded, are reflected together on the muddy surface of the puddle : both are aspects of the physical reality that film as a medium is capable of "redeeming". Insofar as ideology enters this image, it resides in the act of de-sublimation involved in the reflection of the havent – the "upper world" brought down into the water below, an egalitarian gesture that accords them equal significance, uniting them on one surface.

Echoing the work of Bazin as well as his own earlier writings, Kracauer's *Theory of Film* claims that films are proportionately more cinematic the more they cling to the surface of things, their relation to reality seeming mystically to extend beyond the merely mimetic.[20] The relation of art to nature here described would seem to contain the residue of romantic theories of art : the dirty puddle with its "wavering" and "trembling" motion provoked by the breeze conjures up nothing so much as an Aeolian harp – a musical instrument "played" by the wind, an instrument on which sensory and aesthetic effects are produced by nature itself and therefore serves in Romanticism as a model for the creative imagination. But in Kracauer's revision this model is given a new and different valuation. Here, Kracauer would have us realize, images of physical reality produce the visual effects, the moving images that constitute film, and the puddle assumes the role and function of film stock – of celluloid whose surface receives the image of the real, the pattern of "light and shadows" produced directly by the referent. Not only does this surface function as a mirror that reflects the image but, more importantly, it acts as a surface that receives the physical impression of the wind, the agent whose action causes the reflected images to waver. On the one hand, the focus of interest here is the material support of film, its optical and photo-chemical processes. But it is also something more, for Kracauer's description seems to gesture toward the idea that Bazin had already developed into a doctrine of réalisme : that

---

20. It should be noted that the idea of the surface has a political dimension in Kracauer as well. As Sabine Hake points out : "Above all, *surface* evokes the things in *statu nascendi*, that is, the moment of emergence and least ossification ; it is also the state in which ideological determinations are most evident" (Hake, 1993 : 260).

the value of the photographic image – the film image – lies in its indexicality.

Like the veil of Veronica mentioned by Bazin – the *vera icon*, the true image that becomes the model from the Byzantine period, for the real and "realistic" portrait[21] – film receives the imprint of the real. The photographic image, like the veil of Veronica, is an image "not made by human hands", and it is similarly invested with an iconic (quasi-religious) significance. In conjunction with the work of Bazin, Kracauer's *Theory of Film* would seem to provide a source for Roland Barthes' contention in "The Photographic Message" that the photograph transmits the scene itself, "the literal reality" (Barthes, 1977 : 17). But it is Bazin's contention that the photographic image and object "share a common being, after the nature of the fingerprint" (Bazin, 1967 : 15) and his allusion to the photograph as a "negative imprint" (Bazin, 1967 : 162) that provides us with a key to a fascinating sequence in Wenders' *Tokyo-Ga* (1985), and to the indexical relation that it draws between the image and the real.[22]

In this essay film, Wenders lingers over a visit to a factory that produces the realistic waxen replicas of food by means of which Japanese restaurants advertise their dishes. As Wenders says in voice over : "It all starts with real food. Then gelatine is poured over it and allowed to set. The moulds thus created are filled with wax, and these wax shapes are then trimmed, painted, and refined". The "fake food's" simulacral quality is only one source of interest here : it is also the moulds' ability to carry the imprint of the real. Wenders' sequence speaks to Bazin's assertion that the photograph is "a mould in light" (Bazin, 1967 : 96), and refers as well to the deathmasks and other imprints of the body to which Bazin has likened the photographic image, metaphors that also resonate in Baudrillard's description of the polaroid as "a sort of ecstatic membrane that has come away from the real object", enabling us "to hold the image and the object almost simultaneously" (Baudrillard, 1988 : 37). What is figured by the careful attention to the production of food replicas in *Tokyo-Ga*,

---

21. As Bazin puts it : "The camera was like the veil of Veronica, pressed to the face of human suffering" (Bazin, 1967 : 163).
22. In the introduction to his translation of *What is Cinema ?* vol. I, Hugh Gray makes the following point : "Bazin holds that the cinematic image is more than a reproduction, rather it is a thing in nature, a mold or masque" (Bazin, 1967 : 6).

"The Ecstatic Membrane of the Real" : Filming Wenders' Cities

then, is a complex relation among (1) the *real*, real food items, in this case ; (2) the mould poured around these real items, a metaphor for the indexical photograph ; and (3) the copy – the "fake food" that serves a commercial purpose, that of advertising. Here the real lingers within postmodern inauthenticity, just as it resides in modernity's photographic traces, the *Tokyo Story* (1953) of Ozu, for example, to which Wenders' film pays homage.[23]

Video and digital images, of course, lack the indexical quality of the photographic image. Wenders' *Notebook on Cities and Clothes* (1989) takes up the status of these "new" images alongside the photographic image, juxtaposing them with one annoter – and with fashion and the making of clothes. Fashion as a metaphor for "the transient, the fleeting, the contingent" is a category familiar to us from Baudelaire's *Painter of Modern Life*, where it is connected to the proto-cinematic through the figure of the artist, M. Guy, whose kaleidoscopic act of perception resembles that of the camera[24] (Baudelaire, 1972 : 403). In *Notebook on Cities and Clothes* Wenders represents himself in voice over as a "tourist from another art form" who discusses the fashioning of clothes as a form of "image-making" from various points of view, including as an indigenous art, based on the cultural language of Japan. But Wenders' interest is more broadly représentativité : the cutting and reassembling of fabric by the designer Yohji Yamamoto is likened to the montage procedures of film. Central to Wenders' concern is Yamamoto's practice of cutting clothes upon the body, which imparts its shape to his materials. As "moulds for the body", clothes function in Wenders' meditations as images for the indexical photograph : Yamamoto's clothes are shaped

---

23. I differ here with Nora Alter, who reads the "fake food" as a simulacra (Cook and Gemünden, 1997 : 143).
24. As the following quotation from *Theory of Film* suggests, Kracauer was probably familiar both with Baudelaire's essay and its reference to "kaleidoscopic" perception, and with Walter Benjamin's work on the *flâneur* : "Walter Benjamin observes that in the period marked by the rise of photography the daily sight of crowds was still a spectacle to which eyes and nerves had to get adjusted. The testimony of sensitive contemporaries would seem to corroborate this sagacious observation : The Paris crowds omnipresent in Baudelaire's *Les Fleurs du mal* function as stimuli which call forth irritating kaleidoscopic sensations : the jostling and shoving passers-by who, in Poe's *Man of the Crowd* throng gas-lit London provoke a succession of electric shocks" (Kracauer, 1960 : 51).

by the body in the manner, as we might put it, of the deathmask or fingerprint. Wenders' voice over proclaims, significantly, that the issue is "to wear, not clothing, but reality itself". Just as the mass production of Yamamoto's hand made, *haute couture* clothes puts an end to their capacity to serve as a metaphor for the photograph, so the commercialized video image relinquishes the claim to indexicality that endows film with its unique authority.

Let us return for a second time to Kracauer's anecdote of the reflecting puddle, a filmic memory so formative for his later theoretical work. Interestingly, Kracauer describes a similar scene later on in *Theory of Film*, where it occurs in his discussion of the "found story", the story discoverable in "the material of actual physical reality". In this passsage, too, the impression upon the surface of the water is pivotal : "After you have watched long enough the surface of a river or lake", he writes, "you will detect certain patterns in the water which may have been produced by a breeze or some eddy. Found stories are in the nature of such patterns. Being discovered rather than contrived, they are inseparable from films animated by documentary intentions" (Kracauer, 1960 : 245-246). Movement and narrative are launched together ; essential to Kracauer's metaphor for the "found story" is a spectator who perceives the movement that introduces temporality, and hence discovers the "narrative" that is embedded in the material of the scene. With the idea of the "found story", Wenders' *Lisbon Story* (1994) enters the picture.

In accordance with the "found story", this film "seems constantly to dissolve into the environment from which it is being distilled" (Kracauer, 1960 : 249), it is permeable to the life of the city, to its traffic and, above all, to the activities of its children. In walking Lisbon's streets, Wenders' protagonist, soundman Philip Winter, assumes the role of detective, searching for the absent filmmaker Friedrich Monroe who has summoned him to Lisbon. In *Theory of Film*, the motif of "sleuthing" is central to the film experience, involving as it does the search for material clues, physical details, and the accidental (Kracauer, 1960 : 274). No doubt Kracauer recalls Benjamin's reading of Poe's detective as pursuer and *flâneur*. For Benjamin detecting figures the narrative impulse, and detection and the detective genre arise simultaneously with the invention of photography, since photography makes it possible "for the first time to preserve permanent and unmistakeable traces of the human being"[25] (Benjamin, 1983 : 48). Having watched Monroe's footage on the editing table, Wenders' protagonist seeks the real spaces in the city fixed by these images, perceiving and recording their sounds as he goes. As both sound engineer and "detective", Winter participates in the unfolding of the perfect "found story".

The fact that Wenders's film began as a tourist film for the city of Lisbon shouldn't disturb us. It was Adorno who first referred to his teacher Kracauer admiringly as a "tourist", a spectator, one whose mode of seeing (*Sehweise*) is like that of a man on a journey, transforming the everyday into an object of wonder (Adorno, 1965 : 96). Kracauer himself elevates this attitude into a principle of cinematic representation : "Film ought to proceed like a tourist who, in strolling through the landscape, lets his eyes wander about...." (Kracauer, 1960 : 51). In *Theory of Film*, the filmic medium is not the place for "discursive reasoning" ; dialectical materialism and its expression through montage are rejected in favor of a phenomenological interest in the material world. This phenomenological approach to cinema is grounded in the material body, in the sensory perceptions of the cinematographer/spectator and of the spectator of the film ; Kracauer stresses what he calls the "psychophysical" responses of the film spectator, affective responses to sensory stimuli (Kracauer 1960 : 131). Hence spectatorial response is "real", has a physical dimension, as well. Movement has an important role to play in prompting such responses. As Kracauer sees it, kinesthetic and sound effects join visual effects in working on the senses, where they provoke visceral reactions in the "deep bodily layers" of the sense organ and produce "organic tensions, nameless excitements" (Kracauer, 1960 : 158). Thus film experience has the immediacy of lived experience ; the somatic responses it produces in its spectators promote a continuity between the image and the real.[26]

It is not that the camera – or, rather, the cinématographie – must shun the formative impulse altogether. For Kracauer the photogra-

---

25. It is indexicality that is at issue here, as well.
26. These issues are explored by Wenders most notably in *Wings of Desire*. See Peucker, *Incorporating Images*, p. 137-146.

pher resembles the rader – and hence interpréter – of the text of physical reality ; he is "most of all the imaginative reader intent on studying and deciphering an elusive text" (Kracauer, 1960 : 16). But his role as spectator and reader does not imply a distance : "the photographer summons up his being... to dissolve it into the substances of the objects that close in on him" (Kracauer, 1960 : 16), suggesting that spectatorial response involves an exchange between the perceiving subject and the real. There is a metaphysical strain in Kracauer's relation to the "things" of the world – for the cinematographer/spectator who contemplates objects perceives that "he is listening, with all his senses strained, to a confused murmur. Images begin to sound and the sounds are again images. When this indeterminate murmur – the murmur of existence reaches him", Kracauer continues, "he may be nearest to the unattainable goal" (Kracauer, 1960 : 165).[27] This experience of the world of things is, significantly, also a sensory experience – "they must be experienced sensually", says Kracauer (Kracauer, 1996 : 85). Kracauer's spectator is undoubtedly embodied. But we must ask whether the confusion of the senses described here – seeing becomes listening, listening becomes seeing – takes this experience beyond the world of the senses entirely, even beyond the existential phenomenology, for instance, of a Merleau-Ponty, for whom, as Vivian Sobchak puts it, signification is born concretely, "from the surface contact, the fleshly dialogue of human beings and the world together making sense sensible" (Williams, 1994 : 36).

In *Lisbon Story*, the "detective" is a soundman ; he must produce the sounds that give life to Monroe's images.[28] Since sound constitutes a part of the physical world, it is cinematic ; it, too, can function as material. The sounds of everyday activities – like the sounds of the Lisbon washerwomen – contribute to the texture of reality. But sound may not always be susceptible to Reading : Kracauer cites Ruskin's experience as a tourist wandering through a foreign city whose language he cannot understand, suggesting that for Ruskin the

---

27. Gertrud Koch sees the origin of this formulation in Kracauer's indebtedness to existential philosphy (Koch, 1996 : 135).
28. In a postmodern break with Kracauer's insistence on "real" sound, Wenders' sound engineer pointedly simulates sounds that nevertheless sound authentic, are "signs of the real".

faces and bodies of the city's inhabitants took on an elevated significance, while their voices were reduced to pure sound, "a melodious opera" that sets off the image (Kracauer, 1960 : 110). Predictably, Kracauer objects to musical performance in film, since that works to reduce camera reality, thus necessarily producing an "ensuing loss of pictorial life" (Kracauer, 1960 : 146). Wenders' *Lisbon Story* breaks with Kracauer's interdiction ; here musical performance contributes to the film's documentary quality, for we see and hear the group Madredeus rehearsing indigenous music. More importantly, the performance of music has the function of contributing to the film's temporal dimension as duration and real time, a familiar preoccupation in Wenders' work.

Portugal is *the* cliché German tourist destination par excellence, and so it is fitting that we first see the city in reified form, as a picture postcard produced for the consumption of the tourist. Philip Winter also sees the city from the distance of Kracauer's tourist, and he searches it for traces of the image-maker Friedrich Monroe, whose name recalls that much-revered maker of "pure" silent images, Friedrich Murnau, as well as a Wenders character as the director in *The State of Things* (1982). The footage that Philip Winter views on the editing table confirms that Monroe's passion is for Kracauer's "physical reality", for "pictorial life" ; his black and white film – also Kracauer's preference, since it is more "photographic" – is documentary and shot with a hand-cranked camera. There are images of Lisbon's streets reminiscent of Italian neo-realist cinema, complete with dogs who stray into the frame and children blowing bubble-gum bubbles. Among these images there are "no peaks", Monroe claims, "everything is of equal significance. My eyes", Monroe goes on to say, "can touch the city as though they were hands". Vision is haptic ; seeing and recording these images is a laying on of the hands in blessing, a Kracaueresque act of "redemption".

But Monroe's images are images from an earlier moment of film history, and his project necessarily a failed one, for making films such as this one involves "pretending that the history of cinema hadn't happened". Unlike Kracauer, Monroe neglects the formative aspect of film, while treating its recording function as doctrine. Since "pointing a camera is like pointing a gun", Monroe had summoned Philip

Winter in the hope that his sounds would re-animate the image, its referent "killed off" into a kind of photographic death. Despairing even of that possiblity, however, Monroe disappears to shoot videotape with a camera on his back, since it's "only once we look at the image that the object in it dies". Monroe believes that if the image isn't seen – even by the cinématographie – then in some sense the image and its referent remain more integrally connected, the image more truly the referent's "emanation".

As so often in Wenders' films, the solution to Monroe's dilemma is a sentimental one ; referring to Monroe's unseen images as "disposable junk images", Winter enjoins him to make "magic celluloid images with [his] heart once again". "Moving pictures can still be moving", Winter asserts – especially if they are produced by the cinematic equivalent of Heideggerian *Handwerk*, by the hand-cranked camera of an earlier era, a camera so tellingly suitable to the "recording" and "redemption" of an auratic Lisbon. Unlike contemporary Tokyo, Lisbon is decidedly not yet postmodern. Its spaces are penetrated by traffic and by the camera, and even by the "video scratch pads" of its children, the image-makers of the future, it is true. But the cinematic tourism in which Monroe and Winter engage is a nostalgic tourism into the past.

2
LA VILLE-DÉCOR

Montréal, de l'espace colonial
à l'espace postcolonial

Germain Lacasse
Études cinématographiques, Université de Montréal

« UNE VUE D'HORREUR DANS UNE VILLE-FANTÔME »

La ville fait aujourd'hui partie de l'imaginaire et de l'identité de la plupart des citoyens de la planète Terre. Mais la ville qui est dans leur tête n'est pas seulement celle qu'ils habitent, ce sont aussi toutes celles qu'ils ont intégrées à leur propre imaginaire, ce sont également les représentations de leur ville. Comme l'écrit l'anthropologue Arjun Appadurai dans son ouvrage *Modernity at Large* (1998 : 178-199), si la localité fait toujours partie de l'identité individuelle et sociale, elle est néanmoins dorénavant constituée d'un voisinage médiatisé ou virtuel autant que d'un environnement physique. Ce qu'il appelle « subjectivité locale hybride » est donc à la fois le résultat de l'érosion de l'État-nation réduit par l'économie transnationale, mais c'est aussi le fruit de la résistance et de la survie des communautés et des pratiques signifiantes par lesquelles elles s'identifient et se perpétuent. L'invasion des villes étrangères par les producteurs hollywoodiens génère une série de représentations fantômatiques des villes concernées, mais suscite aussi un surlignage des marques urbaines dans les productions locales, de même qu'une intégration à celles-ci de l'espace étranger.

Une chanson du poète québécois Richard Desjardins comprend ces paroles : « Y a rien d'plus platte qu'une vue d'horreur dan'ville-fantôme. » Depuis quelque temps, la pratique du cinéma à Montréal ressemble par moments au cauchemar qu'il évoque. Cette ville n'est pas spécialisée dans la production de films d'épouvante, mais sur les écrans elle est devenue une ville-fantôme, car elle sert beaucoup de décor aux productions américaines qui profitent ici d'une main-d'œuvre expérimentée et d'un taux de change avantageux. Jamais autant de films n'ont été produits à Montréal, mais jamais la ville n'y a été aussi maquillée, ce qui justifie tout à fait l'appellation ectoplasmique. La mondialisation ne permet pas aux agglomérations urbaines d'échanger leurs récits, elle est plutôt le début d'une ère postcoloniale où le citoyen perd graduellement son identité par la « déterritorialisation » (Deleuze et Guattari, 1980 : 629-630) des lieux qu'il habite.

Dans le cas qui nous occupe, il n'est certes pas chassé de chez lui, mais son lieu d'habitation est supplanté dans sa tête par un lieu imaginaire, la ville qu'il habite devient une ville-fantôme. L'identité étant liée à l'espace et au temps, comment peut-on nommer le citoyen de cette nouvelle ville-fantôme virtuelle ? Montréalicain ? Montraëlien ? Un autre chansonnier a déjà dit : « Montréaliste ». Peut-être est-ce le nom qui convient, car après l'ébahissement suscité par le passage des caravanes, les Montréalistes devront trouver de nouvelles façons de rétablir le contact entre leur imaginaire et le sol sur lequel reposent leurs pieds. Ils ont cependant déjà fait cette expérience, et nous proposons ici de la raconter, de montrer comment la ville passa de l'espace colonial, à l'espace national et maintenant à l'espace de la mondialisation ou du postcolonialisme. Ce « post » est cependant plutôt ambigu, il laisse entendre que le colonialisme est terminé. Quand s'est-il terminé, demandait récemment le théoricien Stuart Hall (1996 : 136) ? S'il est terminé, admettons que ses restes sont encore tout frais…

Chacun des lieux urbains constitue sans doute sous forme imaginaire un reste qui médiatise la relation du citoyen avec l'espace qu'il habite. Le reste est donc ici la mémoire des représentations de la ville. Mais la ville-fantôme exportée dans nos têtes n'est pas la seule visible, puisque localement continuent d'être produites des représentations de la ville où les marques identitaires sont surlignées et où l'espace étranger est intégré à l'espace local, par exemple *Un 32 août sur terre* (Denis Villeneuve, 1999) où les personnages montréalais partent en Utah pour y concevoir un enfant, ou bien *La Florida* (Georges Mihalka, 1993) dont les personnages montréalais s'installent en Floride, comme le font des dizaines de milliers de Québécois chaque hiver.

Pour bien comprendre l'évolution de la subjectivité dans l'espace urbain, il faut non seulement voir comment le lieu est représenté, mais il faut aussi comprendre comment le sujet pense qu'il est représenté. Le colonialisme n'était pas tant un regard aliéné que la conscience du regard dominant jeté par l'Autre. Le postcolonialisme n'est pas tellement différent ; il ne réside pas tant dans l'absence de la représentation (car des récits produits localement réécrivent l'espace local effacé par d'autres) que dans la conscience des contraintes économiques limitant la circulation de ces récits. Soyons plus clairs dès le départ, afin de mieux comprendre la description qui suit : ce ne sont pas les seuls tournages étrangers qui font de Montréal une ville-fantôme, puisqu'on y produit davantage de récits locaux ; ce qui produit la ville-fantôme et la ville comme reste, c'est l'interdiction et l'ignorance des récits locaux sur les territoires étrangers, et le refus des représentants politiques d'exiger une diffusion des récits indigènes en échange des avantages de faire des films dans la ville.

La subjectivité, comme le pensait Gilles Deleuze, n'est pas tant le fruit d'une pratique individuelle qu'un agencement dont la configuration nous paraît liée autant aux rapports des discours dans l'espace social qu'à leur perception dans l'imaginaire personnel (Deleuze et Parnet, 1996 : 95). Essayons d'être plus clair, encore : pour nous la subjectivité n'est pas le seul fruit de la perception de l'individu en situation spatiotemporelle, c'est aussi le résultat de sa perception comparative dans l'univers des discours. Il se perçoit comme il se voit, mais il se perçoit aussi tel que les autres le voient. Le dit de la ville et le vu de la ville font donc partie de l'agencement auquel se rattachent les imaginaires collectifs ou individuels des sujets locaux. L'urbain peut n'être vu que comme reste, mais ce reste s'actualise, s'anime au présent si sa mémoire a été construite comme agir plutôt que comme subir. Le sujet sait qu'il est assujetti et que cette sujétion est aussi souvent politique que discursive. Cette sujétion fonde sa subjectivité et son identité, réelles ou narratives.

1900 : UNE SUBJECTIVITÉ EXOGÈNE

Les premiers films tournés à Montréal étaient des films coloniaux et cela est évident, même si l'enthousiasme de leur redécouverte l'a souvent fait oublier. Le plus ancien ne retient d'ailleurs de la ville qu'un village mohawk folklorique, dont la représentation permet aux Français de reprendre possession du territoire sauvage qu'ils avaient perdu un siècle et demi plus tôt : *Danse indienne* fut tourné à Kahnawake en 1898 par Gabriel Veyre, employé des frères Lumière qui passa plusieurs semaines à Montréal mais ne trouva à y filmer que cet artefact (Gaudreault *et al.*, 1996 : 43-54). Le film ne semble d'ailleurs avoir été montré qu'une seule fois à Montréal et disparut ensuite pour presque cent ans. Même s'il ne trouva aucun intérêt à la communauté urbaine qui l'accueillit, le réalisateur y fut reçu et soutenu en grandes pompes, comme l'avaient été l'année précédente les premiers émissaires de son employeur, lesquels ne semblent pas non plus avoir dépensé le moindre mètre de pellicule pour Montréal.

Les films suivants furent tournés par des Américains, voisins qui habitaient plus près que les propriétaires, et pour qui la visite fréquente était plus facile. Les marques d'appropriation coloniale y sont peu nombreuses, mais la ville est néanmoins appropriée comme lieu d'exotisme et d'étrangeté. *Montreal Fire Department on Runners* (William Paley, 1901) veut surtout montrer l'étrangeté d'un attirail hippomobile dans un paysage nordique. Les autres films américains de cette époque sont de la même eau et exploitent surtout l'étrangeté d'une vie hivernale mal connue plus au Sud. La présentation locale des films est d'ailleurs marquée de la même déterritorialisation, car l'origine étrangère des films et des machines servant à les faire est fortement soulignée par l'information et la publicité journalistiques.

Les véritables films coloniaux apparaissent avec un peu de retard, mais cette perte de temps est compensée par une surabondance de marques d'appropriation : *Duke of York in Montreal and Quebec* (William Paley, 1901) montre l'arrivée du prince et la déférence que lui voue l'autorité locale. Peu après, la série *Living Canada* publicisée avec insistance comme production britannique fait l'inventaire des richesses canadiennes offertes aux investisseurs et colons du Royaume-Uni. Elle renferme plusieurs films sur Montréal, commençant évidemment par une démonstration de l'efficacité des sapeurs, mais suivie cette fois par les marques de modernité de la ville : les tramways, les trains, l'industrie, même l'Université, tous mis en évidence dans les titres autant que dans les courts plans : « *The CPR Imperial Limited Leaving Montreal Station, Electric Tram Ride Through Ste-Catherine Street, The Alarm. A Turnout of the Montreal Fire Brigade and Apparatus* » (Warwick, 1902 : 3-6). Les sports d'hiver n'apparaîtront que dans le deuxième volet de la série, mais on ne les oubliera pas.

Il n'est mentionné nulle part que la population locale est surtout francophone, mais ce détail aurait sans doute risqué d'agacer les investisseurs...

Pour les Montréalistes, la subjectivité offerte dans ces films peut donc être dite exogène : la ville est exhibée comme possession étrangère, ils n'y sont visibles que comme figurants sans identité, peut-on même parler de subjectivité, puisque la subjectivité désigne la perception par soi ? Il ne s'agit pas ici d'un miroir déformant, mais d'un portrait retouché. Le film n'est pas reste de ville, mais projection d'un ailleurs ou d'un futur planifié par d'autres, ou tout simplement reste d'une autre ville, d'une ville imaginée par le colon mais inconnue de l'habitant. Celui-ci, en plus de savoir que cette image est produite par d'autres, sait aussi qu'elle sera utilisée pour propager ailleurs son image comme Autre, et qu'aucune autre image ne circulera. Là est peut-être l'essence profonde du colonialisme culturel : la conscience qu'une image endogène ne peut être diffusée, ou n'est pas diffusée sur un territoire étranger. Il y a là une inquiétante étrangeté constitutive de l'identité de l'étranger, comme le remarquait Julia Kristeva dans son ouvrage sur l'étranger (1988 : 271-284). On peut aussi supposer que cette connaissance *a priori* de l'étrangeté fait partie du « faisceau de déterminations » qui orientent la spectature et qu'il faut envisager pour comprendre la pragmatique de la spectature locale et urbaine.

1950 : Une subjectivité endogène

Assez rapidement pourtant les Montréalistes apprendront à filmer une ville avec laquelle ils ne soient pas « en reste », une ville où les images correspondent à leur expérience locale plutôt qu'à une mémoire déterritorialisée et construite pour un étranger. Les premiers films locaux sont d'ailleurs garnis de marques d'identité locale : personnages officiels du pays plutôt qu'arrivant de l'étranger, sportifs et athlètes locaux, événements d'importance et de signification locale : *Gymnastes au Champ-de-Mars, Courses d'automobiles au Parc Delorimier, Course de La Presse* : « On aperçoit Henrichon, on voit Simard, entouré de la garde Pie X, on voit l'inspecteur Lamouche dont le concours fut si précieux. » (Anonyme, 1907 : 12) De plus, leur projection dans l'espace urbain tient de l'immédiateté qui renforce l'identité : le cinéaste local peut filmer les pompiers en train de combattre un véritable incendie, tandis que le caméraman colonial ne peut montrer que des parades ou des simulations. La série coloniale *Living Canada* montrait les pompiers de Montréal à l'entraînement, tandis qu'Ernest Ouimet, le premier cinéaste montréalais, accourait pour filmer les pompiers au travail pendant de véritables incendies. Les vrais films locaux sont de vrais restes, tandis que les films coloniaux ne sont que les restes d'un simulacre. On peut donc dire qu'apparaît alors la première lueur d'une subjectivité endogène, c'est-à-dire une image de soi concordant à la propre perception du sujet plutôt qu'au portrait tracé par un artiste académicien venu d'un autre continent. « L'inquiétante étrangeté » fait place à une rassurante familiarité. Mais si celle-ci s'inscrit dans la mémoire, elle disparaît des archives, car les premiers films locaux disparaissent tandis que sont préservées dans les archives étrangères les images coloniales. Le reste urbain n'est alors pas seulement un espace maquillé, c'est une mémoire déterritorialisée.

Le cinéma local va ensuite stagner pendant quelques décennies, et si Montréal voit le développpement d'une petite industrie qui lui consacre quelques productions, la campagne sera longtemps le sujet préféré des quelques cinéastes québécois (Albert Tessier, Maurice Proulx, etc.). Ils viennent en ville montrer leurs films aux citoyens qu'ils essaient d'attirer pour en faire des agriculteurs, mais dans le même pays cette pratique est vouée à un succès plutôt mitigé. La véritable consolidation d'une subjectivité endogène se fait pendant les années 1960 et la Révolution tranquille, lorsqu'apparaît le cinéma direct dont Montréal est le point de départ, même si d'autres lieux en deviennent les sujets favoris. Dans ces films non seulement la subjectivité est celle de la ville et de la collectivité, mais c'est aussi celle du spectateur dans le mesure où le cinéaste tente de lui donner la caméra, ou du moins de donner à celle-ci le point de vue du spectateur.

Le plus célèbre film du cinéma direct, *Les raquetteurs* (Brault et Groulx, 1958) est d'ailleurs un pied de nez à tous ces films étrangers montrant la neige ou les raquetteurs : au lieu de la complaisance habituelle envers le charme de l'exotisme, ce film explore la subjectivité de ceux qui portent les raquettes ; leur rassemblement dans une ville où la neige est absente rend encore plus évident le paradoxe de cette pratique où la raquette n'est que l'occasion d'un abandon collectif. Les meilleurs films du cinéma direct sont d'ailleurs souvent consacrés au sport en milieu urbain (*La lutte,* Brault, Carrière, Fournier, Jutra, 1961, *Golden Gloves,* Groulx, 1961) et leur mouvement dynamique et circulaire souligne les tensions d'un affrontement dans un espace clos, situation métaphorique de l'espace urbain.

Les premières réussites du direct documentaire contamineront aussi les fictions révolutionnaires des années 1960 qui quitteront le terrain de la campagne pour celui de la ville : *À tout prendre* (Jutra, 1963), *Le chat dans le sac* (Groulx, 1968), *Le révolutionnaire* (Lefebvre, 1965). Michel Beauchamp écrivait en 1988 que ces films montraient une « ville encore vierge, cinématographiquement non découverte, Narcisse avant l'épisode du miroir, lieu que ses explorateurs filmaient comme le territoire d'une expérience immédiate. » (1988 : 69) Les premiers pas du direct mèneront dix ans plus tard à plusieurs autres films marquants, dont les lieux urbains sont d'ailleurs ceux où se déroule l'histoire de l'époque : *Les ordres* (Brault, 1974) ne montre pas une ville pour touristes, mais les usines, les cuisines et les prisons, lieux clos et sombres où s'affrontent les éléments du drame collectif d'alors : l'occupation d'une ville entière et l'emprisonnement de tous ses porte-parole pour répondre à l'action d'une poignée d'activistes. Dans ce film, on peut reconnaître Montréal sans même la voir, cet épisode de son histoire est palpable dans l'émotion des comédiens autant que dans celle des personnages.

Mais la subjectivité endogène de cette période n'est pas due seulement à l'image de soi enfin produite par la communauté, elle est aussi liée à la conscience de la diffusion de cette image. Le cinéma montréalais et québécois de cette époque suscite de l'intérêt à l'étranger, en France mais aussi aux États-Unis, et si la communauté ne soutient pas toujours ce cinéma, elle s'enorgueillit du moins de cette reconnaissance et y voit le signe d'une identité culturelle et politique enfin reconnnue. L'autorité politique du temps essaiera d'ailleurs de consolider cette reconnaissance en favorisant la diffusion du cinéma québécois à l'étranger et en élaborant aussi des politiques de soutien à la coproduction. Les résultats de ces politiques furent mitigés, mais du moins étaient-ils inscrits dans la volonté d'affirmation d'une subjectivité, plutôt que dans la négation de cette subjectivité qui avait été le cas de la période précédente et qui revint pendant la période suivante.

2000 : LA SUBJECTIVITÉ POSTCOLONIALE

Les années 1990 auront vu apparaître une nouvelle période dans l'évolution de la production cinématographique locale et de la subjectivité. Différents facteurs, dont principalement l'Accord de libre-échange nord-américain, la faiblesse du dollar canadien, et les avantages fiscaux offerts aux producteurs de films, ont contribué à une augmentation vertigineuse de la production américaine au Québec. Montréal est la ville qui en retire le plus de retombées, mais presque toutes le régions périphériques en bénéficient. On a tourné *Affliction* à Saint-Hilaire en 1997 (Schrader), *Hemoglobin* (Svatick) à Vaudreuil en 1996, *Pretty Poison* (Morris) à Saint-Bruno en 1996, *Barney's Great Adventure* (Gomer, 1998) à Saint-Hyacinthe en 1997, *2001 A Space Travesty* (Goldstein, 2000) à Trois-Rivières en 1999. Comme Montréal, les régions de Québec et du Saguenay ont leurs bureaux ou responsables de la promotion auprès des producteurs américains (Duquet, 1999 : 29 ; St-Pierre, 1995 : B-7).

Mais pas plus en région qu'à Montréal ne faut-il chercher la moindre trace identitaire dans ces œuvres, et les plus prestigieuses sont peut-être celles où les marques sont le plus soigneusement effacées. Il faut attendre le générique de fin d'*Affliction* pour confirmer qu'il fut tourné dans la Montérégie, et *Snake Eyes* (De Palma, 1996), dont les journaux montréalais ont commenté le tournage à n'en plus finir, ne comprend presque aucune scène tournée en extérieur à Montréal, ce qui confirme que la seule raison pour tourner est le coût modique de la main-d'œuvre. Montréal et les villes de banlieue ne sont pas seulement le « Hollywood North », ce sont souvent les « Maquiladoras del Norte » du cinéma américain.

Pendant la même époque cependant émerge un cinéma québécois dont l'urbanité est surlignée, où la ville n'est plus espace hostile ou lieu d'affrontement, mais espace habitable et lieu de rencontres et de devenirs. *Jésus de Montréal* (Arcand, 1989) explore les restes temporels de l'imaginaire urbain, la mémoire de son passé religieux, mais la ville est le lieu d'une catharsis où ce passé meurt et ne peut survivre, où le corps survit fragmenté dans l'espace mais après avoir été dépouillé, détaché de la mémoire qui le liait aux souvenirs des lieux. Le cœur qu'on transplante est l'organe biologique d'un humain et n'est plus entouré de l'aura métaphysique que lui conféraient les lieux saints de la ville. Le succès de ce film à l'étranger a cependant beaucoup contribué à lui attirer l'estime du public local et à achever de faire entendre les énoncés parfois audacieux qu'il lance.

Charles Binamé a peut-être poussé un cran plus loin cette nouvelle relation avec la ville dans *Eldorado* (1995). Les personnages ne sont plus en recherche d'une voie hors du passé, la lecture de la ville n'est pas une lecture anamnésique mais une lecture transpersonnnelle, on cherche à établir un voisinage plutôt qu'une mémoire. Le traumatisme n'a plus sa source dans le passé mais dans la distance entre sujets, et la ville est à la fois la source de cette distance mais aussi le lieu de sa réduction. Des films plus récents poursuivent ce périple. *Deux secondes* (Briand, 1999) commence comme une folle course dans la ville qui n'est que terrain pour un survol, mais ralentit et s'ancre ensuite en certains lieux à mesure que s'y construit un lien entre les êtres. Dans *Un 32 août sur terre* (Villeneuve, 1999) le récit situé hors du temps et destiné à ne pas arrriver, n'a « lieu » qu'après une sortie au désert et un retour dans l'espace urbain. On y est encore témoin d'un parcours de rédemption, mais sur un sol urbain où les marques métaphysiques sont absentes. Dans ce récit l'espace étranger est intégré au récit local (les personnages font un périple en Utah), tandis que dans *Deux secondes* et dans *La position de l'escargot* (Saal, 1999) des protagonistes originaires d'ailleurs sont intégrés à l'espace et au tissu urbain.

Au lieu d'un imaginaire où la ville est effacée par maquillage ou substitution, ces films propagent un imaginaire où la ville est examinée en gros plan et perçue comme espace de survie plutôt que d'aliénation. Le passé de la ville n'en fait plus un lieu traumatique, c'est une ville qui peut d'ailleurs afficher les souvenirs de ses traumatismes au lieu de les supprimer, les contourner ou les maquiller. Le miroir ressemble enfin à la ville, et suggère une autre théorie du miroir : la subjectivité ne naît pas de la découverte de soi au vu du miroir, la subjectivité découle de la constatation de l'analogie entre soi et le miroir, ou entre soi et le reste actuel visible dans le miroir. Le cinéma est mémoire collective de la ville quand le reste qui y apparaît peut être reterritorialisé et apparié à l'expérience actuelle de la ville.

Pourtant pendant que se multiplient ainsi les récits d'appariement de la ville et de la mémoire, la subjectivité stagne pour d'autres causes. La ville est maquillée pour constituer d'autres récits, étrangers ; mais cela n'est pas le facteur majeur. Le facteur majeur d'une subjectivité aliénée est la non-diffusion de l'image locale sur le territoire étranger, mais aussi la conscience de la pugnacité de ceux qui doivent intensifier cette diffusion. Non seulement les films québécois ne sont pratiquement pas distribués sur le territoire du pays qui produit au Québec une grande quantité de films, mais le pire est la complaisance des autorités locales qui effectuent des périples à Hollywood pour supplier les producteurs de venir faire des films chez nous, en leur vantant les avantages de notre main-d'œuvre « cheap » et des crédits d'impôts que nous sommes prêts à leur donner.

Cette attitude perpétue la relation coloniale autant que peuvent le faire la domination et le protectionnisme du protagoniste dominant. La seule voie pour réduire l'inégalité, c'est d'abord de se considérer comme un égal plutôt que comme un inférieur, et de défendre ses droits au lieu d'offrir son décor et son espace. Pourquoi les avantages offerts aux producteurs étrangers ne le seraient-ils pas en échange de facilités de distribution des films québécois sur leur territoire ? Le discours officiel prend prétexte de la suprématie de l'industrie cinématographique américaine, mais semble ne jamais vouloir la remettre en question et exclut ainsi d'avance toute tentative visant à des échanges culturels plus équitables. La subjectivité étant liée au discours, il est logique de penser que nous n'existons pas pour celui à qui nous ne demandons jamais de nous regarder ou de nous écouter, ou qui ne le fait que quand nous l'imitons. Il est tout à fait logique que l'artiste québécois le plus populaire aux États-Unis soit un imitateur, et qu'il travaille surtout à Las Vegas, cette ville inimitable...

VILLAGE GLOBAL ET ESPACE NOMADE

L'invasion de la ville par les producteurs étrangers, comme nous venons de le voir, ne suffit donc pas pour effacer la représentation de la ville, parce que la communauté locale développe elle aussi ses propres récits d'intégration des espaces étrangers. Le danger de voir apparaître une ville-fantôme vient plutôt quand la représentation politique soustrait l'espace qui a été ajouté par les cinéastes et autres conteurs ; c'est bien ce qu'elle fait quand elle va inviter les producteurs à venir exploiter nos sites et qu'elle leur offre notre argent pour le faire. En fait les récits du cinéma sont en avance sur l'imaginaire politique : ils montrent comment ajouter à l'espace identitaire local l'espace identitaire étranger. La souveraineté politique des communautés ne pourra survivre sans en faire autant, puisqu'elles doivent maintenant intervenir ailleurs autant que le voisin chez elle, comme le montrent tous les observateurs de la globalisation et de l'évolution des États-nations (Held, 1990 : 201-202). Pour que l'urbain ne soit pas un reste local, il faut donc faire circuler au loin les récits produits ici et si on pense vendre le décor local comme maquillage pour touristes hollywoodiens, il faudrait aussi leur demander qu'ils exposent chez eux nos propres cartes postales, sinon nos dessins.

Faute de le faire, les Québécois vivront une diaspora intérieure après en avoir vécu plusieurs sur leur territoire. Ils habiteront une ville-fantôme, c'est-à-dire une ville recyclée par d'autres et dont ils ne connaîtront que les restes apprêtés à la mode du *fast-food* : beaucoup de garniture mais peu de nourriture. Commentant le cinéma de la diaspora coloniale africaine, Stuart Hall insiste que les communautés ne doivent plus chercher leur identité dans l'authenticité d'une culture, mais plutôt dans la façon de l'imaginer et dans les nouveaux lieux de subjectivité qui en seront le fruit (1993 : 402). Si le cinéma est un des lieux de cette subjectivité virtuelle, c'est à la condition que ce lieu ne soit ni clos ni fixe, il doit être ouvert et nomade, oui je dis bien un espace nomade : le sujet doit s'y voir libre mais doit aussi savoir que cet espace est représenté ailleurs, faute de quoi lui-même y sera toujours étranger. Pour que le village soit vraiment global, il faut que son habitant et son imaginaire le soient également. Également.

Montréal polymorphe, *Montreal anywhere*
Une ville de tournage à l'ère de la délocalisation[29]

Guy Bellavance
INRS-Urbanisation-Culture et Société, Montréal

DÉLOCALISATION DES FILMS, INSTRUMENTALISATION DES VILLES

L'augmentation relativement soudaine des tournages de superproductions américaines au cours des années 1990 ne représente ici que le dernier épisode d'un mouvement amorcé bien avant[30]. L'économie cinématographique locale a été directement affectée par cette évolution, et plus particulièrement encore par ce « débarquement américain », pour le meilleur et pour le pire. Pour le meilleur : de nombreux studios de production, de préproduction et de postproduction ont pu émerger ou se consolider, tandis que l'offre de travail s'est avérée plus abondante pour les techniciens les plus en demande[31]. Mais

---

29. Marie Fraser, du Département d'histoire de l'art de l'Université de Montréal, a collaboré à la partie documentaire de cette recherche à titre d'assistante. Je tiens également à remercier de leur concours Dominique Jutras et Jacqueline Dinsmore de la Sodec (gouvernement du Québec), ainsi que Nicolas Barker du Bureau du cinéma et de la télévision de la Ville de Montréal.
30. Parti de rien, au début des années 1990, le taux de croissance annuel moyen des tournages américains s'est situé autour de 20 % au cours de la décennie. Les sommes investies annuellement par l'ensemble de l'industrie des tournages, canadiens et étrangers, passent entre 1992 et 1999, de 276,2 millions de dollars à 725,4 millions, en bonne partie sous l'effet de l'augmentation des tournages américains. Alors qu'il n'y eut aucun tournage américain en 1992, les investissements américains passeront entre 1993 et 1999 de 22,5 millions à 213,4. La tendance paraît encore plus forte pour l'année en cours. Le nombre de tournages étrangers a doublé par rapport à l'année précédente. Toutes les données, sauf indications contraires proviennent du Bureau du cinéma de la Ville de Montréal. Tous les montants sont donnés en dollars canadiens.
31. Comme le démontre notre enquête sur la main-d'œuvre et l'emploi dans les secteurs culturels à Montréal et au Québec, le milieu des techniciens du cinéma est le seul des secteurs culturels professionnels où se constate actuellement une véritable pénurie de main-d'œuvre. Voir G. Bellavance et B. Laplante (1997). Cela s'accompagne d'ailleurs d'une demande pressante de développement des ressources humaines et de formation qualifiante des compétences. Le nombre de membres du Syndicat des techniciens du cinéma québécois a par ailleurs doublé entre 1997 et 2000, période qui correspond à celle des premiers tournages de superproductions américaines, amorcée avec *Snake Eyes* (1998), de Brian De Palma et poursuivie avec *The Bone*

pour le pire aussi : la hausse d'offres d'emplois mieux rémunérés causée par la crue des tournages a pu créer une pénurie de main-d'œuvre qualifiée pour les producteurs locaux. Ajoutons qu'une politique de crédit d'impôt avantageuse, calculée largement en fonction du nombre d'emplois créés plutôt qu'en fonction de critères strictement « cinématographiques », peut favoriser d'emblée les superproductions plus souvent étrangères et les coproductions transnationales au détriment d'une cinématographie plus artisanale et plus souvent locale.

Par ailleurs, l'économie urbaine a elle aussi été bousculée et la ville ni plus ni moins instrumentalisée par l'industrie du film. L'espace public est aujourd'hui pratiquement réquisitionné du mois de mai au mois de novembre par l'industrie des tournages[32]. Au cours de cette saison, certains quartiers se transforment ainsi en plateau quasi permanent : le Vieux-Montréal, mais aussi la Petite Italie et le Plateau Mont-Royal.

Ces tournages ne sont toutefois pas le seul fait d'étrangers. Montréal était déjà une ville relativement importante en termes de tournages avant le débarquement américain. Même depuis, les tournages canadiens (en incluant les coproductions cependant[33]) comptent

---

Collector (1999) (mettant en vedette Denzel Washington), *Pluto Nash* (2002) (avec Eddy Murphy) et d'autres.

32. La Ville de Montréal aurait ainsi émis en 1998 plus de 7000 permis de toutes sortes impliquant l'occupation de l'espace public : permis de stationnement (5238), fermetures de rues intermittentes ou complètes (1209), occupation de parcs (335) et d'édifices (85), et occupation de plateaux (301).

33. Annuellement, depuis les dix dernières années, il se tourne en moyenne une dizaine de coproductions uniquement pour le secteur du long métrage destiné aux salles de cinéma. Depuis 1995, plus de 30 % de la production québécoise de longs métrages destinés aux salles de cinéma a ainsi été réalisé en coproduction, soit 43 films sur 141. Plus de la moitié de ces coproductions étaient financées par des sources majoritairement québécoises (61 %) et plus du tiers par des investissements majoritairement étrangers (35 %), le 4 % restant impliquant des investissements à part égale. Les principaux partenaires des Québécois, outre les Canadiens des autres provinces, sont français et britanniques. Tout genre de films confondus, les Français ont participé à 35 reprises au cours de cette période, les Britanniques à 13 reprises et les Canadiens des autres provinces à 9 reprises. Près d'une vingtaine d'autres pays ont également été associés à un titre ou à un autre au cours de la même période. L'apport des coproducteurs étrangers au financement de la production québécoise de longs métrages en salle est également à souligner. Ce financement de l'étranger représentait 27 % des devis de production en 1997-1998 (pour 69,3M $) et 42 % en 1998-1999 (pour 57,3M $). Voir Institut de la statistique du Québec, *Statistiques sur l'industrie du film*, édition 2000, Québec, Sodec, p. 11-30.

pour plus de 70% des sommes investies annuellement[34]. Ce qu'on doit surtout souligner, à vrai dire, c'est le rôle inédit dévolu à l'industrie du tournage dans la nouvelle économie des villes. Il y a en effet depuis longtemps des tournages de films étrangers à Montréal. Et un système de coproduction existe en réalité depuis les années 1970. Mais ce n'est que depuis le début des années 1980 que des villes canadiennes interviennent directement dans ce domaine, pour l'inclure à leurs politiques de développement socio-économique. La vraie nouveauté réside donc d'abord dans cette systématisation des politiques gouvernementales en relation au développement de l'emploi (plutôt que de la cinématographie) dans un contexte de rivalité entre villes pour l'obtention de ces productions, et particulièrement de toutes ces productions « flottantes » que sont devenus les productions étrangères dans le contexte d'une « nouvelle économie » continentalisée et mondialisée[35].

C'est ce que révèlent de façon symptomatique la constitution, le maintien et l'entretien de banques d'images de plus en plus exhaustives destinées à répondre aux demandes de producteurs à la recherche de location. Les organismes culturels gouvernementaux – le Bureau du Cinéma de la Ville de Montréal (BCM) ou le Bureau d'accueil aux producteurs étrangers (BAPE) de la Société de développement des entreprises culturelles (SODEC, Gouvernement du Québec)[36] – fonctionnent en fait de plus en plus comme de petites entreprises au service des producteurs de films (leurs clients) pour lesquels ils préparent des offres de service réalisées à partir de ces banques. Il s'agit d'attirer les producteurs, et d'abord les étrangers, et de promouvoir Montréal comme ville de cinéma. Cette tendance est nationale – Toronto et Vancouver font de même au Canada – mais aussi

---

34. La proportion de tournages américains reste d'ailleurs nettement moins élevée à Montréal qu'à Toronto (autour de 50 %) ou Vancouver, où près de 90 % des tournages sont effectivement américains.

35. La délocalisation des sites et des équipes de tournage et la rivalité des États pour attirer ces productions sur leur sol résultent, dans le cas des productions hollywoodiennes, des nouvelles règles de libre-échange instaurées à l'échelle continentale. L'augmentation des coproductions internationales évolue quant à elle au rythme des progrès de la mondialisation des marchés financiers.

36. La création du BCM date du début des années 1980. D'abord partie de la Commission de développement économique de la Ville de Montréal, il fût par la suite intégré à son Service de la culture. La création du BAPE, plus récente, date de 1990.

continentale – plusieurs villes américaines ont des Bureaux du cinéma – et même mondiale : la concurrence des villes des pays de l'Est se fait notamment de plus en plus vive. La prochaine étape de cette mise en marché de la ville comme site de tournage est par ailleurs déjà en cours. Elle consiste à procéder à la numérisation de ces répertoires d'images pour les rendre directement accessibles sur Internet.

Ces promoteurs publics ne se contentent pas de mettre passivement à la disposition des producteurs de films des images de sites potentiellement vendeurs : le Vieux-Port de Montréal, avec ses fameux silos à grains, ou la rue de la Commune, tous deux fréquemment utilisés ; l'Université de Montréal et le Conservatoire de Montréal qui serviront indifféremment et tour à tour d'ambassades européennes ou d'hôpitaux militaires américains. Pour convaincre les producteurs étrangers de tourner à Montréal des films dont l'action se situe ailleurs, l'approche des agences publiques peut s'avérer aussi nettement plus créative. Le BAPE peut commanditer notamment de véritables missions photographiques. Ce fut le cas pour la télé-série *Sirens* dont l'action se situe en réalité à Pittsburgh. Le dossier de photos originales spécifiquement produites à cette occasion, à la suite d'une recherche fouillée sur le terrain, joue d'un effet miroir ironique. Chaque lieu architectural de la première ville se voit redoublé par autant d'équivalents montréalais, et souligne sans doute involontairement par là l'indéniable « permutabilité » des locations urbaines de notre nouvelle économie continentale.

Cette instrumentalisation de la ville par le cinéma représente peut-être aussi le dernier avatar de cette relation déjà séculaire qu'entretiennent mutuellement la ville et le cinéma. Mentalité urbaine, mentalité cinématographique ou cinématique ? La ville est non plus seulement l'un des supports privilégiés du récit cinématographique. Elle apparaît maintenant par plus d'un côté produite par le cinéma. La ville que nous avons sous les yeux semble en effet bien moins se construire en fonction de plans d'architectes, d'urbanistes ou de promoteurs immobiliers qu'à la manière d'une production cinématographique, comme un processus de scénarisations multiples : celles des couches sons/images/récits/acteurs, mais également celles du financement, de la diffusion et de l'organisation interne de la production, cet autre récit moins visible qui sous-tend l'intrigue proprement cinématographique. Le cinéma, après avoir été l'instrument de la codification du « paysage urbain », ce genre caractéristique de l'esthétique moderne, tend alors à devenir un élément moteur de l'organisation économique et symbolique des villes. La « métropolisation » actuelle du monde, ce phénomène par lequel davantage de villes peuvent prétendre jouer un rôle à l'échelle mondiale[37], paraît les lancer à la poursuite d'une image de marque internationale, plus photogénique que cinématique peut-être. Intensifiant le mouvement d'instrumentalisation réciproque de la ville et du cinéma, l'un et l'autre paraissent ainsi devoir s'utiliser aujourd'hui mutuellement et systématiquement pour se relancer indéfiniment.

LE FACTEUR ÉTRANGER DANS LA CINÉMATOGRAPHIE LOCALE

Mais quels sont ces films « délocalisés » ? Qui les produit ? Quel usage « cinématographique » font-ils de la ville après l'avoir sélectionnée comme lieu de tournage ? Quels rôles lui font-ils tenir dans ces récits ? Pour répondre à ces quelques questions, j'ai choisi, après en avoir visionné plusieurs, un certain nombre de longs métrages qui, produits à Montréal au cours des dernières décennies, peuvent être dits étrangers à un titre ou à un autre. Ce critère procède d'abord de la « structure organisationnelle » du film : qui filme, avec qui, pour qui et avec des moyens provenant de quelles sources[38] ? Mais il tient en outre à leur « contenu culturel », un contenu qui doit par ailleurs s'accommoder dans bien des cas de cette autre norme de « contenu

---

37. La métropolisation désigne ce phénomène de mondialisation des petites métropoles régionales ou nationales. Cette mondialisation s'exerce sur au moins deux plans, par le bas et par le haut. Par le bas, les nouvelles métropoles se transforment de l'intérieur en véritables centres cosmopolites alimentés par la multiplication des flux migrants. Par le haut, ces nouvelles métropoles cosmopolites sont amenées à jouer un rôle international en matière de développement économique et de rayonnement culturel, devenant des têtes de réseaux au sein d'un système de communications et d'échanges tendanciellement planétaires.
38. À ce niveau, les films retenus devaient être dits « étrangers » au moins à l'un des titres suivants : sur le plan de la réalisation (réalisateur étranger), de la production et du financement (les producteurs et les compagnies de production), de la diffusion (les distributeurs), des acteurs principaux et secondaires, des équipes de tournage et de la postproduction, dernier point qui n'a pu être vérifié, mais dont une étude plus approfondie devrait nécessairement tenir compte.

canadien » à laquelle l'industrie culturelle reste malgré tout soumise en ce pays, subventions et crédits d'impôts obligent. Cela m'a amené à retenir ceux qui, tout en s'accordant à une vision « exotique » sinon « touristique » de la ville, font tout de même jouer à Montréal un rôle au moins minimal dans le récit. En effet, bon nombre de films ne l'utilisent que par défaut, comme décor substitut à d'autres villes, et en masquent ou en déguisent systématiquement (parfois avec talent) la personnalité. La ville n'est alors que le décor indifférent de récits dont l'action se situe tout à fait ailleurs, le plus souvent à Paris ou à New York, parfois dans d'autres villes nord-américaines ou européennes. C'est le cas notamment du récent *The Bone Collector* (mettant en vedette Denzel Washington), comme du plus ancien *Once Upon a Time in America*, en 1984, de Sergio Leone[39]. Dans ces deux cas, nulle trace visible de Montréal dans un récit qui se déroule essentiellement à New York. Les films retenus ne sont pas tout à fait de cet ordre. Montréal y apparaît pour elle-même, quoique pas toujours volontairement, et souvent profondément métamorphosée sinon totalement déformée et instrumentalisée par le récit.

Au premier critère, qui concerne l'organisation du travail et ni plus ni moins l'organigramme (multi)national du film, s'ajoute donc un second critère qui concerne le statut et l'image « exotique » du Montréal de ces films et la matière cosmopolite qu'offrent ses multiples locations possibles : d'une part, sur le plan de l'action et du récit – Quel rôle fait-on jouer à la ville ? Quelle représentation en donne-t-on ? Montréal est-elle représentée pour elle-même ou pour une autre ville ? – d'autre part, en fonction de l'importance relative des locations montréalaises en regard des autres locations. Un film peut à cet égard avoir été tourné entièrement ou en partie seulement à Montréal.

---

39. *Once Upon a Time in America*, dont l'action se situe dans le quartier juif de New York à trois différentes époques, des années 1920 aux années 1960, fut substantiellement tourné à Montréal, en bonne partie dans le Vieux-Montréal et le Faubourg-au-Récollet, près du Vieux-Port et du Canal Lachine. Plusieurs scènes intérieures ont également été filmées dans des édifices ici et là à Montréal. Dans ce film, Montréal n'est utilisée que pour ses équivalences architecturales avec New York. Ce film italien (sur le plan de la réalisation et de la production) et américain (au niveau du financement, de la diffusion, de la distribution des acteurs principaux et secondaires) comporte néanmoins une légère contribution canadienne au niveau du tournage.

Montréal polymorphe, *Montreal anywhere*

Ces deux aspects, « organisationnels » et « culturels », tout en étant relativement indépendants, n'en restent pas moins liés. Savoir qui filme explique en effet bien souvent ce que l'on filme, et la façon dont on le filme. La dimension organisationnelle de ces produits est alors au moins aussi intéressante que le contenu proprement narratif dont elle constitue bien souvent le récit caché.

Ce critère du facteur étranger implique non seulement qu'ont été exclus les films essentiellement montréalais sur le plan de la structure organisationnelle et du contenu narratif ou visuel des productions. Il explique également la présence dans l'échantillon de films identifiés officiellement comme canadiens mais qui, à un titre ou à un autre, font intervenir un important « facteur étranger », généralement américain en l'occurrence, et qui sont d'emblée destinés à un marché international. Selon qu'il rencontre un, plus d'un ou chacun de ces critères, un film peut donc être dit aussi « plus ou moins » étranger. On peut à cet égard catégoriser plus finement les films. Sur le plan organisationnel, il y aurait : a) les tournages principalement étrangers, qui s'avèrent presque toujours américains ; b) les coproductions, très réglementées, et qui font intervenir principalement des Européens ; c) les films principalement canadiens mais qui comprennent un important distributeur étranger, presque toujours américain (les *co-ventures*). Au niveau des contenus, on pourra également distinguer les films en fonction du rôle plus ou moins central que tient la ville au niveau du récit ainsi que des transmutations plus ou moins majeures qu'on fait subir à la ville à cette fin.

L'ÉCHANTILLON ET SA COTE À L'ÉCHELLE MALTIN

L'échantillon n'est sans doute pas « représentatif » au sens de la sociologie quantitative. Il ne retient en effet que cinq films. J'ai dû en outre me limiter au départ à des films disponibles en location VHS, ce qui éliminait d'emblée la plupart des grosses machines américaines généralement trop récentes, mais excluait aussi les films de consommation courante les plus anciens. Un tri s'opérant vaille que vaille avec le temps explique sans doute que parmi les films retenus, le plus intéressant soit également le plus ancien, alors que les plus récents relèvent plutôt d'une consommation courante et plus banale, films de série B et parfois purs navets. Certains de ces films n'ont d'ailleurs pas connu de véritable carrière en salle. Ils étaient vraisemblablement destinés d'entrée de jeu à alimenter le nouveau marché des VHS. Comme on sait, en effet, toute une partie de la production de films de fiction n'utilise aujourd'hui la sortie en salle, pendant une ou deux semaines, que pour lancer la carrière du film dans ce réseau de distribution de cassettes vidéo. C'est dans ce réseau, en expansion depuis déjà plus d'une vingtaine d'années[40], qu'ils comptent faire véritablement leurs frais. Enfin, plusieurs films tournés à Montréal sont destinés d'emblée à alimenter les chaînes de télé payante souvent américaines et ne laissent donc de trace, ni en salle ni dans les boutiques vidéo. Mondialisation oblige, et compte tenu de la force du nombre, il va de soi que tous les films retenus aient également été tournés en anglais.

Mon échantillon se concentre en outre sur un certain nombre de genres pour en exclure d'autres. J'ai retenu en effet des films qui font bonne place aux « effets spéciaux », « thrillers » à mi-chemin entre « policier » et « espionnage », et « fantasy » de type « horrific SciFi » ou « neo-gothics novels ». Il n'y a donc pas de drames, mélodrames ou comédies dont on pourrait par ailleurs également trouver des exemples, mais où la présence de la ville est aussi habituellement plus ténue et moins spectaculaire. Il n'y a pas non plus à proprement parler de chef-d'œuvre d'auteur dans cet échantillon. Le cinéma est d'abord une industrie, et par la suite seulement, et avec un peu de chance, un art. Il s'offre plus souvent sous la facture d'un genre et sous la signature d'une organisation qu'à travers l'écriture ou le regard d'un auteur. Cette absence de l'auteur vaut autant sans doute pour les cinématographies locales que pour les cinématographies étrangères. Elle s'avère néanmoins plus tangible dans le cas de tournages étrangers et de coproductions. Ces « coproduits » résultent en effet de l'interaction de réalités le plus souvent hétérogènes et fragmentées, et semblent dès lors ne pouvoir s'expliquer qu'en fonction de leur difficulté intrinsèque à faire converger des forces qui ne se connaissent pas et à maîtriser une équation comportant beaucoup d'inconnus.

---

40. Cette expansion est une tendance continentale qui répond à la monopolisation du marché des VHS par un nombre très limité de boutiques vidéo alliées à quelques grands studios d'Hollywood.

Montréal polymorphe, *Montreal anywhere*

Mon choix n'a donc pas été celui d'un cinéphile mais celui d'un observateur d'une certaine production courante. On peut se référer ici, pour tenter de les classer tout en respectant une certaine neutralité axiologique (et sociologique), aux divers guides destinés aux consommateurs de films. J'utiliserai celui de Leonard Maltin, assez répandu et que l'on peut consulter sur Internet[41]. Ce guide fournit une cote échelonnée de quatre étoiles (****) à Bomb !, *i.e.* soit à sauter, soit à « faire sauter », à éviter ou à détruire. Selon ce guide, mon échantillon s'échelonnerait ainsi de « moyennement bon » à « tout à fait nul ». L'échantillon comporte bien le film d'un auteur réputé, le *Rabid* (1977) de David Cronenberg, mais qui n'a été jugé que « moyennement bon » (soit une cote de « **1/2 »)[42]. Outre le Cronenberg, on trouve deux thrillers également jugés « moyennement bon » de réalisateurs moins connus : *The Assignment* (1997), de Christian Duguay mettant en vedette Donald Sutherland, et *The Jackal* (1997) avec Bruce Willis, Richard Gere et Sidney Poitier. Un cinquième film, du même Duguay, est jugé quant à lui simplement passable : *Scanners 2* (1991), « ** » à l'échelle Maltin. Enfin, un dernier, *Highlander 3* (1994), se situe tout au bas de l'échelle, à sauter, ou à faire sauter. Notons que ces films disposaient de budgets très variables : un peu plus d'un demi-million de dollars seulement dans le cas de *Rabid*, le moins cher, à quatre-vingt-dix millions pour *The Jackal*, le plus coûteux.

Le facteur étranger est plus prononcé en ce qui concerne deux de ces films : *Highlander 3*, coproduction véritablement transnationale, qui en a d'ailleurs tous les défauts, et dont l'action se situe un peu partout à travers le monde sauf à Montréal où il a pourtant été substantiellement tourné et *The Jackal*, film quasi essentiellement américain dont le récit ne propose qu'un détour passager par Montréal, assez peu justifié d'ailleurs. Cependant, même dans les autres cas – où le réalisateur, les acteurs et les équipes de production sont

---

41. www.imdb.com
42. Un peu moins que le *Once Upon a Time in America* de Leone, coté « *** » c'est-à-dire « assez bon », lui-même un peu moins que le précédent *Once Upon a Time in the West*, (1969) à « ***1/2 ». Notons que *La grande Illusion* (1937) de Renoir tout comme le *Jaws* (1975) de Spielberg se situent également tout au haut de cette échelle. La cote de Cronenberg à l'échelle Maltin oscille quant à elle tout au plus entre « assez bon » avec *The Naked Lunch* (1991) et « passable » avec *Crash* (1996) (*1/2).

essentiellement canadiens, sinon montréalais (*Rabid, The Assignment, Scanners 2*) – on remarque l'intervention importante de facteurs étrangers : soit sur le plan du financement, de la distribution et des acteurs principaux ; soit au niveau de la représentation de la ville, dissimulée ou déguisée en une autre. On aurait d'ailleurs pu inclure à ce titre le film de Denys Arcand, *Love and Human Remains* (1993), auquel rend hommage d'une certaine manière le titre de cet ouvrage. Tourné à Montréal par un réalisateur francophone, avec une distribution principalement torontoise et du financement essentiellement canadien, il disposait cependant d'un important diffuseur américain (Sony), tout en situant l'action dans une ville nord-américaine non identifiée. J'ai préféré toutefois m'en tenir à une production moins connue, plus moyenne et moins centrale, plus courante et pigée un peu au hasard, comme en zappant.

GORE MOVIE ET TECHNO-GORE : RABID

Tout comme *Shivers* (1976), le film précédent du même Cronenberg, *Rabid* (1977) se situe explicitement à Montréal, mais sans insister davantage, comme en passant. Malgré la cote mitigée qu'attribue Maltin, j'avoue quant à moi avoir trouvé beaucoup d'intérêt aux deux films. D'un genre alors relativement inédit, ils se révèlent des films « cultes » auprès d'un certain public amateur de *Gore Movies*. Les deux films ont notamment été écrits en référence directe à *La nuit des morts vivants* (1969), une citation toutefois actualisée et surtout « urbanisée » et « technologisée ». On passe en quelque sorte ici du *Gore Movie* classique, et campagnard (ou *country*), à une forme de *Techno-Gore* urbain.

Shivers se situait dans un luxueux complexe immobilier de l'île des Sœurs à deux pas du centre-ville de Montréal. Le film décrivait l'invasion progressive de l'immeuble par un parasite génétique, développé par un scientifique dans le corps d'une de ses jeunes patientes, qui transforme les résidants de cet immeuble de carte postale en véritables morts vivants. La conclusion du film montre le héros principal, lui-même finalement infecté, menant l'ensemble des troupes en automobile vers le centre-ville pour y répandre le mal. *Rabid* reprend un semblable schéma. C'est le récit d'une splendide jeune femme qui, à la suite d'un accident de moto, subit une

Montréal polymorphe, *Montreal anywhere*

chirurgie plastique expérimentale qui lui sauvera la vie et préservera sa beauté, sauf quelques anomalies et au prix de sa transformation en vampire sexuelle. Transmettant de proche en proche sa rage épidémique, ses victimes augmentent de jour en jour, en nombre et en férocité, provoquant le chaos dans la ville. Elle terminera elle-même sa course dans un bac à ordures, victime de l'armée appelée en renfort. Certains ont pu voir dans ces deux premiers films de Cronenberg une métaphore de la relation du cinéma canadien au cinéma américain, le virus dans l'un, la rage dans l'autre, tous deux à fortes consonances sexuelles, représentant l'invasion de la culture américaine au Canada.

Le statut national de ce dernier film est de même assez complexe. Production canadienne sur le plan de la réalisation (Cronenberg de Toronto) et de la production (André Link de Montréal), il s'avère une coproduction au niveau du financement et de la distribution. Une société d'État canadienne, Téléfilm Canada, y voisine en effet une grande société de production-distribution américaine, Famous Players. Le choix de sa vedette principale, Marylin Chambers, actrice américaine essentiellement reconnue jusque-là comme par la suite pour ses interprétations dans des films XXX, constitue manifestement une stratégie pour percer le marché. Le film comporte entre autres choses une scène mémorable tournée au Cinéma *Ève*, l'un des premiers cinémas pornographiques de Montréal, aujourd'hui disparu.

La présence de Montréal dans le film reste assez ténue, quoique l'auteur en fasse un usage plus qu'étrange, délocalisant. Le regard porté sur la ville par cette vedette exotique et ingénue à laquelle l'auteur confie ses yeux à travers le film multiplie les effets d'étrangeté. Le film tourné sous un ciel bas, couvert et froid, ni plus ni moins plombé, peu de temps avant les premières neiges, met en outre fort bien cette météo au service d'ambiances oppressantes. À ce niveau de la couleur du temps locale, deux séquences méritent particulièrement d'être signalées. Une première se déroule dans le mail d'un centre commercial au temps des fêtes de Noël. Elle décrit l'assaut d'un « rabie » sur un badaud avec lequel s'entretenait Rose (Chambers). Des policiers, postés depuis un certain temps à travers la ville, l'abattent, mais abattent aussi par erreur le père Noël retenu dans le champ de tir.

Une seconde séquence décrit le travail de camions à ordures emportant les cadavres de victimes de l'épidémie abattus par l'armée. La scène rappelle à plusieurs égards, et peut-être pas si innocemment, l'époque où Montréal vécut sous la loi des mesures de guerre (1970). Le film a en effet été tourné peu de temps encore après ces événements (1977) et à la même période de l'année, octobre, novembre et décembre.

Séquelle. *Scanners 2* : *The New Order*

Dans la foulée de ces deux premiers films (Cronenberg), Montréal semble être devenue pour un temps du moins un foyer important de productions *techno-gore*. En effet, plusieurs films de type « sequels » semblent avoir trouvé à Montréal un milieu favorable pour se développer. C'est sans doute en partie la faute de Pierre David, producteur d'un autre film du même Cronenberg, *Scanners* (1981), qui en a produit aussi dix ans plus tard deux suites, *Scanners 2* (1991) et *Scanners 3* (1992). C'est également la faute du réalisateur montréalais Christian Duguay, réalisateur de ces deux « séquelles ». Notons en passant que le tournage de *Love and Human Remains,* d'Arcand, en 1993, peu de temps après, pourrait bien s'avérer tant par son thème que par son titre un renvoi direct, sinon un hommage du moins plus qu'un clin d'œil, à cette sous-culture typiquement urbaine dont Montréal fut un temps le foyer. Le récit de ce film, où l'ombre d'un tueur en série et du sida plane sur la ville, répercute en effet plusieurs des motifs des films précédents, quoique sur un registre plus fantasmatique que proprement fantastique.

Les deux derniers *Scanners* n'ont pour leur part qu'un rapport de plus en plus indirect à l'original. On ne s'attardera ici que sur l'un d'entre eux, *Scanners 2*, qui, nous dit un critique sur Internet, est moins bon que l'original mais tout de même nettement supérieur à *Scanners 3,* que le guide Maltin nous conseille quant à lui d'oublier tout à fait (*bomb* !). Ces deux films sont étiquetés canadiens et le sont en effet sur le plan de l'équipe qui mêle notamment acteurs francophones et anglophones. Ils le sont aussi sur le plan du financement, Malofilm de Montréal et Lance Entertainment de Toronto. Ils ne le sont toutefois plus au niveau du distributeur, Republic Picture, un américain. *Scanners 2* a de plus la particularité d'utiliser

Montréal polymorphe, *Montreal anywhere*

Montréal comme une ville parfaitement indéterminée et, surtout, anonyme. On semble chercher ainsi tout au long du film à en effacer le nom. « Cette cité dans ce pays », les « Gens de cette cité », répètent inlassablement son chef de police, sa mairesse ou d'autres protagonistes comme par refus d'en dévoiler l'identité. « Cette cité » est néanmoins surtout blanche et complètement « anglophone » comme l'indiquent tous les indices visuels. Compte tenu de *locations* fort connues, il vaut mieux, pour que le récit fonctionne sans sombrer, ne pas connaître *a priori* Montréal. Le spectateur indigène sera sans doute intrigué et même souvent ébahi par la prouesse que représentent les métamorphoses successives de tous ces lieux connus, au risque cependant d'en perdre le fil de l'intrigue. Le récit en paraît de la sorte visiblement destiné à des marchés avant tout extérieurs.

Qu'en est-il de cette intrigue ? Les « scanners » sont des mutants doués de pouvoirs supranormaux qui, par télépathie, peuvent notamment faire exploser les têtes de ceux dont « la tête ne leur revient pas ». C'est d'ailleurs tout ce que les deux suites retiennent du *Scanners* original. Celui-ci, tourné à Toronto, était de la même veine *technogore* que *Rabid*. Il mettait notamment en vedette Patrick McGoohan (Le prisonnier) dans le rôle d'un scientifique à l'origine de mutations télépathiques provoquées à la suite d'expériences sur de jeunes mères et leurs fœtus dont seront issus autant de petits scanners. McGoohan tentait, à la suite de ces expériences, de stopper un réseau qui, sous l'autorité d'un de ces mutants aux pouvoirs particulièrement développés, cherche à conquérir le monde. Le savant, qui lui-même perdra la vie au bout de cette aventure, se servira d'un autre scanner resté à l'écart de la conspiration pour freiner et détruire finalement le mouvement. Ces deux mutants, le bon et le méchant, se révéleront par ailleurs, au moment de leur affrontement final, les deux fils du même savant.

Scanners 2 fait pour sa part le récit de l'inspecteur Forester, policier despotique et ambitieux interprété par un acteur local fort connu de la communauté francophone (Alain Ponton). Ce dernier, pour rétablir un ordre social qu'il juge menacé, conspire avec des scientifiques pour contrôler ces mutants et les téléguider à ses fins. L'un d'entre eux déjouera toutefois sa volonté. Montréal tient par ailleurs un rôle assez exceptionnel dans cette version. Le réalisateur a su, en effet, tirer profit d'un maximum de sites spécifiquement montréalais : le pont Jacques-Cartier sous le smog au matin ; l'Université de Montréal devenue la *Veterinary School* où étudie le héros scanners ; le Casino de Montréal, ancien pavillon de la France lors de l'Exposition universelle de 1967, déguisé ici en Centre de recherche médicale où ont lieu les expériences sur les scanners ; un loft typique du Vieux-Montréal, où habite le héros ; *The Herald*, journal quotidien de « cette ville » anglophone, journal par ailleurs acheté dans un dépanneur, lieu montréalais mythique s'il en est, où a lieu bientôt une tentative de hold-up freinée par les pouvoirs supranormaux du héros et l'Hôtel de Ville du film personnifié en l'occurrence par le Conservatoire de Montréal situé lui-même à deux pas du véritable Hôtel de Ville.

DÉLOCALISATION ET DÉSYNCHRONISATION.
HIGHLANDER 3 : THE SORCERER

Avec *Highlander 3*, on descend plusieurs crans plus bas : totalement à éviter selon Maltin. Le film fait également état d'une organisation transnationale fort complexe, sinon très embrouillée. Identifié d'un côté comme coproduction franco-canado-britannique, il s'avère d'un autre côté principalement américain sur le plan du financement et de la diffusion (Miramax). Le réalisateur, d'origine britannique, travaille en fait surtout aux États-Unis, alors que le scénariste est un auteur montréalais francophone bien connu (Paul Ohl). Le film met par ailleurs en vedette un acteur (surtout) français (Christophe Lambert), un autre né au Mexique mais devenu citoyen américain (Mario Van Peebles) ainsi qu'une Canadienne, Deborah Unger, qui fut également la vedette du *Crash* de Cronenberg. Le reste de la distribution est également cosmopolite, de même que ses équipes de tournages formées en fonction de locations « mondialisées ». Le film, dont l'action se situe un peu partout sauf à Montréal, y a été en grande partie tourné avec des équipes locales. Mais le récit s'offre aussi un détour par New York, pour un plan sur Times Square, par l'Écosse, le Maroc ou le Japon aussi pour plusieurs autres scènes, celles-ci impliquant chaque fois la contribution d'équipes de tournage locales différentes. Cette complexité typique des coproductions, ajoutée à l'ambitieux tour du monde au centre du programme,

Montréal polymorphe, *Montreal anywhere*

explique sans doute l'échec financier par ailleurs retentissant qu'a connu ce film fort coûteux. Cette suite aura bénéficié d'un budget bien plus imposant que *Scanners 2*, soit plus de 40 millions de dollars contre moins de 15 millions. *Highlander 3*, qui aurait sans doute voulu connaître un meilleur sort, fait en outre partie de ces films diffusés en salle le temps seulement de lui assurer une promotion minimale.

L'action du film est non seulement mondialisée et délocalisée, atopique, mais en quelque sorte « désynchronisée », uchronique. Il est doté en effet d'une temporalité paradoxale qui nous véhicule de la préhistoire à la posthistoire. L'action se déroule principalement dans le New York postmoderne, mais aussi au Japon, archaïque et moderne, au Maroc actuel, en Écosse médiévale et dans la France révolutionnaire. L'intrigue se construit autour de Conor Mc Cloud (Lambert), sorte de globe-trotter immortel sorti tout droit de son Écosse médiévale et qui, sous son déguisement de « jet-setter » postmoderne, doit affronter dans le New York d'aujourd'hui les forces du mal, représentées par Kane (Van Peebles), magicien mongol et ennemi héréditaire lancé à sa poursuite à travers le temps et l'espace pour lui ravir ses pouvoirs. Cette fantaisie néogothique, ou postgothique, multiplie les combats d'arts martiaux asiatiques à la manière de Hong-Kong. Le film s'adresse, on s'en doute, à un public d'adolescents mâles en manque, ou en surdose, de testostérone. Il se présente comme une sorte de jeu du Donjon-Dragon, mais avec des moyens financiers importants.

Malgré le caractère mondialisé de l'intrigue et des *locations*, une majorité de scènes demeurent tournées à Montréal. Celle-ci figurera tour à tour New York, le Japon moderne et le Japon ancien. Ainsi, l'arrivée du magicien Kane à l'aéroport de Newark, en fait celui de Mirabel, nous signale la pancarte oubliée où se lit « Bienvenue à Montréal » ; le même magicien Kane dans le port de New York, où l'on reconnaît les silos du Vieux-Port de Montréal ; le Musée d'histoire ancienne de New York, dont les intérieurs ont plutôt été tournés dans les anciens édifices du Musée d'art contemporain de la Cité du Havre (aujourd'hui Cité du Cinéma) ; le Highlander chez lui, dans SoHo, en réalité un immeuble du Vieux-Montréal ; une scène de combat dans un gymnase d'arts martiaux, qui s'avère être l'ancienne gare Jean-Talon avant sa reconversion en grande surface

Loblaws ; enfin, la scène de combat final entre Highlander et Kane, tournée en partie à l'incinérateur municipal de Montréal et dans des raffineries de la région.

TERRORISME INTERNATIONAL ET FRONTIÈRES FLOTTANTES : THE ASSIGNMENT ET THE JACKAL

Les deux derniers films, de meilleure qualité que les deux précédents, si on continue du moins à se fier à Maltin (**1/2), nous amènent cette fois au cœur du terrorisme international de l'après-guerre froide. Tous deux ont également été tournés et diffusés en salle la même année (1997). Ils sont en outre dérivés d'une même source, *The Days of the Jackal*, roman et film du début des années 1970 lui-même inspiré des activités du célèbre terroriste international Carlos, recyclé dans ce contexte de fin de guerre-froide en tueur à la solde des plus offrants. Carlos-Jackal se trouve ainsi au centre des deux intrigues, l'une et l'autre d'une violence extrême et arbitraire, misant sur la cruauté et la perfidie du même antihéro. Notons que le titre initial de *The Assignment* était *The Jackal*. Mais, faute sans doute d'argent pour s'en payer les droits, les ayants droit de *Days of the Jackal* les ayant monnayés à prix fort, les producteurs du premier « sequel » durent abandonner ce titre aux seconds concurrents plus argentés et plus américains. Le budget du premier se situe en effet autour de 15 millions de dollars. Le second fait au contraire partie de la vague actuelle de *runaways* hollywoodiens. Son budget de 90 millions de dollars, moins élevé que celui de *Pluto Nash* (120 millions), dépasse tout de même de loin celui du *Snake Eyes* de Brian de Palma (40 millions) tourné la même année, ou que de *The Bone Collector* en 1999 (60 millions). Les trois têtes d'affiche, Willis, Gere et Poitier, justifient sans doute à elles seules l'ampleur de son budget.

Les deux thrillers, s'ils s'équivalent en qualité moyenne, sont de nature très différente non seulement en termes de financement, mais aussi d'organisation. *The Assignment,* dû à un Christian Duguay en meilleure forme (toujours selon Maltin), est une coproduction canado-américaine à budget moyen mettant en vedette l'acteur américain d'origine canadienne Donald Sutherland, un acteur qui, en réalité, n'a jamais abandonné sa citoyenneté canadienne. Cela fût sans doute un atout non négligeable au moment de négocier ces subventions et

Montréal polymorphe, *Montreal anywhere*

crédits d'impôts dont le Canada se fait une spécialité. Les autres acteurs principaux (Aidan Quinn et Ben Kingsley) sont par ailleurs cent pour cent américains. Le reste de la distribution est mixte mais l'équipe de tournage entièrement montréalaise. Le financement, par Allegro (qui appartient à Duguay) et Triumph Film (américaine) est mixte. En revanche, les producteurs principaux (J. N Cohen et D. Saunders) et les distributeurs du film (Sony, Triumph et Columbia TriStar) demeurent complètement américains. *The Jackal* en revanche est entièrement américain, sauf pour une main-d'œuvre d'appoint sur les divers lieux de tournage, dont Montréal.

La version de Duguay raconte l'histoire d'un officier de la marine américaine, parfait sosie du terroriste, recruté par son gouvernement pour piéger le tueur. La version américaine filme pour sa part les tribulations d'un tueur mystérieux (Willis) à la solde de la mafia russe, embauché pour assassiner une personnalité haut placée du gouvernement américain. Il est lui-même poursuivi par un ex-terroriste de l'IRA (Gere) recruté pour l'éliminer. Les multiples déguisements qu'utilise Jackal-Willis en font par ailleurs une sorte de « passe-frontières » comme on dit d'un passe-muraille. Les deux films s'inspirent ainsi non seulement d'une même source, ils l'utilisent de plus pour faire des variations à partir d'un thème semblable : celui du double pour le premier, celui des identités multiples pour le second. Sosie, déguisements et traîtrises sont utilisés de la sorte pour déjouer l'autorité des frontières autant géographique qu'identitaire.

Les deux films ont en outre la particularité, un peu comme pour le personnage du terroriste, de faire tenir à Montréal plusieurs identités. La ville apparaît bel et bien comme Montréal, mais sert également de trompe-l'œil pour Paris, Vienne, Washington et Moscou. L'apparition de la ville demeure cependant dans les deux cas assez superficielle, pour ne pas dire « facultative ». Dans le premier, Montréal est présentée de façon inusitée comme un lieu d'entraînement habituel de la CIA. Dans le second, c'est plutôt en tant que voie d'accès détournée vers les États-Unis, la véritable destination, une sorte de frontière flottante qui sert à brouiller les pistes et qui, compte tenu de sa porosité, permet de se dédouaner sans mal. Mais dans les deux cas, Montréal reste un point relativement insignifiant sur la carte géographique canadienne telle que se la représentent sans doute les Américains : le Canada, antichambre des États-Unis, sinon vraie passoire.

Les affinités des deux films suggèrent d'en fusionner la présentation. Considérons dans un premier temps *The Assignment*. Le film s'ouvre sur une explosion provoquée par le Chacal dans un café à Paris. Une scène filmée en réalité dans une ruine du Vieux-Montréal, reconstituée puis détruite à nouveau à cette occasion. Il se poursuit dans une réunion des bureaux de l'OPEP à Vienne, filmée en réalité au Musée des beaux-arts de Montréal. La porte latérale de l'Hôtel de Ville de Montréal, par où on accède d'ailleurs au Bureau du cinéma de la Ville, figure l'ambassade des États-Unis à Vienne. On aura reconnu une fois encore l'Université de Montréal, qui fait office, cette fois, d'Hôpital naval de Betehsda (DC).

Considérons ensuite *The Jackal*. Le film s'ouvre sur une nuit neigeuse à Moscou, en fait rue de la Commune dans le Vieux-Montréal. Une partie de l'action de *The Jackal* se passe toutefois vraiment à Montréal dont on peut voir les silos à grain du Vieux-Port et le pont Jacques-Cartier. Mais la meilleure façon de simuler la ville reste ici soit d'en mentionner le nom en surtitre (départ de Montréal, arrivée à Londres), soit de glisser un indice visuel tel ce précieux passeport canadien qui sait ouvrir tant de frontières... ne serait-ce que celles des subventions et crédits d'impôts.

La scène finale de *The Jackal* offre un excellent exemple de cet effet de délocalisation et résume une bonne partie de mon propos. Elle débute à la suite de la tentative d'assassinat ratée de ce personnage haut placé visé par le complot (qui s'avérera la femme du président des États-Unis). La scène se situe à Washington DC. Le Chacal fuit dans le véritable métro de Washington mais pour déboucher inopinément à l'intérieur d'une station tout à fait montréalaise (Lionel-Groulx)[43]. « Welcome », donc, « in Montreal DC ». Signalons en terminant qu'une partie du vrai métro de Montréal, par une ultime métamorphose, a dû être reconstruite aux fins du tournage dans les fameux studios de Pine Wood, Angleterre : délocalisation oblige.

---

43. À la sortie de laquelle on pouvait d'ailleurs lire, il y a quelques années encore, un graffiti reprenant un célèbre cri du cœur de ce Lionel Groulx, penseur du nationalisme canadien-français : « Nous l'aurons notre État français ! »

Montréal polymorphe, *Montreal anywhere*

UNE NOUVELLE ÉCONOMIE URBAINE DU CINÉMA

Je serai tenté, en conclusion, de me faire l'avocat du « diable ». C'est peut-être la raison inconsciente qui m'a fait retenir finalement tous ces films « affreux, sales et méchants », ces fictions horrifiques, *trash*, et ces thrillers aussi bêtes que violents, brutaux et sans humour. J'aurais pu en choisir d'autres, pires ou meilleurs, ou d'un autre genre. Mais ce genre de produit ou de sous-produit, ces suites et ces séquelles, nous forcent aussi, plus que d'autres, « à regarder ailleurs ». On peut choisir de ne pas les voir. C'est une première façon de regarder ailleurs. Mais ils bousculent aussi une représentation de la ville généralement convenue ou assoupie, celle qu'en donne notamment la cinématographie locale la plus courante. Ils introduisent, sinon des contenus inédits, du moins des thèmes « exotiques » qui nous forcent à regarder cette ville autrement. Les types de métamorphoses qu'ils font subir à la ville, dans la fiction comme dans la réalité, nous apprennent en outre, malgré nous et malgré tout, bien des choses sur cette nouvelle économie urbaine du cinéma, doublement délocalisée sur le plan du récit et de sa production. La qualité de leurs récits tient moins à la complexité de leurs intrigues qu'au caractère « transnational » ou « multinational » de l'économie qui les sous-tend et où s'écrit de fait une tout autre histoire : celle de l'instrumentalisation des sites devenus locations, insérés à une plus vaste industrie culturelle aujourd'hui mondialisée.

Co-ventures, coproductions et superproductions hollywoodiennes ne représentent bien sûr qu'une fraction, quoique de moins en moins négligeable, des films tournés à Montréal. Pour s'en tenir aux longs métrages[44], en 1998, sur cinquante-sept projets, onze seulement étaient de ce type (cinq coproductions, deux *co-ventures* et quatre américains). Les budgets mobilisés par ces derniers en font toutefois des joueurs nettement plus « structurants » que leur seul nombre peut le laisser croire. Un nouveau marché des effets spéciaux s'est ainsi ouvert à Montréal pour les techniciens de cinéma qui manifestent, à cet égard, une demande pressante de formations « sur mesure » et de recyclage à ces pratiques auxquelles ils sont encore peu habitués[45].

---

44. Et en excluant séries télévisées, émissions de télé conventionnelles, téléfilms et tout autre type de films ou vidéos (publicités, clips, documentaires, etc.).
45. Voir Bellavance et Laplante, 1997.

Cela indique bien que la menace pour les cinématographies locales provient comme toujours bien moins de l'étranger que de l'intérieur.

À cet égard, le débarquement de *runaways* américains est sans doute moins inquiétant que l'internalisation du modèle américain dont témoignent coproductions et *co-ventures*. Il y a en effet les superproductions américaines, aux budgets fort imposants quoiqu'en nombre limité. Il y a surtout ces plus petites productions « à l'américaine », plus nombreuses et moins visibles, sinon tout à fait clandestines, dont les supports de diffusion privilégiés ne sont plus tant la salle de cinéma conventionnelle que le VHS. L'effet conjugué de ces trois types de produits, étrangers à divers degrés, a sans doute un impact global sur l'évolution de la cinématographie et de l'industrie locale. Mais on a affaire en même temps à trois sortes de produits bien différents par leur statut comme par leurs implications, qu'il faut donc évaluer séparément.

La venue des *runaways* à Montréal ne date que de 1993. On ne sait trop encore s'il s'agit d'un phénomène passager ou durable[46]. Elle peut sans doute créer une certaine dépendance du milieu du cinéma, particulièrement chez les techniciens et les grands studios qui se sont construits ces dernières années. Mais, en même temps, leur impact réel sur la réalisation et les productions nationales proprement dites reste assez marginal dans la mesure où Hollywood débarque ici avec

---

46. Deux reportages récents examinaient la question : celui de Mauricio Segura (2000), « Hollywood P.Q. », p. 64-70 et celui de Marc Cassivi (2000), « Tournages trompe-l'œil », p. C 1-2. La croissance des tournages américains à Montréal reste directement liée au taux de change extrêmement avantageux dû à un huard faible, ce « peso canadien » comme prennent plaisir à le nommer certains techniciens américains en rogne contre ces *runaways* qui leur échappent. Il tient aussi à l'attrait des crédits d'impôts que le milieu du cinéma américain souhaiterait d'ailleurs voir implanter « at home ». Il reste que, de ce double point de vue, Montréal est actuellement l'un des endroits les moins chers où tourner un film en Amérique du Nord. Dans la mesure où tous ces avantages comparatifs se maintiennent, on peut croire que la tendance est là pour durer et même s'accentuer. Mais, avec une industrie instable comme Hollywood, tout peut arriver. Hollywood, qui s'est entiché de l'Espagne dans les années 1950, puis du Mexique dans les années 1980, a quitté ces pays sans y laisser grand-chose. Au Canada, toutefois, la mode dure déjà depuis plus de dix ans. Ayant commencée à Vancouver, elle s'est par la suite déplacée vers Toronto et plus récemment à Montréal. Le créneau à exploiter pour Montréal n'est d'ailleurs peut-être pas tant celui des longs métrages de fiction conventionnel, branchés sur Los Angeles tout près de Vancouver, que celui des séries télés, où New York, à deux pas de Montréal prédomine.

un produit pour ainsi dire déjà « pré-fini » et que la main-d'œuvre locale n'y tient (encore ?) qu'un rôle d'appoint[47]. L'affaire se joue de toute façon sur un plan strictement économique, la dimension proprement culturelle demeurant parfaitement secondaire. Peu de films américains acceptent de situer leur récit à Montréal. Le rôle qu'on lui fait alors tenir reste plus que négligeable : facultatif[48]. À cet égard, la capacité de métamorphose de la ville semble d'ailleurs varier de façon inversement proportionnelle à l'importance du facteur étranger. Des réalisateurs canadiens comme Cronenberg, ou même Duguay, paraissent ainsi plus attentifs aux possibilités narratives de la ville, et à son polymorphisme, et sont en tout cas mieux informés quant aux ressources visuelles du lieu et aux ressources professionnelles du milieu.

Coproductions et *co-ventures* posent cependant des questions toutes différentes. Elles supposent en effet une participation très étroite des Canadiens (et des Montréalais) à l'élaboration des contenus et à l'organisation de la production. À cet égard, il faudrait d'ailleurs tenir compte non seulement des productions tournées à Montréal et sa région immédiate, mais aussi à l'extérieur, notamment à l'extérieur du Canada. Des coproductions impliquant des Canadiens, des Québécois et des Montréalais se réalisent en effet par le vaste monde. La situation n'est donc pas si simple. L'invasion ou la menace, s'il y a, tient sans doute pour une part à l'ouverture des frontières. Cela joue toutefois non seulement pour les productions étrangères au Canada mais aussi, à divers degrés, pour les coproducteurs canadiens à l'étranger.

Coproductions et *co-ventures* diffèrent par ailleurs l'une de l'autre. Les premières, extrêmement réglementées, supposent un montage financier et une organisation complexes. Les secondes, basées sur des ententes privées, sont plus simples à gérer. Les *co-ventures* ont en

---

47. Toute la question semble ici de faire valoir le potentiel de la main-d'œuvre locale auprès des Américains. Les superproductions américaines dérogent en effet, plus facilement que les coproductions ou les *co-ventures*, à l'obligation de n'embaucher au Québec que des techniciens locaux, pour ne rien dire des acteurs et des réalisateurs. C'est là une problématique proprement syndicale. Comment faire respecter ses droits sans tuer la poule aux œufs d'or ?
48. La « culture » montréalaise paraît ainsi surtout compliquer la vie aux Américains : non seulement la langue comme telle, mais l'affichage en français dont on doit continuellement effacer les traces. L'architecture correspond en outre assez peu à celle des villes américaines moyennes où se déroulent la plupart des récits et demande là encore beaucoup d'ajustements.

outre la particularité de lier un producteur local à un distributeur étranger généralement américain. Par là, elles sont sans doute amenées, plus peut-être que les coproductions, à s'ajuster au modèle culturel des marchés qu'elles convoitent. Les coproductions sont des animaux plus étranges. Leur financement quoique moins élevé qu'une grosse machine hollywoodienne reste généralement plus imposant que celui des *co-ventures* mais gagné au prix de la cohérence du produit, comme démontre brillamment notre *Highlander*.

La menace tient aussi à la nature actuelle des soutiens publics locaux et nationaux. La logique strictement socio-économique qui sous-tend leur action récente en faveur du cinéma marginalise notamment la question du contenu proprement cinématographique, narratif ou visuel, et ne favorise que bien indirectement la mise en valeur du lieu et du milieu où ces films délocalisés sont effectivement tournés. Montréal attend ainsi encore son *Fellini-Roma* (1972) ou son *Manhattan-Woody* (1979), qui, rappelons-le, sont tous les deux des produits autochtones. Pour trouver un regard équivalent sur Montréal il aurait sans doute mieux valu se tourner de la sorte vers un regard indigène, comme celui d'Arcand sur *Jésus de Montréal* (1989). Sans être un parfait chef-d'œuvre, ce film s'en approche tout de même un peu avec sa cote de ***1/2 à l'échelle Maltin. Le principal cinéaste montréalais des années 1990 n'aura toutefois pas été Denys Arcand, ni quelqu'autre cinéaste indépendant, mais plutôt Christian Duguay, maître des effets spéciaux plutôt que du récit complexe. Spécialiste des montages financiers directement branchés sur Los Angeles et ses réseaux, ce nouveau venu aura su contre toute attente produire, entre 1991 et 2000, six longs métrages et autant de téléfilms. La ville de ce genre de films, instrumentalisée et rarement au centre du contenu narratif, sert de support moins à une intrigue originale qu'à un certain nombre « d'effets spéciaux » et dérivés. Mais en même temps, derrière ce genre de production transparaît avec force la nouvelle économie urbaine du cinéma à laquelle ont été amenées à s'ajuster les cinématographies nationales, et leurs gouvernements. Dans cette nouvelle économie, l'interprétation réciproque, que livrent le cinéma de la ville et la ville du cinéma, depuis qu'ils se sont croisés au début du siècle dernier, amorce un tout nouveau tournant : la ville comme « effet spécial » à l'usage du cinéma.

Tourner à Vancouver : stratégies de représentations hollywoodiennes

Mike Gasher
Journalisme, Concordia University, Montréal
Traduit de l'anglais par Pierre-Olivier Savoie[49]

Introduction

La relation entre le cinéma et la ville en est souvent une qui explore, ou même célèbre, les richesses historiques, politiques et sociales de villes comme Rome, Amsterdam, Paris, Naples et New York, permettant ainsi à ces villes d'être le sujet principal du film ou, à tout le moins, à l'environnement urbain de jouer le rôle de personnage. Ce travail vise toutefois à considérer différemment la relation entre le cinéma et la ville. En analysant les stratégies de représentation des productions étrangères de service tournées à Vancouver, ce travail s'attaque à la question plus controversée d'un cinéma qui masque les particularités urbaines des villes choisies comme site de production.

Vancouver n'est ni Rome ni New York, des villes qui éveillent immédiatement des associations historiques et culturelles, ou même personnelles, avant même que le film commence. Montréal est aussi bien différente de Vancouver puisque la métropole québécoise possède ses propres caractéristiques historiques, politiques et culturelles qui ont été reprises par de nombreux longs métrages produits localement depuis les années 1940.

Vancouver est rarement le sujet d'un long métrage et la ville n'a joué un rôle que très marginal dans l'histoire des cinémas canadiens. Dans les dernières années, Vancouver est néanmoins devenue un des sites de tournage préféré d'Hollywood, compte tenu des avantages économiques pour les réalisateurs de cinéma et de télévision étatsuniens. Neil M. Coe (2000) présente la situation ainsi : « Simplement dit, Vancouver est un endroit unique au Canada (et possiblement au monde) en termes de niveau de demande de la part des

---

49. Ce texte s'inspire d'un chapitre de l'ouvrage *Hollywood North : The Emergence of the Feature-Film Industry in British Columbia*, à paraître aux Éditions UBC Press.

compagnies états-uniennes pour tourner sur place, ainsi qu'en termes de la présence et de la disponibilité d'une main-d'œuvre qualifiée fournie par les syndicats du cinéma aux réalisateurs étrangers dans tout type de secteur » (p. 84).

Après une brève introduction de ce lieu de cinéma et de l'industrie cinématographique croissante de Vancouver, ce travail explore les implications représentationnelles sur la ville des productions étrangères « sur le site » au travers d'exemples spécifiques de trois productions hollywoodiennes tournées à Vancouver : *Bird on a Wire* (1989), *Cousins* (1989) et *Intersection* (1994). Ensuite, Vancouver est présentée comme exemple d'une ville dont la présence au cinéma est expliquée par sa place dans un système de production global post-fordiste. La croissance de Vancouver comme site de production cinématographique coïncide avec un nombre de tendances dans l'industrie cinématographique de la fin du XXe siècle. Parmi ces tendances, on compte la mondialisation de la production cinématographique dont tentent de tirer avantage des pays comme le Canada, l'Australie, l'Irlande, la Pologne, le Luxembourg, les Bahamas et la Jamaïque. Chacun tente d'inciter les producteurs hollywoodiens, toujours prêts à épargner de l'argent, à tourner au moins certaines parties de leurs films sur place. Certains États telles la Floride, la Caroline du Sud et la Virginie poussent aussi Hollywood à se décentraliser et à partager travail et richesses.

L'émergence de l'industrie cinématographique à Vancouver coïncide aussi avec la tendance générale vers l'économisme, soit la perception que les formes de production culturelles sont d'abord considérées comme une production de commodités. C'est-à-dire que les films et la programmation télévisuelle sont vus plus comme des biens de consommation pouvant être monnayés que comme des moyens d'expression culturelle. Bien des gouvernements, comme celui de la Colombie-Britannique, anxieux d'améliorer l'économie locale, perçoivent la production cinématographique comme une source de capital d'investissement, de nouveaux emplois et de diversification de l'économie.

BACKGROUND

Vancouver, la troisième ville en importance au Canada, est située sur la côte sud-ouest du pays à trois heures de route de Seattle.

Tourner à Vancouver : stratégies de représentations hollywoodiennes

Vancouver est géographiquement éloignée, voire isolée, des centres traditionnels de production cinématographique et télévisuelle que sont Montréal et Toronto. Si la position géographique de Vancouver à l'intérieur du Canada fut un désavantage historiquement pour le développement d'une industrie du cinéma, sa proximité par rapport à Los Angeles lui procure maintenant un avantage certain vis-à-vis de Toronto et de Montréal comme site de production étrangère. En d'autres mots, Vancouver est la ville la plus près de Los Angeles qui accepte le dollar canadien.

Même si l'histoire de la production cinématographique à Vancouver remonte aux années 1890, il est important de noter qu'il ne s'y est pas développé de réelle industrie cinématographique avant le milieu des années 1970. Avec la fin des années 1990, Vancouver était toutefois devenue le premier centre en importance pour la production audiovisuelle au Canada et le troisième en Amérique du Nord, derrière seulement Los Angeles et New York. Une industrie du cinéma est maintenant bien établie à Vancouver avec comme base un mélange inconfortable entre la production locale et la production hollywoodienne « en fuite ». Cette dernière profite du taux de change avantageux, de la proximité de la Californie, de l'augmentation de la main-d'œuvre qualifiée et de la panoplie de sites de tournage situés seulement à quelques minutes des grands hôtels du centre-ville de Vancouver. En 1999 seulement, la province a attiré quelque 198 productions, incluant 54 longs métrages, et 1,07 milliard de dollars en retombées directes, grâce à un investissement minime de 4 millions de dollars du gouvernement de la Colombie-Britannique (Colombie-Britannique, 2000). En 1990, les retombées directes étaient de 200 millions de dollars. Presque tout le tournage et la production se déroulent à Vancouver et environ 70 à 80 pour cent de ces dépenses proviennent de Hollywood.

SITUER VANCOUVER SUR L'ÉCRAN

En rapprochant les réalisateurs étrangers et locaux, l'industrie de Vancouver crée une interface entre des régimes de production distincts – transnational et régional/local – qui situent de façon différente le site de production dans leurs films. La distinction entre la façon dont les réalisateurs locaux et étrangers situent Vancouver dans leurs films ne devrait pas être tracée de façon trop claire. Si les réalisateurs hollywoodiens tendent à s'approprier continuellement Vancouver à l'intérieur d'un paysage continental – en mettant l'accent sur les traits géographiques, topographiques, climatiques et historiques qui rapprochent la Colombie-Britannique des États de l'Oregon, de Washington, de l'Idaho, du Montana et de l'Alaska – les réalisateurs locaux sont beaucoup plus ambivalents dans leur façon de situer la ville et le lieu de production à l'intérieur de la narration. Certains films locaux sont des copies conformes de films hollywoodiens. En même temps, d'autres réaffirment Vancouver comme un lieu de culture, un lieu pouvant s'affirmer comme autre chose qu'un décor ou un paysage, soit une ville qui peut être source de personnages, d'histoires et de particularités sociales.

Cependant, le récit de la plupart des films étrangers tournés sur la côte Ouest est situé ailleurs. Habituellement, il se déroule aux États-Unis. La Colombie-Britannique a joué le rôle de plusieurs paysages différents dans les dernières années : l'État de Washington (*First Blood,* 1982 ; *Housekeeping,* 1986 ; *Roxanne,* 1986), la Californie (*Jennifer 8,* 1992), le New Hampshire (*Jumanji,* 1995), l'Alaska (*Alaska,* 1996), le Massachusetts (*Little Women,* 1994) et le Montana (*Legends of the Fall,* 1996). La ville de Vancouver a également servi tour à tour à représenter Détroit (*Bird on a Wire,* 1989), Seattle (*Stakeout,* 1987), New York (*Look Who's Talking,* 1989) et Los Angeles (*Who's Harry Crumb ?,* 1989). Pour la plupart de ces films, les précautions ont été prises afin de masquer l'emplacement réel du tournage. On change les drapeaux, les boîtes aux lettres, les boîtes à journaux, les plaques d'auto, les uniformes de police, les insignes, les panneaux de signalisation, etc. Occasionnellement, le film révélera ces artifices. Dans *Rumble in the Bronx* (1996) on présente ce quartier de New York sur un fond montagneux, comme s'il s'agissait d'un clin d'œil complice aux spectateurs de Vancouver.

Il vaut la peine de poser un second regard sur *Bird on a Wire* à ce sujet. Contrairement à la plupart des productions de services, qui tentent d'effacer par tous les moyens les traces du lieu de tournage original, ce film produit par Paramount Pictures et mettant en vedette Mel Gibson et Goldie Hawn permet aux spectateurs locaux d'identifier plusieurs sites du sud-ouest de la Colombie-Britannique. On peut entre autres apercevoir le vieux pénitencier provincial situé à New Westminster, le Centre Sinclair, la Harbour Centre Tower, le Metropolitan Hotel, l'édifice d'Hydro Colombie-Britannique, le quartier chinois et Gastown à Vancouver, et le Market Square et le quartier chinois dans la capitale provinciale de Victoria.

Une pareille stratégie de représentation révèle une confiance sans bornes chez le producteur et le réalisateur. On semble penser que ces éléments architecturaux et topographiques distincts permettant d'identifier la région métropolitaine de Vancouver ne mineront pas la perception des spectateurs qui sont censés comprendre que le récit se déroule à Détroit et à Racine, Wisconsin. Au contraire, le film *réduit* ces sites particuliers à de pures idiosyncrasies urbaines à l'intérieur d'un paysage continental plus général. Peut-être que la prison de Hudolin, Pennsylvanie, n'est pas exactement comme le vieux pénitencier provincial de New Westminster, mais le rôle de la prison ne sert qu'à marquer la remise en liberté du personnage de David Carradine, un policier corrompu de l'escouade des narcotiques et l'ennemi de toujours de Mel Gibson. N'importe quelle prison aurait fait l'affaire. L'hôtel cinq étoiles, qui sert de quartier général à Goldie Hawn. Détroit peut seulement être trouvé à Vancouver, mais ce dernier symbolise n'importe quel « hôtel de luxe » plutôt qu'un « hôtel de Vancouver ». N'importe quel « hôtel de luxe » aurait fait l'affaire. Pareillement, on peut trouver aux quatre coins de l'Amérique du Nord des stations d'essence comme celle qui devient Marvin's Motown Motors. Conséquemment, *Bird on a Wire* continentalise Vancouver en lui demandant de se mettre dans la peau de cinq États différents pour un seul long métrage. Le récit se déplace de la Pennsylvanie à New York, au New Jersey, au Michigan, puis au Wisconsin sans jamais quitter physiquement la Colombie-Britannique. Les personnages principaux du film planent au travers de ces différentes localités, qui ne servent finalement que d'arrière-plan au récit sans jamais imprégner les personnages de quelque saveur locale que ce soit. Les différentes scènes sont basées sur des éléments au sens large et général – la prison, l'hôtel, la station d'essence, le ranch – plutôt que sur des éléments particuliers, locaux.

Même si l'emplacement du récit n'est jamais révélé, une stratégie narrative semblable est aussi utilisée dans *Cousins,* un autre film issu du studio Paramount Pictures. Ted Danson et Isabella Rossellini se retrouvent dans des endroits facilement identifiables de la région de Vancouver – une station de banlieue du Skytrain, Granville Island Market, le Downtown Eastside, Flase Creek, le Quartier chinois, Fantasy Gardens – mais la trame narrative du film rime plus avec « Amérique urbaine » qu'avec « Vancouver ». C'est comme si le cinéaste reconnaissait le rôle de Vancouver dans le film, mais hésitait à l'inclure dans le dialogue.

Vancouver n'a pas de présence réelle dans le film, la ville sert principalement de mise en scène, de paysage. Les personnages ont tendance à ne jamais pénétrer ces lieux, ces localités, ni à émerger de ceux-ci ou à en faire partie de quelque façon que ce soit. Vancouver ne leur colle pas à la peau, car Vancouver n'est pas vraiment Vancouver. La ville est évoquée de façon superficielle seulement, une surface à travers laquelle planent les personnages, comme dans la scène où Danson et Rossellini se sauvent en amoureux dans la pittoresque vallée du Fraser sur la motocyclette de Danson. Cette séparation entre la narration et l'environnement – entre le texte et le contexte – est explicite dans deux scènes où Rossellini attend le train de banlieue sur un quai bondé. Dans la première des deux scènes, elle se fraie un chemin jusqu'à l'avant de la foule où elle devance tout le monde d'un pas, la plaçant à un autre niveau que le reste de la foule, comme quelqu'un à l'avant-plan d'une vieille photo en trois dimensions. Dans la seconde scène, elle se tient encore au devant de la foule, cette fois parce que ses vêtements clairs et pâles la distinguent du reste de la foule qui est habillée de couleurs ternes comme le gris, le noir et le bleu marin. Les rayons du soleil semblent la faire scintiller alors qu'elle devance encore d'un pas la foule anonyme et terne qui demeure en retrait, à l'ombre de l'auvent.

Ces films suggèrent que Vancouver n'a pas encore assez de pouvoir de signification – assez de vedettariat dans le langage hollywoodien – pour jouer seule et être complètement intégrée dans ces récits. Juste en évoquant leur nom, New York, Miami, Paris ou Tokyo sont des villes qui peuvent donner de la signification à un film ou créer une atmosphère – leurs noms sont significatifs – parce que les spectateurs ont appris à les associer à des événements politiques et historiques ainsi qu'avec d'innombrables films, romans, chansons, pièces de théâtre et émissions de télévision. Le processus de construction de ces associations a déjà commencé pour Vancouver avec la présence d'événements sportifs majeurs (des équipes professionnelles de hockey, baseball et basket-ball et une course de formule Indy), des rencontres politiques d'envergure (le Sommet Clinton-Yelstin de 1993, et la rencontre de l'APEC en 1997), des rassemblements culturels (Expo'86) et, naturellement, en tant que « Hollywood Nord ». Malgré tout, Vancouver n'évoque pas encore d'associations et de significations majeures en Amérique du Nord, et encore moins dans le monde entier.

Occasionnellement, un film hollywoodien situe son déroulement narratif à Vancouver. Robert Altman a tourné *et* situé le récit de *That Cold Day in the Park* à Vancouver en 1969, même si le récit pouvait s'adapter à n'importe quelle ville. Dans *Star 80* (1983), un film basé sur l'histoire vraie de Dorothy Stratten, une playmate morte assassinée qui avait grandi à Vancouver, certaines scènes ont été tournées à des endroits significatifs dans sa ville natale comme le Penthouse night club et l'hôtel Blue Horizon.

Pour ne pas diverger de sujet trop longtemps, le long métrage de Paramount, *Intersection*, un *remake* du film français *Les choses de la vie* (1969), situe également son récit dans le sud-ouest de la Colombie-Britannique. Le film mettant en vedette Richard Gere, Sharon Stone et Lolita Davidovich est tellement plein de références manifestes à Vancouver qu'on a l'impression que Rydell s'est efforcé de faire tout ce qu'il pouvait (et plus) pour rendre explicite Vancouver comme lieu où se déroule le récit. L'architecte joué par Gere possède un bureau chic dans Gastown avec une vue sur Burrard Inlet, la place du Canada et les montagnes de la rive Nord. De plus, on peut compter le Musée d'anthropologie de l'Université de la Colombie-Britannique parmi les réalisations architecturales du personnage de Gere. Lorsqu'il poste une lettre, il utilise un timbre canadien. La journaliste que joue Davidovich prend un traversier provincial (plutôt qu'un Seabus) de Londsdale Quay et un taxi de la ville de Vancouver pour se rendre à son travail au *Vancouver Step* – un vrai journal – à Gastown. Le film met aussi en vedette la ville de Vancouver en montrant en grands plans les Granville Island Market, Dewdney General Store, the Squamish Highway et le restaurant Ninety-Niner sur la place Britannia (où Gere commande un bourbon et eau – un *drink* pas du tout canadien – qu'il paie tout de même avec un billet bleu de cinq dollars).

Curieusement, la localité où se meuvent les personnages demeure largement en périphérie du récit. Le paysage et la ville servent seulement de rôle de décoration, comme si ce merveilleux paysage ne devait que compléter et agrémenter la présence de ces éblouissantes stars hollywoodiennes ainsi que la vie que mènent leurs personnages prestigieux et influents. Comme le faisait remarquer Georgia Brown (1995) dans sa critique du film publiée dans *Village Voice* : « Les autoroutes côtières et les cimes enneigées de la Colombie-Britannique peuvent aussi bien être des accessoires au costume du héros. » *Intersection* est situé moins dans un endroit géographique donné que dans une classe sociale en particulier. C'est comme une espèce de version fictive de *La vie des gens riches et célèbres*. La ville de Vancouver – ou à tout le moins son côté le plus huppé – fait partie intégrante du film, mais demeure détachée socioculturellement. En ce sens, ce n'est pas une histoire propre à Vancouver.

Le visionnement d'endroits et d'espaces

Étant donné que les lieux où se déroulent les récits cinématographiques servent des intérêts économiques plutôt que narratifs, il y a lieu de croire qu'on continuera à voir de pareilles discontinuités entre les personnages et les lieux. Bernard Nietschmann affirme que la géographie est souvent négligée, surtout si on compare les efforts déployés pour reconstituer une authenticité historique – on n'a qu'à penser aux costumes, coiffures, meubles et automobiles d'époque. Pour ces films de service tournés « sur le site », le lieu ne devient qu'un arrière-plan et ne contribue en rien au film – « tout est contexte, pas contenu » ce qui tend à supprimer la signification et le pouvoir du lieu (1993 : 5). « Quand un lieu est montré ou vu juste comme une localité ou un beau paysage complémentant le récit, il se crée une dislocation entre les gens et la nature, entre l'image et l'expérience, entre l'écran et la géographie, et entre le directeur et les spectateurs » (1993 : 7). C'est la norme pour les films tournés à Vancouver.

Malgré leurs façons différentes de traiter leur lieu de tournage, les trois films abordés ci-dessus refusent d'accorder « la nature constituante de l'espace » dont parle Stephen Kearn. Ce dernier avance que ce concept a déjà été reconnu et accepté depuis la fin du XIXᵉ siècle par les architectes, peintres, sculpteurs, poètes et même les physiciens et les historiens. En peinture, on traitait traditionnellement le portrait comme « espace positif » et l'arrière-plan comme « espace négatif », mais des mouvements comme le cubisme et l'impressionnisme ont introduit la notion d'« espace positif-négatif » dans lequel « l'arrière-plan lui-même est un élément positif d'importance égale avec tous les autres » (2000 : 152-153). Les impressionnistes, par exemple, ont dépeint l'espace comme atmosphère en utilisant « le brouillard côtier, la brume brûlante estivale, la lumière diffuse de la forêt, le crépuscule couvert hivernal, le coucher de soleil oranger, pour fusionner le sujet et l'arrière-plan en une seule composition de couleur et de forme ». Des cubistes comme Georges Braque et Pablo Picasso ont donné « à l'espace les mêmes couleurs, textures et substantialités qu'à des objets matériels et les ont imbriqués de façon à ce qu'on ne puisse les distinguer les uns des autres » (2000 : 160-161). Kearn écrit :

> Tout comme la physique a reconnu l'espace comme composante et acteur dans la théorie atomique et la théorie des champs, l'art a progressé vers une compréhension de l'espace en deux modes positifs. La fonction composante est plus explicite dans la représentation cubiste de l'espace entre les objets. La fonction active (celle comme acteur) est visible dans les représentations de l'espace énergisé par les objets qui le composent comme chez Van Gogh, Munch, Cézanne et les futuristes (2000 : 162).

Le type de production « sur le site » empêche toutefois les cinéastes hollywoodiens d'intégrer le lieu à leur récit. Les cinéastes peuvent tenter d'intégrer leurs personnages états-uniens à l'environnement non états-unien, mais cela risquerait de désorienter les spectateurs. Les films « sur le site » hollywoodiens ont plutôt l'effet de donner une consonance continentale à Vancouver et de rendre l'Amérique du Nord et les États-Unis d'Amérique synonymes du terme « Amérique ». Dans ces films faits pour le marché états-unien et international, le pouvoir de signification des noms de lieux comme Vancouver ou Colombie-Britannique est plutôt négligeable.

Conclusion

Du point de vue de la ville hôte, on peut interpréter d'au moins trois façons la manière selon laquelle les cinéastes représentent

Vancouver en tant que lieu. L'interprétation la plus facile serait de nier la pertinence de toute prétention cinématographique en Colombie-Britannique. De toute façon, la transformation du lieu de tournage du film fait partie de l'artifice du cinéma et la mise en scène n'est qu'une construction spatiotemporelle fictive. Tout comme une scène ou un acteur, le lieu est costumé afin qu'il puisse jouer un rôle particulier n'ayant pas nécessairement de lien avec le lieu réel du tournage.

Même s'il peut être appliqué à certains films en général, cet argument ne tient pas compte d'un modèle plus large. Les films étrangers transforment presque toujours Vancouver en lieu états-unien, ainsi que la région en une scène sociologiquement vide de toute signification culturelle ou historique qui permettrait à Vancouver de jouer un rôle actif à l'écran. La reproduction constante de ce modèle de négation suggère que des forces structurelles plus larges entrent en ligne de compte dans l'équation, ce qui pointe vers l'hégémonie qu'exerce Hollywood sur l'industrie du cinéma commercial.

En tenant compte de l'hégémonie hollywoodienne, une seconde interprétation permettrait de situer Vancouver à l'intérieur d'une thèse sur l'impérialisme médiatique. En prenant cette vue, Vancouver s'intègre au programme de « Destiné Manifeste » de Hollywood. Vancouver aurait donc été appropriée par le processus de continentalisation – ou de mondialisation – de la production cinématographique hollywoodienne dans un contexte de domination des réseaux de diffusion et de distribution de la part des géants californiens.

Même si cette vue peut être défendue très honnêtement, elle demeure insatisfaisante, du moins dans le cas de Vancouver. Après tout, c'est le gouvernement de la Colombie-Britannique qui a pris l'initiative d'inviter Hollywood à utiliser des lieux de tournages locaux et le gouvernement ne se faisait aucune illusion sur les intentions de Hollywood de tourner des films à saveur locale. En fait, jusqu'à ce jour la B.C. Film Commission vante la capacité de la province à jouer *Anywhere, U.S.A.*, et encourage les réalisateurs étrangers à adapter la province à leurs propres intérêts narratifs[50]. De plus, la province a toujours défini le cinéma en termes industriels plutôt que culturels. L'industrie du cinéma reproduit le même modèle que

---

50. Voir Gasher, 1995.

nombre d'industries de matières premières en Colombie-Britannique, en fournissant la main-d'œuvre et les matières premières pour des produits qui seront ultimement finis ailleurs et importés pour consommation en Colombie-Britannique[51].

L'argument de l'impérialisme médiatique laisse de côté l'hypothèse que la présence de Hollywood à Vancouver aurait pu *rendre possible* l'émergence d'un cinéma local. On peut toutefois aussi avancer qu'un cinéma de production étrangère « sur le site » encourage le développement de services nécessaires à une industrie du cinéma, le développement d'une main-d'œuvre qualifiée, et qu'il fournit la stabilité d'emploi, de revenus et de formation dont un cinéma local bénéficiera sans pour autant qu'il ait été capable de générer cela à lui seul. Les cinéastes de Vancouver peuvent maintenant continuer à travailler chez eux avec une certaine assurance de stabilité, contrairement à leurs prédécesseurs qui devaient s'exiler à Toronto ou à Los Angeles. Même si c'est Hollywood qui génère le plus d'emplois, les réalisateurs étrangers fournissent en même temps aux cinéastes locaux un bassin de talents professionnels où ils peuvent piger.

Ce que je veux proposer est une interprétation plus nuancée de la représentation cinématographique de Vancouver et de la Colombie-Britannique où il est important de percevoir une déconstruction des frontières, un modèle représentationnel qui questionne constamment les frontières culturelles, politiques et économiques qui ont été imposées historiquement à la géographie physique de l'Amérique du Nord. Dans une période de mondialisation, cette interprétation place la culture en opposition à la nature : les composantes spatiales sociohistoriques telles la politique, l'économie et la culture sont opposées à l'histoire naturelle et à la géographie physique de n'importe quel lieu.

L'espace, le lieu sont des concepts encore importants dans la plupart des sociétés mondialisées, mais l'espace a besoin d'être redéfini – non comme des enclaves culturelles homogènes – mais comme des intersections ou des points de rencontre où s'entremêlent et se rencontrent les relations sociales locales, régionales, nationales et internationales. La géographe culturelle Doreen Massey (1991) écrit en faveur d'un sens de l'espace « extroverti » qui reconnaît comment les

---

51. Voir Gasher, 2000.

villes où nous vivons sont définies par le capital, les commodités, le flux transnational de populations, l'information et les images qui caractérisent la mondialisation. Le voisin est originaire d'Amérique latine, l'employeur est basé aux États-Unis, on brasse des affaires avec des clients en Asie et on achète des meubles faits en Scandinavie. Les lieux et les espaces ne sont plus les mêmes lorsqu'ils sont mondialisés, mais ils portent une identité particulière dépendamment du degré où ils sont assujettis ou exposés à ces flux.

Si un endroit peut en être un exemple c'est bien la Colombie-Britannique avec sa population hétérogène, une économie qui exporte des marchandises dans plus de 150 pays et une industrie touristique qui rapporte 8,5 milliards de dollars annuellement. Et si un endroit à l'intérieur de la Colombie-Britannique représente ce sens mondialisé de l'espace, du lieu, c'est bien Vancouver. Comme l'écrit Paul Delany (1994) : « Comme elle n'a pas de fonction administrative ou politique majeure, sa raison d'être est de se trouver à l'intersection de quatre zones : les terres de l'ouest canadien, la côte ouest états-unienne et mexicaine, la côte nord jusqu'en Alaska et l'extrémité ouest du Pacifique. »

Avec sa situation temporelle et spatiale, l'industrie du cinéma de Vancouver réunit un mélange complexe et dynamique de réalisateurs locaux, de l'extérieur de la province et étrangers de télé et de films qui font dans plusieurs genres. Ce n'est pas un cinéma national – si ce concept a encore un sens – mais ce n'est pas non plus une colonie hollywoodienne. C'est plutôt un cinéma défini par une interface entre des modèles de production locaux et globaux, une définition qui s'applique à de plus en plus de cinémas à l'extérieur de Hollywood. Évidemment, Hollywood s'approprie Vancouver dans un contexte continental nord-américain, laissant ainsi aux cinéastes locaux le soin d'articuler les particularités locales. C'est dans ce contexte que l'industrie du cinéma à Vancouver peut être vue comme de son temps et de son lieu.

3
LE CINÉMA COMME IMAGINAIRE DE LA VILLE

Manhattan, ville-personnage

Elena Dagrada
Études cinématographiques
Université de Bordeaux III et Université de Milan

Ce texte a comme titre « Manhattan, ville-personnage », car il se base sur le principe/la conviction qu'au moins deux types de villes existeraient au cinéma : d'une part, il y aurait des *villes-fonds* et d'autre part, il y aurait des *villes-personnages*.

Toute ville, bien entendu, au cinéma peut devenir *protagoniste*. Pour ne citer que les titres les plus connus, rappelons que la ville de Nice l'a été dans *À propos de Nice*, de Jean Vigo (1930) ; celle de Lyon l'a été dans *Lyon, le regard intérieur*, de Bertrand Tavernier (1988) ou encore que Rome a été protagoniste très souvent, notamment grâce à Fellini, Pasolini, Rossellini ainsi que grâce à bien d'autres réalisateurs italiens. D'autres peuvent devenir objet d'abstraction (le Berlin de Ruttman ; le Moscou de Vertov...).

Mais si d'un côté certaines villes se donnent essentiellement en tant que villes-fonds, voire en tant que villes relativement neutres, et pour cela susceptibles d'incarner n'importe quel paysage urbain, selon les différents cas, les différentes nécessités et surtout selon le quartier choisi, pourvu qu'il puisse correspondre aux besoins contingents (un cas connu est celui de la ville française de Bordeaux, utilisée souvent pour incarner le Paris du XVIIIe siècle, par exemple dans *Les liaisons dangereuses*, 1989) ; d'autres villes, au contraire, s'imposent de par leur forte personnalité, universellement connue et quasiment impossible à dissimuler, en tant que villes-personnages.

Il y a des villes, en effet, qui sans nécessairement être au centre de l'intrigue qui s'y déroule, sans en être ou en devenir nécessairement protagonistes, imposent leur statut de personnage de par leur physionomie architecturale immédiatement reconnaissable (le skyline de New York, la Tour Eiffel de Paris...), leur identité historique et géographique (Vieille Europe/Nouveau Monde), leurs profondes connotations culturelles (East Coast vs West Coast, aux États-Unis ; Occident vs Orient…). Pour un film qui se passe à Paris ou à New York, par exemple, les deux villes personnages par excellence de l'histoire du cinéma, il est impossible d'y faire dérouler des intrigues neutres par rapport à la ville elle-même. Elle intervient, détermine, est là pour informer le récit et la structure du film en question. Parfois, aussi, le fond et la forme.

Or, parmi les cinéastes « urbains », voire ces cinéastes qui ont élu la ville comme lieu privilégié de leur création artistique, Woody Allen est sans doute l'un des plus fidèles à la ville de New York ainsi que celui qui a le plus mis en valeur son statut de ville-personnage, susceptible d'informer à la fois le fond et la forme d'un film. Il suffit de parcourir des yeux les titres qui forment son abondante filmographie : *Bullets Over Broadway* (1994), *Manhattan Murder Mistery* (1993), *Broadway Danny Rose* (1984) et bien sûr *Manhattan* (1979), pour s'en apercevoir.

Mais c'est surtout dans *Manhattan*, un film de 1979 qui dès son titre pose la centralité de New York comme personnage, que Woody Allen fait de la ville – de cette ville, voire de la ville de New York – le centre gravitationnel de son film entier. Dans *Manhattan*, le film entier tourne autour d'une dialectique entre un New York en tant que ville « historique » par excellence (celle des premiers gratte-ciel qui modifient la physionomie des métropoles, des films éminemment urbains tournés à l'époque ainsi que des premières radios qui diffusent une musique urbaine par excellence : le jazz) et un New York en tant que ville de la « contemporanéité » par excellence, où contemporanéité devient synonyme de dégradation morale qui s'oppose à la ville idéale du passé, sans pour autant parvenir à en effacer la beauté et le charme.

Le film *Manhattan,* de Woody Allen, est un film impossible à imaginer tourné ailleurs qu'à New York, ainsi qu'un film impossible à imaginer différent, précisément parce que tourné à New York. Notamment, dans cette communication il sera question de démontrer que la ville de New York impose sa forme au film de Woody Allen, mais aussi que le New York qui informe ce film est à la fois le produit d'un imaginaire urbain forgé par un certain cinéma, et surtout par une certaine musique strictement liée à l'idée même de ville, qui dans

Manhattan impose le rythme d'un montage et d'un découpage syncopé comme le « staccato » de George Gershwin.

Physionomies, lieux

À l'instar d'un vrai personnage, dans le film *Manhattan* la ville de New York existe avant tout dans sa physionomie, voire dans son aspect extérieur.

Manhattan a été tourné entièrement sur place. À l'exception du Planetarium, partiellement contrefait/refait afin d'obtenir des rapprochements/associations/assemblages bien précis/voulus, ainsi que des effets de clair-obscur, tout autre lieu y est montré en intérieurs et extérieurs réels (en plein air). Et mis à part les quelques sorties « hors Manhattan », notamment à Brooklyn ou à Long Island, ainsi qu'une excursion chez Zabar (sur Broadway, dans le *Upper West Side*), un « delicatessen » très fréquenté par les juifs, dans l'ensemble il s'agit de lieux qui dessinent le plan topographique d'une ville cultivée, aisée, essentiellement *wasp* (*white anglo-saxon protestant*), concentrée entre les temples de la culture cosmopolite de SoHo (South Houston) et du Greenwich Village (la New York University, le Bleeker Street cinema, le Cinema Studio, la galerie d'art de Leo Castelli), et l'*Upper East Side*, où se trouvent le Stanhope Café (le café où Yale quitte Mary, devant le Metropolitan Museum, sur la Cinquième Avenue) et l'élégant Uptown Raquet Club, où Ike et Yale jouent au *squash*. Une ville où l'on trouve, entre autres, le restaurant Elaine's (d'Elaine Kauffman, une grande amie de Woody Allen), entre la Seconde Avenue et la 89e rue ; parmi les habitués qui ont contribué à rendre ce restaurant célèbre, citons Norman Mailer, Gay Talese, Michael Caine, Tom Wolfe.

Dans ce rectangle, en plus de Central Park, il y a aussi Gramercy Park, le quartier le plus « anglais » de Manhattan, à son tour lieu de rencontres d'étudiants et d'intellectuels ; c'est Tracy qui y habite. Puis, il y a John's Pizza, une pizzeria très connue, sur Bleeker Street, une rue du Greenwich Village où l'on trouve entre autres le cinéma mentionné plus haut. Dean and Deluca, un magasin d'alimentation très raffiné qui ne vend que des produits italiens haut de gamme, à SoHo. Le musée Whitney et le MoMA (Museum of Modern Art), deux véritables temples de la culture new-yorkaise. Le grand magasin Bloomingdale's, où Yale et Mary se donnent rendez-vous. L'élégante librairie Rizzoli (qui autrefois se trouvait sur la Cinquième Avenue), fréquentée par Yale et par l'intelligentsia la plus snob. Et un peu plus au nord, toujours sur la Cinquième Avenue, le très célèbre magasin de jouets FAO Schwarz, pas trop loin de la Russian Tea Room (vers l'ouest, à *mid-town*, du moins à l'époque où le film a été tourné), excénacle culturel et lieu de rencontre de vedettes grandes et petites du théâtre et du cinéma de New York ; c'est bien là que le personnage interprété par Woody Allen amène son fils, pour manger un *blintz*, après une visite chez Schwarz, le magasin de jouets.

Dans une ville-personnage, tout autre personnage ne peut qu'y assumer un statut de coprotagoniste, à égalité avec la ville elle-même. Mieux : dans une ville personnage, tout autre personnage ne peut qu'être ce qu'il est, car il vit dans la ville-personnage en question.

Ike (Isaac Davis, interprété par Woody Allen), Jill (son ex-femme, une charmante Meryl Streep), Yale, son ami et *alter ego* (Michael Murphy), Emily (la femme de Yale), Mary (la maîtresse de Yale, Diane Keaton), Tracy (la jeune copine de Ike, Mariel Hemingway) et Connie (la femme pour qui Jill a quitté Ike) sont ce qu'ils sont puisqu'ils vivent à Manhattan. C'est la ville qui en modèle les attitudes intellectuelles, en conditionne la conduite individuelle, en stimule la curiosité culturelle, en alimente les ambitions mondaines, en exaspère les névroses et en corrompt l'intégralité morale aussi.

Tracy et Emily sont les seuls personnages qui s'éloignent partiellement de ce schéma, elles sont également les seuls personnages qui envisagent de quitter New York. Emily voudrait déménager au Connecticut ; Tracy part à Londres.

Alors que Ike (Woody Allen) mène une vie affective tout au moins compliquée – c'est la moindre des choses que l'on puisse dire – décidément à la hauteur du climat de dissolution morale dominant à Manhattan. Sa première ex-femme, Tina, une institutrice, est devenue toxicomane, puis adepte de la secte de Moon. Sa seconde ex-femme l'a quitté pour une autre femme, avec laquelle elle élève leur seul enfant. Il fréquente une mineure. Et se lie à l'ex-maîtresse de son meilleur ami.

Mary (Diane Keaton), à son tour, a déjà divorcé une fois, sort avec un homme marié, et répète tout le temps qu'elle veut mettre un peu d'ordre dans sa vie, mais ne fait que passer d'une liaison à l'autre,

Manhattan, ville-personnage

créant du désordre dans les vies d'autrui. New York, en fait, l'a entièrement corrompue, faisant d'elle une typique exposante de l'intelligentsia mondaine, boulimique d'événements culturels à la mode. À l'instar de Jill, et de Yale, elle représente toutes les contradictions du Manhattan réel, par opposition au Manhattan idéal, romantique et passé incarné par Tracy et Emily, mythifié tout au long du film.

Dès la séquence d'ouverture, en fait, Manhattan se donne en tant que ville idéalisée, en tant que lieu de la nostalgie et de la mémoire, qui émerge/affleure/apparaît dans la beauté de la photographie et de la musique. Mais elle se donne également en tant que lieu de la déchéance contemporaine, ainsi que de la décadence des valeurs, un lieu où les gens ne savent plus s'aimer, se protéger, projeter le futur. Dès le tout début, la voix de Ike n'en exalte pas uniquement la beauté romantique en noir et blanc ; elle en déplore également la décadence culturelle, la corruption morale, la déchéance civile. Elle définit Manhattan littéralement comme une « métaphore de la décadence de la culture contemporaine », désensibilisée par la drogue mais aussi par la télévision, la musique stridente, le crime. Manhattan est sans aucun doute une ville pleine d'énergies, de musées, de théâtres, de cinémas, de restaurants et de cafés ; mais en même temps Manhattan se dévoile dépourvue des points de repère moraux les plus élémentaires, paralysée par la circulation, empoisonnée par la pollution. C'est le berceau des avant-gardes artistiques du siècle (les tableaux exposés dans les musées où les personnages se donnent rendez-vous sont tous new-yorkais) ; mais en même temps y domine une caste intellectuelle qui s'exprime par des mots tels « texturale » (c'est Mary qui le dit). C'est un lieu idéalisé par le souvenir d'une époque qui n'a peut être jamais vraiment existé (dans l'une des images les plus connues du film, Ike et Mary attendent tranquillement le lever du soleil au-delà du fleuve, devant le pont de la 59e rue ; plus tard Ike et Tracy se promènent en carrosse dans Central Park, la nuit, sans être violés, volés, tués…) ; et en même temps menacé de mort par l'insistante démolition de vieux immeubles, par la dégradation d'une nature de plus en plus pourrie (lorsque Ike met sa main dans le lac de Central Park, il n'y trouve que de la boue), par la bêtise de sa culture populaire (Ike quitte son travail à la télé, incapable de supporter sa stupidité), par la désagrégation des valeurs

– à la fin du film, nous voyons Ike jouer avec son fils Willie dans l'équipe « Pères divorcés et enfants ».

C'est, en somme, à l'instar d'un vrai personnage que Manhattan vit (ou plutôt meurt) de ses propres contradictions, constamment soulignées au fil du film. C'est dans leur visualisation continue que réside la force du film *Manhattan*, car c'est une visualisation qui passe par la mise en scène et par le travail sur la forme filmique. C'est dans la forme filmique que s'exprime la dialectique entre passé et présent, entre le noir et le blanc, entre l'horizontalité du format et la verticalité des gratte-ciel, entre le montage et le rythme dictés par le travail de la musique.

Noir et blanc : le chromatisme de l'image

Dans cette perspective, en fait, le choix du noir et blanc s'avère un choix décisif, car il s'agit d'un choix avant tout « historique », qui reconduit/ramène la ville de New York à sa beauté picturale des années 1920, 1930 et 1940, voire l'apogée indiscutée/incontestée du noir et blanc dans le cinéma classique américain.

Mais il s'agit également, et surtout, d'un choix esthétique (dans le film on trouve aussi des tableaux peints en noir et blanc par des artistes de l'« École de New York » – *Mahoning* de Franz Kline, 1956 ; et *Phil* de Chuck Close, 1969). La superbe photographie de Gordon Willis, au noir et blanc fort contrastés, non seulement nous restitue de façon intacte toute la beauté romantique d'un New York transfiguré par la mémoire et par le désir ; dans sa beauté, il y a également une nécessité profonde, liée au sens de ce qui est représenté. Il y a, dans le contraste austère des clairs-obscurs, du noir et du blanc, une épaisseur qui permet de sculpter l'espace interne au cadre, d'y recouper lignes et trajets capables de visualiser la dialectique interne aux dynamiques de l'action.

Écran panoramique

De la même manière, le choix de l'écran panoramique est à son tour très important. Woody Allen lui-même a déclaré, dans un entretien[52],

---

52. *Cf.* Stig Björkman (1993), *Woody on Allen.*

qu'il a voulu réaliser un film intimiste dans le format anamorphique le plus classique. Normalement, en fait, le récit classique construit un espace diégétique centripète et clos. Ici, au contraire, l'anamorphique favorise la mise en scène d'un espace ouvert, centrifuge, souvent vide à cause des fréquentes sorties hors-champs des personnages.

L'écran panoramique prédispose une composition spatiale horizontale dans la ville la plus verticale du monde – l'île de Manhattan – faite de gratte-ciel érigés dans un périple d'axes cartésiens, qui se croisent entre nord et sud, est et ouest. Et encore, il permet à Woody Allen d'accentuer la frontalité géométrique nécessaire afin de mettre en scène quelques-unes de ses figures « spatiales » les plus courantes, car les plus déroutantes : champ vide, hors-champ, profondeur de champ et – paradoxalement, pour un film intimiste – la quasi-élimination des gros plans (dans tout le film, en fait, il y en a très peu).

Musique/Le chromatisme du son

Mais c'est la musique, surtout, qui travaille la forme filmique de *Manhattan*. Une musique entièrement composée de notes de George Gershwin, à l'exception de quelques notes, également importantes, de Mozart.

En tant que musique qui n'a pas été écrite pour le film, mais dans un temps passé, avec une finalité qui lui était propre, elle intervient sur les images avec un bagage de significations préexistantes qui lui sont également propres. D'ailleurs, le fait d'avoir recours à une musique préexistante à ses films est une marque stylistique de Woody Allen, qui à partir de *Sleeper* (1973) se sert exclusivement de musique composée dans un temps passé, et à partir de *Manhattan* limite préférablement son choix au jazz et à la musique classique uniquement.

L'utilisation d'une musique préexistante n'est jamais neutre ; au contraire, une telle utilisation implique la reconnaissance d'une valeur esthétique, d'une épaisseur sémantique et symbolique, partagées par le public. Sa juxtaposition aux images, donc, se fait toujours en fonction de l'effet qui peut en sortir : parfois contradictoire, parfois syntonique, parfois historicisant et ainsi de suite. Dans le cas de *Manhattan*, la musique assume deux fonctions distinctes.

Premièrement, elle seconde le sentiment profond des séquences qu'elle accompagne, en syntonie parfaite avec le ton, le registre, le rythme/l'allure de l'action. Afin de bien préciser cette fonction, le chercheur français Michel Chion parle de musique empathique (du mot empathie : faculté de ressentir les sentiments des autres), qui exprime sa participation directe à l'émotion de la scène à travers le rythme, le ton, le phrasé mélodique adapté, en complète communion émotionnelle et sémantique. Or, une telle empathie entre musique et images, dans *Manhattan*, est la clef dominante de toute la bande son. Il n'y a jamais un écart, jamais de contrepoint, jamais de contradiction sémantique ou de dissonance rythmique entre musique et images. Et chaque séquence possède une personnalité qui lui est propre, entre autres grâce à la présence ou à l'absence de la musique.

Une effervescence métropolitaine décidément contagieuse, par exemple, appartient aux musiques de raccord arrangées pour les séquences les plus proprement citadines, telles *Land of the Gay Caballero* ou *Strike Up the Band*, qui rythment la course finale de Ike à travers la ville. Alors que les notes de *I've Got a Crush On You* (littéralement : « j'ai un emballement/je me suis entiché de toi »), dans un arrangement pétillant comme le suivant *Do do do*, accompagnent Ike et Mary le long des différentes étapes de leur cour réciproque (au Cinema Studio, au musée Whitney, sur la west side highway...).

En revanche, le rôle des chansons les plus mélodiques est décidément romantique. Gershwin, en fait, est aussi l'auteur de chansons – et de comédies musicales – dont les mots, écrits par son frère Ira, exactement comme dans une comédie musicale, sont dans *Manhattan* aussi importants que les mélodies. Même si ici elles ne sont pas chantées, Allen choisit également sur la base des textes les chansons les plus adaptées à chacune des situations vécues par les personnages au fil de leur évolution sentimentale. *Someone to Watch Over Me*, par exemple, est la chanson de la quête du Grand Amour, elle accompagne les moments où Ike se sent attiré par Mary, qui pourrait être enfin le grand amour de sa vie. Alors que *He Loves and She Loves*, la chanson de l'amour partagé, accompagne la promenade en carrosse à travers Central Park, durant laquelle Tracy amène Ike à admettre qu'il est fou d'elle.

Mais il y a une deuxième fonction assumée par la musique dans *Manhattan*, qui est aussi pour nous la plus intéressante. Car d'un point de vue plus général, elle reconduit la ville de New York à sa beauté rugissante (*roaring*) des années 1920 et 1930, où cette musique de Gershwin fut inspirée, entre autres, par sa « brisante » vitalité métropolitaine.

Pour *Manhattan*, Woody Allen choisit Gershwin pour sa réputation de musicien *de ville*, d'inventeur et d'expérimentateur. Qui mieux que Gershwin, en effet, a su rendre l'énergie et le mouvement des grandes métropoles américaines ? Dans *Manhattan*, en fait, la musique de Gershwin est profondément liée à la nature citadine des images.

C'est d'ailleurs George Gershwin lui-même qui a déclaré que son époque était une « époque de "staccato" », et non de « legato ». Il le déclare en 1925, lorsque New York est en train de vivre les meilleures années de l'Âge du jazz. Les premières radios américaines transmettent une nouvelle musique au rythme effervescent, le rues se peuplent de voitures et les premiers gratte-ciel poussent et transforment rapidement la physionomie des grandes métropoles. C'est le New York de ce temps-là que Woody Allen a à l'esprit lorsqu'il tourne *Manhattan*. Un New York qui prolonge ses fastes tout au long des années 1930 et 1940 – les années où Woody Allen naît et grandit en écoutant du jazz à la radio. De ce New York, le film n'évoque pas le temps *historique* (l'intrigue se passe à la fin des années 1970), mais *rythmique* ; à travers une bande musicale presque entièrement composée par des musiques de Gershwin, certes, mais également et surtout à travers un montage et bien avant un découpage qui en reproduit le rythme « staccato ». Non « legato ».

Manhattan est un film relativement court – il dure à peu près une heure et demie – pourtant il présente un découpage où les unités d'action se distribuent en trente-quatre séquences, plus trois plans conclusifs, montrant le *skyline* de Manhattan à l'aube et au crépuscule. Trois plans situés à la fin, non pas tant comme épilogue des événements narrés, qu'en tant qu'illustration définitive de leur milieu naturel : la ville de New York.

Manhattan est un film conçu par blocs, relativement autonomes même lorsqu'ils sont très courts, souvent tournés et montés en plan séquence. Non seulement l'unité de mesure de son montage est la coupe franche, c'est-à-dire cette figure de raccord éminemment discontinue qui sépare les composantes syntagmatiques d'un film (plans et séquences) beaucoup plus qu'elle ne les réunit idéalement dans un ensemble d'ordre supérieur (le film, justement), plus ou moins linéaire et fluide.

Inutilement on y chercherait un seul raccord optique, un fondu enchaîné ou au noir, un effet visuel de continuité finalisé à adoucir le passage d'une séquence à la suivante. Toujours inutilement ou presque on y chercherait entre les plans un exemple de « bon raccord », voire cette figure de montage si chère au cinéma classique, et toujours très diffusée car capable d'effacer, chez le spectateur, la perception du changement de plan.

Dans *Manhattan*, au contraire, la coupe est presque toujours palpable ; la seule figure de montage qui puisse rentrer dans la catégorie du bon raccord, et qui revienne dans *Manhattan* relativement souvent, c'est le raccord sur un regard. Sinon, les plans comme les séquences, la plupart du temps, sont raccordés entre eux par une coupe franche, qui impose une vraie césure visuelle entre les plans bien plus que les changements de lieu ou de temps.

Par contre, si d'une part *Manhattan* présente beaucoup de séquences, d'autre part, il est composé d'un nombre réduit de plans. Et cela puisque, dans *Manhattan*, il n'y a pratiquement jamais de séquences *ordinaires*, c'est-à-dire, selon la classification des séquences proposée par Metz[53], ces séquences composées d'une succession de plans qui comportent entre eux de courtes ellipses, finalisées dans le but d'accélérer le flux de l'action et d'éliminer les soi-disant temps morts.

Selon la classification metzienne citée plus haut, dans *Manhattan* quatre types de séquences prévalent : le *plan séquence*, qui correspond à une séquence réalisée en un seul plan, donc en continuité temporelle et sans coupe ; la *scène*, ou séquence en temps réel, composée par plusieurs plans mais dont la durée de projection coïncide avec le temps de la fiction représentée, sans ellipses temporelles ; la *séquence alternée*, qui justement alterne deux (ou plusieurs) actions simultanées ; et la *séquence à épisodes*, qui réunit quelques plans représentatifs d'une évolution temporelle plus ou moins longue, séparés par des ellipses mais fortement recompactés par l'unité d'action. Les trois premiers

---

53. *Cf.* Christian Metz (1966), « La grande syntagmatique du film narratif ».

Manhattan, ville-personnage

cas sont des figures qui privilégient une temporalité *continue* interne à la séquence. Le quatrième cas, voire la séquence à épisodes, au contraire peut condenser plusieurs jours en quelques minutes de projection (c'est ce qui se passe dans la séquence à épisodes qui en cinq plans seulement nous montre les étapes de la cour entre Ike et Mary, qui se déroule sur plusieurs jours). Une séquence à épisodes présente donc une temporalité discontinue, qui toutefois est également recomposée de par la forte unité de l'action représentée.

Ce qui s'ensuit, c'est un fort contraste entre la temporalité *continue* interne aux séquences, et celle fortement *discontinue* entre les séquences, qui imprime une allure fragmentaire à la structure de l'ensemble. C'est ce contraste, entre une démarche continue et une démarche discontinue, qui détermine le rythme du film. C'est la succession entre un montage intraséquentiel fortement syncopé, et un montage interne aux séquences modelées en harmonie avec le temps de l'action et, parfois, avec la durée même de la musique qui l'accompagne. Ainsi, *Manhattan* met en œuvre un vrai montage orchestral où le rythme, syncopé et harmonieux à la fois, souligne l'allure éminemment rapsodique et fragmentaire de la mise en scène, et où la musique citadine de Gershwin impose un rythme « rapsodique » au montage, et bien avant au *découpage*.

La séquence d'ouverture

Dans ce montage orchestral, la séquence du début fonctionne comme une vraie ouverture : elle ne coïncide pas avec le début de l'intrigue narrée, elle ne présente pas non plus les personnages dont on va bientôt connaître les vicissitudes, sentimentales et professionnelles, ni ne fournit des informations de quelque sorte. Elle représente une succession de plans fixes, svincolati/dégagés de toute temporalité référentielle, qui représentent la ville de New York, et l'île de Manhattan dans chaque saison de l'année ainsi qu'à toutes les heures du jour et de la nuit : le *skyline* de New York City, le Brooklyn Bridge, les enseignes lumineuses de Broadway, Park Avenue, Central Park, la Cinquième Avenue, le port sur le fleuve Hudson, l'hôtel Plaza, le musée Guggenheim, le Yankee Stadium, le Radio City Music Hall, Washington Square...

Ce sont des plans qui se succèdent sans aucune logique, cumulés selon une démarche/allure fragmentaire, et raccordés par coupe franche. Comme dans une rapsodie, justement, c'est-à-dire comme dans une composition musicale à caractère fragmentaire, où plusieurs morceaux, ou citations de morceaux, sont réunis sans nécessairement cacher l'« attacco »/la « jonction » (la coupe). La musique qui les accompagne, en effet, c'est la *Rhapsody in Blue* de George Gershwin, qui fond jazz et blues dans la forme de la symphonie classique, et qui dicte ici le temps, la scansion rythmique ainsi que la durée des plans (dans la séquence il y en a 61, pour une durée de 3 minutes et 35 secondes seulement).

Sur cette composition audiovisuelle à la limite de l'abstrait, où les rythmes musical et visuel avancent parallèlement, où la durée des plans est réglée par la durée des phrases musicales et où le montage anticipe ou retarde le roulement/la relève/avvicendarsi de thèmes qui injectent aux images leur même énergie citadine, la voix *over* de Ike s'insère aussitôt pour reconduire ces sons et ces images dans un possible monde diégétique. C'est en fait la voix d'un personnage, en train d'écrire le premier chapitre d'un livre, qui parle, entre autres, de New York, et du lien entre le protagoniste et Manhattan, sa ville. Par ces mots : « "Chapter one : he adored New York City ; he idolized it all out of proportion". Uh, no, make that : "He-he romanticized it all out of proportion". Now... "to him, no matter what the season was, this was still a town that existed in black and white and pulsated to the great tunes of George Gershwin". Ahhh, no let me start this over. "Chapter one"... ». [« "Chapitre un : il adorait New York City, il l'idolâtrait au-delà de toute mesure". Ah, non, plutôt ça : "elle le rendait romantique à l'extrême". Voilà. "Quelle que fût la saison, cette ville lui semblait n'exister qu'en noir et blanc, et ne battre qu'aux airs de George Gershwin". Ahhh, non, je recommence tout. "Chapitre un"... »]

Les essais se suivent, et les mots qui les composent sont des mots parsemés de quelques références, pas vraiment nombreuses et pourtant essentielles, au défilé d'images et de sons que le spectateur a vu et entendu jusqu'ici : la ville en noir et blanc, la musique de Gershwin... Un peu plus loin, Ike loue la beauté des femmes new-yorkaises et se plaint du problème des ordures, et tout de suite, des

Manhattan, ville-personnage

femmes très belles qui se promènent sur la Cinquième Avenue et des sacs d'ordures cumulés le long d'un trottoir défilent à l'écran avec un léger écart par rapport aux mots, et toujours au rythme de la musique citadine sous-jacente.

Ainsi, la voix de Ike injecte dans cette séquence d'ouverture un élément susceptible de la transformer d'une composition rythmique abstraite, en une séquence imaginaire qui correspond à ce que Ike voit et entend dans son esprit, lorsqu'il écrit. Une séquence imaginaire qui toutefois existe charnellement, et qui fait d'emblée de la ville de Manhattan une abstraction de l'esprit et une physionomie corporelle. Un *lieu* de l'esprit ainsi que *le* lieu par excellence, indiscuté, celui d'une ville personnage qui est aussi la protagoniste du film.

Dès son apparition, New York s'impose comme une ville contradictoire, à la fois abstraite et charnelle, érotisée par l'imagination de Ike qui en a fait l'objet de ses rêves et de ses désirs. Au point que la séquence se conclut par la représentation d'un véritable acte d'amour, entre Ike et Manhattan, où le rythme de plus en plus régulier du montage, à la fin, donne la relève à l'explosion du plaisir qui se matérialise dans l'éclatement des feux d'artifice, tout au long du dernier plan qui est aussi le plus long de la séquence entière.

Nul doute, donc, que Ike soit amoureux de Manhattan. Les belles images qui défilent en ouverture lui appartiennent, et leur charme ne peut que confirmer la nature romantique et nostalgique, mais aussi sensuelle, de l'amour qu'elles témoignent. Sa voix nous le confirme. Ike ne s'en sert pas pour se présenter au public (ce que ferait un protagoniste, ce qu'il n'est pas), mais pour écrire un roman autobiographique où il décrit son amour pour New York. Et qu'il décide de commencer comme suit : « New York was his town, and it always would be » [« New York était et serait toujours sa ville »].

Des « villes invisibles » de Calvino aux villes visibles du cinéma italien

Cristina Bragaglia
Études italiennes, Université de Bologne

« Turin est une ville qui invite à la rigueur, à la linéarité, au style. Elle invite à la logique, et par la logique elle ouvre le chemin à la folie », écrivait Calvino, en 1960, alors qu'il habitait Turin (Calvino, 1997 : 10). C'est une proposition qui met en évidence le rapport entre l'auteur et la ville où il vit, mais aussi où il crée son œuvre. Au niveau du cinéma, ce rapport est évidemment encore plus fort qu'au niveau de l'œuvre littéraire. Calvino est l'auteur d'un autre livre qui peut avoir un rapport avec le cinéma : *Le città invisibili* (*Les villes invisibles*), où il décrit des villes qu'il a inventées et qui ont pris le nom d'une femme. Chaque ville fait l'objet d'un paragraphe du livre et chaque description, selon les intentions de l'écrivain, offre l'occasion de réfléchir sur la ville en général ou sur une ville en particulier. C'est Marco Polo qui décrit ces villes invisibles au Kublai Khan, l'empereur des Tartares, dans le livre qu'il écrit au retour de ses voyages, *Il Milione*.

Chaque ville prend le nom d'une femme : comme la première, Diomira, la ville aux soixante coupoles en argent, aux statues de tous les dieux, aux rues pavées d'étain, au théâtre en cristal, au coq en or qui chante tous les matins sur une tour. Ou comme Fedora : où, dans chaque chambre d'un palais de métal, se trouve une sphère de verre. Une sphère qui renferme le modèle réduit de la Fedora, que chaque visiteur voyait au moment où il construisait le modèle. Une Fedora changeante. Maintenant, dans le palais, on retrouve une collection de modèles de villes. Chaque visiteur choisit ainsi sa ville idéale, la contemple et s'imagine y vivre.

Ces villes imaginaires suscitèrent, en 1972, date de publication des *Villes invisibles*, l'intérêt de plusieurs urbanistes. Calvino parlait alors des villes en leur dédiant un dernier poème d'amour, au moment où il découvrait qu'il était de plus en plus difficile d'y vivre : des villes invisibles aux villes invivables.

Suivant une division en séries (les villes et la mémoire, les villes et le désir, les villes et les signes, les villes et les yeux, les villes minces...), les villes de Calvino composent une mosaïque de possibilités, de situations, qui le plus souvent rappellent une atmosphère féerique tout en conservant quelques repères avec le monde de la réalité.

Il y a toutefois une ville qui peut renvoyer au cinéma : la ville de Zobéïde, qui fait partie de la série « les villes et le désir ». Ville qui naîtra du rêve des hommes de différentes nations. Tous rêvèrent à une femme nue, courant pendant la nuit dans une ville inconnue. Jamais ils ne virent la femme autrement que de dos, avec ses cheveux longs. Bien que tous se lancèrent à sa poursuite, aucun ne réussit à l'atteindre. Une fois réveillés, ils partirent à la recherche de la ville. Ils ne la trouvèrent pas, mais ils se trouvèrent entre eux. Ils décidèrent de construire une ville à l'image de celle à laquelle ils avaient rêvé. Lorsqu'il fut question de la disposition des rues, chacun reconstruisit le parcours de sa poursuite. Calvino spécifie d'ailleurs que là où chaque homme avait perdu les traces de la fugitive, chacun prit la peine de ne pas disposer les espaces et les murs comme ils se présentaient dans leur rêve afin que la femme ne puisse plus leur échapper. Ainsi fut créée la ville de Zobéïde. Alors que tous s'attendaient à une répétition de ce qu'ils avaient rêvé, cela n'arriva pas. Teresa De Lauretis propose de partir de cette parabole de Calvino pour établir un rapport entre celle-ci et le cinéma :

> La ville de Zobéïde est, comme le cinéma, un signifiant imaginaire, une pratique du langage, un mouvement continu de représentations construites à partir de ces rêves d' « une » femme, et sur le désir de l'emprisonner. Ainsi dans l'espace narratif de la ville, comme dans la construction du discours cinématographique, la femme est en même temps absente et prisonnière : absente comme sujet théorique, prisonnière comme sujet historique (traduction libre. De Lauretis, 1981 : p. 215).

Dans *Il deserto rosso* (*Le désert rouge*) (1964) de Michelangelo Antonioni, l'héroïne, Giuliana, n'arrive plus à retrouver son équilibre à la suite d'un accident de voiture à l'origine d'une dépression nerveuse. Pour pénétrer dans la psychologie « déprimée » de Giuliana, le metteur en scène fait peindre les murs, les arbres et les maisons en privilégiant des décors industriels. La ville, de même que les chambres et les maisons qui entourent Giuliana sont désertes. Ce sont-là les symboles de sa solitude intérieure contre laquelle aucun remède n'est possible, pas même une relation sentimentale. Le personnage d'Antonioni n'est pas, comme soutenait Teresa De Lauretis, absent comme sujet théorique et prisonnier comme sujet historique. Giuliana est présente comme sujet théorique, mais elle est prisonnière comme sujet historique, puisqu'elle aussi se promène dans une ville déserte qui se crée à son image, reflet de sa névrose. Névrose qui renvoie, d'un point de vue cinématographique, à son errance, à sa volonté de fuir la réalité. L'action se déroule à Ravenna, une ville de l'Emilie, port commercial, ancienne capitale de l'Empire byzantin, et dans les années 1960, siège des plus importantes raffineries de pétrole en Italie. Si Ravenna devient le symbole de l'aliénation industrielle, Giuliana, elle, en est la représentation individuelle, écrasée par le téléobjectif sur un paysage qui désormais ne possède presque plus rien de naturel ni d'humain.

Dans ses premiers films, Michelangelo Antonioni opère un rapprochement significatif entre personnage et paysage. À l'exception de *Il grido* (*Le cri*, 1957), le personnage qui se trouve au centre de ce rapprochement est toujours une femme. Ces femmes sont, comme la Zobéïde de Calvino, le dispositif autour duquel est construit le paysage/décor du film, elles sont le regard grâce auquel nous voyons la ville de façon différente par rapport à ce que le cinéma nous avait habitué à voir jusque-là.

Déjà dans *Le amiche* (*Femmes entre elles*, 1955), tiré d'un roman de Cesare Pavese, Antonioni intègre les aventures sentimentales de ces femmes dans un certain nombre de points de vue sur la ville de Turin, qui mettent en évidence non seulement la rigueur, la linéarité et le style dont parlait Italo Calvino, mais aussi le chemin vers la folie. Comme exemple, il suffit de citer la scène de l'adieu entre Clelia et Carlo à la gare de Torino Portanuova, où la modernité de la structure architectonique devient le décor idéal d'une scène dramatique, prélude à la solitude des deux personnages.

C'est encore une fois la solitude qui accompagne l'errance de Aldo dans *Il grido*, entre les terres proches du delta du fleuve majeur italien, le Pô. C'est un paysage, à qui Antonioni fait dire des choses qu'il ne pourrait pas dire tout seul (Arrowsmith, 1995 : 24). Un paysage traversé horizontalement par une ligne, la rivière du Pô, auquel se superpose le voyage d'Aldo, qui se déplace dans des lieux de plus en plus désolés, de plus en plus immenses du point de vue spatial. Le héros quitte une maison confortable au bord du fleuve à Goriano pour retrouver, à la fin du voyage, une hutte qui sera peut-être éventuellement emportée par l'inondation annuelle du Pô. À travers son parcours, ce dernier fréquentera une suite de non-lieux[54], parmi lesquels se détache la station d'essence de Virginia. À la fin c'est le vide : le vide du paysage et le vide dans lequel Aldo se jette, de la tour de l'usine, dont l'existence est menacée par la construction d'un autre non-lieu typique, l'aéroport. À l'ébranlement sentimental du héros correspond l'attaque menée contre le paysage naturel par les symboles de la modernité (parmi lesquels on peut citer la course des bateaux à moteurs). Ce type de dichotomie, nous le retrouverons quelques années après, avec Giuliana, l'héroïne de *Il deserto rosso*. Giuliana est entourée de couleurs qui évoquent la terre (bleu foncé, vert végétal, mauve et ocre), tandis que le monde de son mari, Ugo, renvoie plutôt à des couleurs technologiques, brillantes et criardes (jaune, rouge, bleu et blanc, qui correspondent aux couleurs fonctionnelles de la raffinerie)[55]. Selon William Arrowsmith, il ne s'agit pas d'une prise de parti écologique de la part d'Antonioni (1995 : 96) ; c'est que le metteur en scène italien conçoit une géographie artistique de l'esprit humain qui s'articule autour d'une opposition fondamentale entre nature et technologie. Giuliana est effrayée par l'industrialisation et se réfugie dans le passé, qui est représenté par le centre-ville de Ravenna (via Alighieri, par exemple, avec ses palais anciens et la boutique de l'héroïne) ou par les monuments de la période byzantine.

C'est toutefois dans les films de la trilogie que le rapport entre les personnages féminins et le paysage (surtout la ville) trouve son expression la plus accomplie[56]. Claudia dans *L'avventura* (*L'Aventure*, 1960), Lidia dans *La notte* (*La nuit*, 1961) et Vittoria dans *L'eclisse* (*L'éclipse*,

---

54. Pour la définition de non-lieu voir le chapitre Mythiques : ce qui « fait marcher » chez de Certeau (1990 : 155-164) et *Non-lieux* (1992), de Marc Augé.
55. À propos de l'emploi des couleurs et du profilmique dans *Désert rouge*, voir l'interview de Jean-Luc Godard à Michelangelo Antonioni, publiée par *Les Cahiers du Cinéma* (Godard, 1964 : 8-17).
56. Marie-Claire Ropars-Wuillermier soutient que « c'est à partir d'*Il grido* qu'Antonioni entre en possession de son paysage. Certes la ville, la pluie, le béton, tous ces éléments qui constituent le style "urbain, humide et minéral" d'Antonioni, apparaissent dès *Cronaca*, mais comme donnés et non pas découverts ; et c'est leur découverte consciente qui permet à Antonioni de les faire varier au gré d'une géographie intérieure » (Rospars-Wuillermier, 1988 : 231).

1962) se déplacent dans des paysages qui exaltent leur solitude et qui redoublent leurs problèmes existentiels. Si pour *Il grido* on a pu parler de non-lieux, pour la trilogie il vaut mieux s'en remettre à la *Phénoménologie de la perception* de Merleau-Ponty (approche plus que légitime pour un auteur phénoménologique tel que Antonioni) et à son concept d'« espace anthropologique » et d'« espace existentiel » (Merleau-Ponty, 1976 : 324-344). Michel de Certeau (1990 : 174) en fait la synthèse, en le définissant comme le lieu d'une expérience de relation de la part d'un être situé en rapport avec un milieu ; un être essentiellement « situé par un désir, indissociable d'une "direction de l'existence" et planté dans l'espace d'un paysage ». Dans *L'avventura*, Claudia a le visage de Monica Vitti (comme Vittoria dans *L'éclipse*) et dès qu'Anna (Lea Massari), son amie, disparaît, elle est « plongée » dans le paysage des îles Éoliennes, près de la Sicile, entre mer et ciel. Les plans généraux rapetissent les figures humaines, en les situant dans de vastes étendues escarpées (et arides, dans le cas de Lisca bianca). Le rapetissement peut être interprété comme le signe de la solitude qui envahit les êtres. Au contraire, dans les scènes d'amour, le décor disparaît pour laisser la place à des plans rapprochés des personnages. Dans *L'avventura*, après les scènes des îles Éoliennes, Antonioni conduit ses personnages près de Caltanissetta, à Noto (où il revient en 1992 pour un documentaire), dans le village de Santa Panagia, abandonné par ses habitants, et dans l'hôtel San Domenico, à Taormina. C'est une vision de la Sicile tout à fait différente de celle présentée habituellement par le cinéma italien de cette époque, puisqu'elle ne cherche pas à attirer l'attention sur les traits typiques de l'île de même que sur son folklore. Le metteur en scène laisse de côté l'exotisme et porte sur ces paysages un regard nouveau. Il tire des effets inédits du village inhabité à cause de l'émigration et de l'urbanisation. La vacuité des lieux laisse la place aux sensations éprouvées par Claudia et Sandro, les héros du film. Il devient un espace existentiel. Dans la représentation de cet espace, une invention formelle du metteur en scène, remarquée par Pascal Bonitzer, joue un rôle consistant : « Le monde d'Antonioni se présente, plastiquement, narrativement et ontologiquement, comme un monde en morceaux, et "recoller les morceaux" – qui représente aussi bien le travail du policier que celui, impossible, des amoureux en crise – est essentiellement l'opération à laquelle renoncent les personnages débranchés, déconnectés, d'Antonioni » (Bonitzer, 1985 : 99).

Dans *La notte,* c'est la ville de Milan qui fait l'objet de cette représentation en morceaux. Le film s'ouvre en montrant le gratte-ciel Pirelli (dont le projet est signé entre autres par l'architecte Pier Luigi Nervi et qui a été construit en 1958), près d'un vieux palais du XIXe siècle. Dans les plans suivants on nous montre le panorama de la ville, vu des vitres du gratte-ciel, dans un travelling vertical. De là nous n'arrivons plus à reconnaître les lieux. Si dans *Cronaca di un amore* (*Chronique d'un amour,* 1950) les monuments (entre autres le Théâtre de la Scala) permettaient encore d'identifier la ville, ici ce n'est que le gratte-ciel, symbole de la modernité, qui fait comprendre que l'on se trouve à Milan. Les rues que Lidia (Jeanne Moreau) parcourt pendant sa célèbre promenade dans la ville déserte à midi, peuvent appartenir à n'importe quelle ville italienne. D'ailleurs Antonioni aime nous les présenter en morceaux ; par exemple, lorsqu'il met en évidence, dans un plan, une surface de carrelage : le spectateur est censé croire qu'il s'agit d'un détail du décor de l'appartement moderne de Giovanni et Lidia. Or, lorsque Lidia apparaît, minuscule, au bas de l'image, nous comprenons qu'il s'agit de l'immense façade d'un édifice de plusieurs étages. Si, dans l'Italie des années 1960 (et dans celles qui vont suivre), Milan reflète la modernité (dont un autre symbole est, dans *La notte,* la villa de l'industriel Gherardini, lieu du *party* où se déroulent la plupart des séquences), la mise en scène d'Antonioni accentue cette caractéristique. Noël Burch, dans sa *Praxis du cinéma,* remarque que « Antonioni utilise assez systématiquement le champ vide, et ceci d'une façon qui rappelle quelque peu Bresson. Cependant, dans *La notte,* il introduit à plusieurs reprises un procédé tout à fait original par lequel l'échelle "réelle" du champ vide reste parfaitement indéterminée avant que l'entrée du personnage la définisse » (Burch, 1969 : 46). C'est un jeu de perspectives qui renvoie à l'art contemporain et qui exploite au mieux les potentialités expressives propres au cinéma. Ce que Céline Scemama-Heard définit comme « la mise en scène du regard ». Le regard n'appartient plus au personnage. La vision « ne lui appartient plus, elle se transforme, se dédouble et devient presque indépendante de la source du regard ». Par ailleurs, « le spectateur ne parvient plus à identifier la provenance du regard [...]. Par l'utilisation du *montage trompeur* et du *faux raccord*, Antonioni crée un doute quant à la source du regard et celui-ci apparaît alors comme *flottant dans un univers illogique* » (Scemama-Heard, 1998 : 83).

Ce n'est pas seulement le champ qui est vide : la ville aussi (déjà rendue invisible par l'élimination de tout ce qui était susceptible de la rendre reconnaissable) paraît inhabitée, puisque Antonioni choisit d'effectuer les prises de vue à des heures où il n'y a pratiquement personne dans les rues.

Le vide – peut-être est-ce inutile de le rappeler – doit être interprété comme une métaphore de la solitude qui hante les personnages des films d'Antonioni[57]. Mais on peut le reconnaître aussi comme une marque de modernité. La banlieue de Milan devient, selon Jean Moure, un « désert métropolitain » (Scemama-Heard, 1998 : 94), mais ce n'est que le résultat de la perception du personnage. Il s'agit de quelqu'un qui présente un décalage dans son rapport avec le milieu. Et donc l'espace existentiel reflète son inadaptation, elle aussi conséquence de la modernité.

Dans *L'eclisse*, l'action se déroule à Rome, dans une banlieue particulière telle que l'EUR (Esposizione Universale Roma), le quartier construit en 1942, durant la période fasciste, pour une Exposition universelle qui n'a jamais eu lieu. Un quartier qui pendant longtemps a été ignoré même par les historiens de l'architecture (il suffit de lire les lignes que lui dédie un des plus grands historiens de l'architecture italienne, Bruno Zevi : celles, entre autres, où il est question d'un « obtus schéma monumental et symétrique » – Zevi, 1994 : 85). Le quartier rappelait le fascisme et représentait l'emblème d'une grandeur et d'une rhétorique dont on ne voulait rien savoir. C'était un refus à la fois esthétique et idéologique.

Antonioni laisse de côté les préjugés et aborde la représentation du quartier pour la modernité de ses lignes qui deviennent le décor idéal pour les vicissitudes de Vittoria. Selon Calvino (1995 : 1927), il transforme le quartier en un espace de jeux magiques. Vittoria, dans la première séquence, est cadrée à la fenêtre, de l'intérieur de l'appar-

---

57. Sur la présence de l'absence dans les films d'Antonioni nous renvoyons le lecteur, pour un approfondissement, à l'essai de Jan Wiblin, *The Space Between. Photography, Architecture and the Presence of Absence* (Penz-Thomas, 1997 : 104-110).

tement de son fiancé. À l'arrière-plan, on aperçoit le château d'eau de l'EUR et un arbre. Le rapprochement n'est pas accidentel. Si le château d'eau représente la forme architectonique et rationmnelle de la modernité, l'arbre incarne la nature vers laquelle Vittoria se réfugiera, après avoir quitté son fiancé. De la même façon que Lidia, qui cherchait les arbres en marchant dans la banlieue milanaise. Comme le souligne Marie-Claire Ropars-Wuillermiers, ce plan est typique du metteur en scène. « Toute image est chez lui construite en perspective avec des reliefs successifs […]. Chaque niveau est doué de son autonomie, qu'il s'agisse de personnages secondaires […] ou du paysage proprement dit qui s'épanouit à l'arrière-plan » (Ropars-Wuillermier, 1988 : 233).

Un autre rapprochement, déjà souligné par William Arrowsmith (1995 : 63), peut être fait entre *La notte* et *L'eclisse*. Le Palais du sport de l'EUR est une œuvre de Pier Luigi Nervi, comme le gratte-ciel Pirelli. D'ailleurs, les formes, chez Nervi, s'inspirent de la nature. En particulier le gratte-ciel, où il étudie les arbres et tire son modèle, pour la façade, de la surface plissée de mollusques, insectes et calices de fleurs. Or Antonioni aime les architectes qui essaient de conjuguer le naturel et le géométrique, en suivant la leçon de Frank Lloyd Wright, qui voit le bâtiment comme un élément enchaîné à la nature, qui aspire à la réconciliation entre formes naturelles et calcul mathématique. De même, ce n'est pas par hasard si, dans *Profession reporter* (1975), il choisit les palais de Gaudí à Barcelone. Encore un architecte qui essaie de fondre naturalité et géométrie.

Du reste on a vu comment cette fusion est au centre de la thématique du cinéaste émilien : Vittoria, comme les autres héroïnes d'Antonioni, cherche à concilier modernité et nature (avec un penchant pour cette dernière et un refus pour les appartements de Riccardo et Piero, qui présentent un intérieur très moderne), passé et présent. De la maison de sa mère on voit la coupole de Saint-Pierre ; de plus, la salle de la Bourse à Rome – expression de la modernité – se trouve dans un édifice qui offre un témoignage de différentes périodes historiques : il s'agit d'un lieu public de l'Empire d'Adriano, devenu ensuite une basilique catholique pour finalement devenir cet endroit où l'on pratique le culte de la monnaie. Le geste de la mère de Vittoria, qui s'agenouille pendant la séquence de la bourse, acquiert un nouveau signifié à la lumière de l'histoire du bâtiment (Arrowsmith, 1995 : 81).

Le sacré et le profane, la ville et la campagne, le naturel et le géométrique : Michelangelo Antonioni aime ces polarités et, comme ses personnages, il essaie de trouver un équilibre entre les deux pôles. De cette démarche vient peut-être la rigueur de ses images qui rappellent les qualités des meilleurs peintres italiens abstraits de l'après-guerre, tels que Fontana ou Tancredi. Il semble aussi s'inspirer des atmosphères des peintures figuratives des années 1930 et 1940, tels que Giorgio De Chirico (il y a un rapport entre ce peintre et la ville de Ferrara d'où provient le metteur en scène), Carlo Carrà ou Giorgio Morandi. Les villes qu'Antonioni met en scène dans ses films offrent une visibilité différente de celle qu'elles possèdent d'habitude à l'écran ou dans la vie de tous les jours. Elles se font voir sous un autre jour. Ce faisant, elles nous offrent leur âme secrète.

Après le passage d'Antonioni, le quartier de l'EUR a été visité par d'autres cinéastes. Rappelons ici, pour l'attention à la forme et à la structure, le metteur en scène anglais Peter Greenaway, qui y situe une séquence de *The Belly of an Architect* (*Le ventre de l'architecte*, 1987). Mais c'est sans doute Bernardo Bertolucci qui, dans *Le conformiste* (1971), a su tirer les meilleurs effets expressifs de l'architecture fasciste. Tiré d'un roman de Moravia, le film néglige la névrose du personnage principal pour insister sur le cadre historique et social. Le héros, Marcello Clerici, devenu fasciste dans le but d'être reconnu normal (il croit être un assassin et il craint d'avoir des tendances homosexuelles), se déplace dans la Rome des ministères, cadré de manière à paraître minuscule par rapport aux palais qui sont le siège des institutions du régime. C'est à partir de ce rapport entre le personnage et la ville que Bertolucci trace le cadre d'une période d'une façon synthétique, mais très efficace. Même à l'intérieur des ministères, Marcello est cadré au grand-angle de sorte qu'il apparaît exagérément petit par rapport à ces salles immenses, presque vides, qui deviennent l'expression métaphorique d'un pouvoir qui ne se nourrissait que de grandeur rhétorique. Selon Jean-Louis Bory, « le fascisme à la Mussolini, ça été l'organisation du vide et de la parade (n'est-ce pas *aussi* une définition de *tout* conformisme ?) [...] Le spectacle d'architectures colossales à peine habitées de chuchotis et de murmures nous donne la sensation visuelle de l'ordre mussolinien : rhétorique de l'arc et de la colonnade, de l'aigle et du buste, où traîne la hantise de "triomphe" à la romaine » (1971 : 23). Concernant ce film, il faudrait encore citer la séquence de l'asile des fous où se trouve le père de Marcello : une scène entre Kafka et De Chirico que Bertolucci a tourné dans un lieu datant de l'après-guerre, à l'époque « démochrétienne », mais projeté par des architectes fascistes.

Si Rome est pour le cinéma italien le décor le plus fréquenté (il suffit de se rappeler du cinéma des années 1950 et 1960, en particulier de la *commedia all'italiana* de Dino Risi ou comédie de mœurs[58]), les jeunes metteurs en scène des dernières années aiment tourner dans d'autres régions. Silvio Soldini, avec *L'aria serena dell'Ovest* (1990), situe à Milan une histoire qui a la structure de *La ronde* (1950) de Schnitzler. Plus que la leçon d'Antonioni, c'est celle de la Nouvelle Vague qui domine. Le Milan de Soldini est celui des Navigli (la Rive Gauche milanaise des années 1980) et des autres endroits fréquentés par les jeunes intellectuels ou les jeunes branchés, que l'on surnomme, en italien, « in carriera ». Les personnages vivent en symbiose avec la ville, représentée de façon telle que seul celui qui la connaît très bien peut arriver à la reconnaître. Les génériques se superposent à un plan du gratte-ciel Pirelli (peut-être en hommage à *La notte* d'Antonioni), mais le gratte-ciel, bleu comme la lumière d'une aube d'hiver et immergé dans le brouillard, ne sert plus de point de repère. Il n'a plus la force du symbole : sa modernité est devenue passé et la stèle se dresse, anonyme (et anodine), près des autres maisons.

Dans *L'acrobate* (1997), Soldini réunit le Nord (la ville de Treviso, très proche de Venise et peu connue en Italie, malgré sa beauté) au Sud de l'Italie (Taranto, dans les Pouilles). Dans les deux villes vivent deux jeunes femmes qui cherchent un équilibre dans leur vie, comme les acrobates d'une petite statue du musée archéologique de Taranto. Encore une fois les deux femmes (Licia Maglietta et Valeria Golino) se déplacent dans des endroits qui reflètent leurs émotions et leurs problèmes existentiels.

---

58. David Bass, dans *Insiders and Outsiders. Latent Urban Thinking in Movies of Modern Rome*, analyse d'une manière exhaustive le rapport entre le cinéma de l'après-guerre et Rome (Penz-Thomas, 1997 : 91-103).

Des « villes invisibles » de Calvino aux villes visibles du cinéma italien

Dans *Pane e tulipani* (2000), une femme de Pescara (encore Licia Maglietta), oubliée par son mari dans une station d'essence de l'autoroute du Soleil, fait de l'auto-stop et décide d'aller à Venise, qu'elle n'a jamais visitée. Dans le décor de cette ville (mais encore une fois c'est une Venise inconnue des touristes), cette ménagère de quarante ans acquiert l'indépendance et trouve l'amour. C'est un film ironique qui parvient d'ailleurs à dépouiller Venise de sa rhétorique iconique (contrairement à ce que fait Minghella dans *The Talented Mr. Ripley*, 1999) : les vicissitudes de Rosalba (ce nom vénitien peut-être indiquait déjà son destin, surtout si l'on pense à Rosalba Carriera, une femme peintre du XVIIIe siècle, célèbre pour ses portraits dans les cours européennes) sont comiques et son chemin vers l'amour (un Bruno Ganz qui joue avec son personnage) suit des parcours tout à fait désuets. De retour dans sa famille, ses amis vénitiens réussiront pourtant à la rattraper dans un centre commercial (un non-lieu justement), qui devient ici l'emblème non seulement de Pescara, mais de toute la province italienne qui a perdu ses racines et son identité pour adopter un système urbanistique et existentiel, qu'elle suppose la rapprocher du modèle américain.

On retrouve cette symbiose entre ville et personnage féminin, encore plus marquée, dans le film de Mario Martone, *L'amore molesto* (1995), tiré d'un roman de Elena Ferrante. L'héroïne (Anna Buonaiuto) revient à Naples, sa ville natale, de Bologne, où elle vit et travaille, à la suite du suicide de sa mère. Delia parcourt les rues de la ville à la recherche de la vérité sur la mort de sa mère (à travers de nombreux flash-back sur le passé), mais c'est la vérité sur elle-même qu'elle parvient à trouver en se réconciliant avec la figure de sa mère, allant jusqu'à adopter son nom. S'il s'agit d'un espace existentiel du même type que chez Antonioni, rien n'est moins proche de l'auteur émilien que l'atmosphère napolitaine. Martone sait tirer avantage du contraste entre l'animation, le désordre de la ville et le débat intérieur de Delia. Le spectateur des années 1990 n'a plus besoin de la représentation symbolique d'un endroit désert, mais sait reconnaître la désadaptation même dans une ville aussi communicative que Naples.

Les exemples dans le cinéma italien des années 1990 sont nombreux. Nous aimerions conclure avec Nanni Moretti et son *Caro diario*

(*Journal intime*, 1993). Dans le premier épisode, le metteur en scène conduit sa Vespa dans Rome. On est en plein été et la ville est déserte. Moretti se promène dans le quartier Prati : il cherche une maison dans ce quartier bourgeois et rigoureux, bâti par les Piémontais à l'époque de l'unité de l'Italie, après 1860. La caméra explore les façades des maisons, la voix-off du réalisateur expose idées, pensées et confessions. Puis, la Vespa abandonne le centre-ville et se dirige vers la banlieue, dans ces non-lieux, que les cinéastes européens semblent préférer (ce qui rappelle Wenders). Il visite des faubourgs populaires tels que Spinaceto et la Garbatella. Il revient dans des quartiers plus élégants, tel que Monteverde. Il rentre finalement chez lui, où il trouve des coupures de journaux sur la mort de Pasolini. Il se dirige alors, avec sa Vespa, vers Ostia, ce village au bord de la mer où l'écrivain a été tué. Si jusqu'à cet instant Moretti a dominé le cadre, dorénavant il s'efface. Il ne fait plus entendre sa voix, ni n'apparaît à l'écran. C'est un plan subjectif qui nous permet d'adopter son point de vue face à la désolation et à l'état d'abandon du pré où Pasolini est mort. Mais ici il n'est plus question de modernité : en perdant son identité de non-lieu, le paysage devient allégorique du refoulement qui, en Italie, a marqué la pensée de Pasolini. Moretti renouvelle la mémoire, mais au même temps réinvente les espaces informes de la ville. Comme a écrit Marc Augé, en parlant justement de *Journal Intime* et de *Lisbon Story* (1994) de Wim Wenders,

> L'image, ici précède la fonction. Elle désigne les espaces à construire ou à réinventer, elle dessine l'espace de la rencontre. Elle s'attarde sur les terrains vagues, les marges, les déserts provisoires, errante et attentive. La caméra, par ses va-et-vient, comme un chien de chasse, signale qu'elle a trouvé la piste, que Rome est toujours dans Rome, Lisbonne dans Lisbonne, mais qu'il ne faut pas perdre les traces de l'imaginaire en fuite (Augé, 1997 : 171).

En fuite, comme Zobéïde.

4
LA VILLE : REPRÉSENTATIONS ET IDENTITÉ

La ville comme imag(o)ination ou quelques thèses sur la construction audiovisuelle de la « métropole » d'Amsterdam[59]

Jürgen E. Müller
Communications, Université d'Amsterdam

> « Une ville est constituée
> par différentes sortes d'hommes ;
> des hommes pareils ne sont pas capables
> de bâtir une ville. »
> Aristote *Politique*, 1331b, 1-2

LA VILLE COMME IMAG(O)INATION ET COMME CONSTRUCTION SIGNIFICATIVE

Nos villes ne sont pas seulement des groupements ou des amalgames de pierres, de bois, d'acier, de verre ou de béton, traversés par des réseaux de toutes sortes ; elles sont *des lieux de signes et de signification, des processus de signification* et *des configurations d'images* qui résultent de mentalités et d'identités historiques et qui se répercutent sur ces mêmes mentalités historiques. Elles sont le résultat de processus sociaux entre des groupes et des individus et de leurs interactions avec des images d'eux mêmes et des *xenos*, des étrangers, qui se développent dans les espaces « réels », « imaginaires » et « virtuels » de la ville. Comme des configurations de signes, des « constructions significatives » (Schmid, 1988 : 247) et des « images », elles se trouvent dans des relations instables – et non pas exclusivement référentielles – avec les données et les « faits » urbains des agglomérations urbaines « réelles ».

---

[59]. Je tiens à remercier vivement Marc-André Lacelle pour son travail et son dévouement dans la correction de mon texte français et dans la rédaction de cet article.

Des villes s'effilochent ; elles se diffusent dans des zones instables et périphériques de passage. Les signes de la périphérie dénotent et connotent souvent un « ne plus encore » et un « ne pas encore » un « être-suspendu-entre-deux-pôles » et une « distance » par rapport aux principes de l'ordre et au pouvoir du centre (Schmid, 1988 : 248). Les villes se présentent comme des espaces fragmentés ; et aujourd'hui nous ne trouvons que des restes urbains qui suggèrent une cohérence imaginaire.

Un regard sur l'histoire de la ville nous mène aux systèmes dynamiques de relations spatiotemporelles et aux options du mouvement du corps humain et de la voix humaine dans l'espace urbain[60]. Il est impossible de décrire dans ce bref article toutes les phases de son développement dès ses origines préhistoriques, par la *Polis* grecque avec son *agora*, par *l'urbs* romaine avec son *forum*, par la ville médiévale, la *ville de la Renaissance et du Baroque*, par la ville moderne industrielle, jusqu'aux métropoles postmodernes et aux *Mega-Towns* du Tiers Monde[61].

Bornons-nous à une perspective sémiologique qui permettra de réduire cette complexité. Les bases de notre axe de pertinence sémiologique se trouvent chez Barthes (1995 : 36-40) et Schmid (2000). Elles nous mènent au concept d'une *sémio-histoire* (Hess-Luettich et Mueller, 1994 ; Jutz. 1991 ; Müller, 1998 ; Schmid, 2000). Dans le cadre de cet article, je propose de nous concentrer sur un « cas urbain » spécifique, sur la ville d'Amsterdam. Je dirigerai notre attention sur des représentations de cette ville actuelle et moderne (par rapport à Amsterdam nous pouvons d'ailleurs nous demander si cette ville se présente comme ville « moderne »), et sur les images des restes urbains comme elles se présentent à notre regard et à celui de la caméra.

Nous allons reconstruire quatre stratégies[62] ou procédés heuristiques de la représentation filmique de la ville qui permettent au spectateur de créer les imag(o)inations d'une organisation spatiale et sociale. Il s'agira d'une petite étude de quelques « règles principales »

---

60. *Cf.* le livre de Richard Sennett (1994), *Flesh and Stone*.
61. *Cf.* par rapport à cette question le volume de Leonardo Benevolo (1983), *Histoire de la ville*.
62. Ce terme est inspiré par la théorie d'Iser. *Cf.* Wolfgang Iser (1976), *Der Akt des Lesens*.

La ville comme imag(o)ination...

des jeux interactifs entre les constructions significatives du système de la « ville » – ou si nous voulons, de l'expérience de la ville dans notre vie quotidienne – et ses représentations audiovisuelles. L'accent sera mis sur les stratégies filmiques qui font surgir dans les yeux et oreilles du spectateur les images de notre ville exemplaire, Amsterdam. Cela sans prétendre pouvoir et vouloir intégrer ces stratégies dans un système compréhensif, sémiotique et narratologique d'une « méga-théorie » de la construction de l'espace (urbain et non urbain) au cinéma. (En écrivant cela, je ne veux bien sûr pas nier l'utilité des approches sémiotiques inspirées entre autres par Greimas, telles qu'elles sont par exemple présentées par Gardies (1993 : 117 sq.), mais je préfère une démarche sémiologique qui laisse plus d'espace pour « les dynamismes historiques » de la représentation de la ville.)

Normalement nous traversons les villes sans en être vraiment conscients et ce n'est que dans des situations problématiques (par exemple quand nous y sommes perdus) que des signes spécifiques d'une certaine ville attirent notre attention. Comme Benjamin l'a décrit dans son livre *Das Kunstwerk im Zeitalter seiner technischen Reproduzierbarkeit* (1977 : 40) [*L'œuvre d'art à l'âge de sa reproductibilité technique*] l'architecture se révèle normalement comme un phénomène social et comme le prototype d'une œuvre d'art, « dont la réception a lieu d'une manière distraite [*"in der Zerstreuung"*] par le collectif ». La réception des bâtiments d'une ville se fait d'une double manière : « par utilisation et par perception ».

Cette sorte de réception montre plusieurs parallèles avec la réception d'un film de fiction ou de long métrage : en général la réception d'un film se fait collectivement d'une manière distraite. Dans cette optique, la représentation audiovisuelle de la ville implique une réception distraite redoublée qu'il faut reconstruire par exemple avec les méthodes convenables de la sémiologie. De toute façon, il nous faut rester conscients du fait que la ville est « non seulement le point de départ, mais aussi le point d'arrivée du cinéma » (Sorlin, 1991). « Le cinéma est parti de la ville pour mieux y retourner » (Perraton, 2001) et nous allons voir à l'exemple de la métropole d'Amsterdam comment il regroupe ses restes pour la réinventer.

Déjà *L'arrivée du train en gare de la Ciotat* (1895) des frères Lumière donne une indication comment le cinéma part de la ville et comment

Un nouvel art de voir la ville et de faire du cinéma

le média joue avec la fascination du mouvement et de la technique dans un espace urbain et filmique. Les frères Lumière, Méliès, Porter et beaucoup d'autres producteurs racontent des histoires qui ont lieu dans l'espace significatif de la ville. En ce qui concerne l'analyse sémiologique des images et des « imag(o)inations » de la ville, nous nous trouvons toujours dans une première phase où il nous faut élaborer des cadres méthodologiques qui soient aptes à nous servir comme béquille d'une analyse des représentations de la ville[63]. Notre axe de pertinence sémiologique nous permettra de faire quatre premiers pas dans les nuages de la représentation filmique des restes urbains.

Avant de me rapprocher de la construction filmique de la ville occidentale d'aujourd'hui avec l'exemple d'« Amsterdam », j'aimerais brièvement rappeler quelques aspects de l'histoire de la représentation et de la réflexion de la ville dans la littérature qui est à la base de beaucoup de films et qui se trouve en interaction permanente avec les médias audiovisuels. N'oublions donc pas le fait que l'imaginaire urbain circule dans plusieurs médias (Perraton, 2001).

LA VILLE DANS LA LITTÉRATURE MODERNE

Dès ses débuts, le cinéma s'est emparé d'une quantité de discours sur la ville. Des discours verbaux, visuels, utopiques, scientifiques, architecturaux, technologiques, pratiques et – bien sûr – littéraires, sont entrés dans le discours filmique sur la ville. Le regard innovateur de Louis Sébastien Mercier dans ses tableaux des années 80 du XVIIIe siècle (Mercier, 1783-1788) est un des textes littéraires qui mérite d'être mentionnés. Avec ses 1049 *tableaux* ou *images*, où il laisse promener l'œil d'un philosophe enfantin et naïf de la ville, il nous montre ce qui, dans un sens benjaminien, normalement, ne se trouve pas au centre de notre attention. Dans ses tableaux littéraires, Mercier libère la ville de ses codes de perception dominants, car « les objets

---

63. *Cf.* par exemple les propos sémiotiques et didactiques de Derna Barbi, Anna Cervone, Giorgio Cremonini et Paola Romagnoli. (1989), *Immagini della città. Una sperimentazione sullo spazio cinematographie.*. Dans ce texte, ils introduisent une typologie de niveaux différents qui constituent l'espace filmique de la ville : 1. Le niveau profilmique, 2. le niveau iconique, 3. le niveau plastique (par exemple des qualités graphiques) et 4. le niveau diégétique et narratif (p. 2).

que nous voyons tous les jours, ne sont pas ceux que nous connaissons le mieux » (Mercier, 1783, vol. I : VII). Comme Stierle l'a démontré dans son œuvre monumentale *Mythos von Paris* (1993 : 108), cette procédure permet de représenter une image (une imag(o)ination) de la ville avec ses diversités et ses polarités entre « pauvreté, richesse, des exigences et du luxe, entre le présent et le passé ». Douze ans après la publication de ses *Tableaux*, Mercier va confesser son admiration pour le nouveau média du *Panorama*. Selon lui, cette nouvelle technologie de « l'illusion absolue » permettra de nouvelles perspectives (aussi des perspectives esthétiques) sur la ville qui deviendront des procédures centrales de la littérature du XIXe siècle et aussi des stratégies du média mécano-électrique du cinéma.

Balzac lance, avec ses romans de la *Comédie humaine*, un changement discursif du tableau descriptif (avec ses types sociaux et ses descriptions de situations) au *roman dramatique de la ville*, qui transforme les esquisses romantiques et mélodramatiques de Victor Hugo en des *paysages allégoriques de destins humains* (Stierle, 1993 : 88). La multiplicité des images oppositives de la ville est intégrée dans une structure narrative compréhensive.

Dans la *Comédie humaine* il y a toujours des passages entre les différents espaces sémiotiques ; chez Zola, par contre, l'espace urbain des *Rougon Macquart* gagne la qualité d'une représentation de mondes [*Lebenswelten*] isolés qui deviennent le sujet d'un seul roman (*Cf.* Stierle, 1993 : 92). L'ensemble de la ville ne peut plus être saisi sauf comme horizon mythique et sa dimension mythologique est le résultat – tout à fait contraire de ce que nous dit la doctrine naturaliste – de l'outrance des détails « exacts » qui sont représentés dans les romans.

Baudelaire continue dans ses *tableaux Parisiens* (qui parurent dans le deuxième tirage de ses *Fleurs du mal*, 1861) la tradition du *tableau* de Mercier et fonde le nouveau genre de la lyrique de la métropole. Ses poèmes fameux des *Fleurs du mal* évoquent des synthèses imaginaires par la rencontre des nouveaux signes de la ville et de la mémoire de son passé ; ils nous présentent des expériences très intenses de choc de la ville qui sont vécues par le *flâneur* excentrique pendant son trajet à travers la ville. Ces expériences de choc baudelairiennes de la ville, ses phantasmagories de Paris et son programme poétologique de « tirer l'éternel du transitoire » retentissent toujours dans beaucoup d'imag(o)inations lyriques littéraires et audiovisuelles de la métropole moderne. Les épigones n'arrivent pas toujours – bien sûr – au niveau du flâneur baudelairien et à sa fusion d'une subjectivité extrême avec les constellations contingentes de l'espace significatif de la métropole.

Cette esquisse de quelques exemples de la littérature française devrait nous rappeler le fait que les représentations audiovisuelles de la ville moderne ont des racines dans beaucoup de discours dont le discours littéraire n'est pas le moins important. Mais dirigeons notre attention, enfin, sur la ville dans le média « film ».

LA VILLE DANS LE CINÉMA

Au début de quelques aphorismes sur l'histoire de la ville dans le cinéma, j'aimerais donner la parole à un texte ou à une lettre qui décrit la métropole européenne « Londres ». Le 10 janvier 1775, le professeur et écrivain allemand, Lichtenberg, écrit la lettre suivante à son ami Baldinger à Göttingen :

> À l'œil inaccoutumé tout cela semble être de la magie ; mais à cause de cela qu'au moment où vous vous arrêtez, boum ! Il y a un porteur qui se heurte sur vous et qui crie « by Your leave » quand vous vous trouvez déjà sur le pavé. Au milieu de la rue roulent chaise après chaise et carriole après carriole. À travers ce vacarme et le bourdonnement de milliers de langues et de pieds vous entendez la sonnerie des clochers, les sonnettes des postiers, les orgues, les violons et les lyres et les tambourins des Savoyardes anglais et le hurlement de ceux qui offrent des repas froids et chauds dans tous les coins de la ruelle (cité dans Horwarth et Schlemmer, 1991 : 199).

Cette construction quasiment filmique nous renvoie à la perception sensorielle de la métropole avec ses masses d'hommes, son hectique et sa vitesse comme spectacle multimédiatique. À l'exemple du scénario de Joe May pour son film *Asphalte* (1929), nous pouvons constater de quelle manière la lettre de Lichtenberg correspond au répertoire des scénarios et des films sur les métropoles : « Asphalte... Pavés... Pilonnage de muscles, de sueur et de fer pour ouvrir un chemin à l'homme, une voie lisse... une route d'asphalte. Pieds... roues... grondements et rugissements, bruits stridents, clameurs d'une cité... mouvante en perpétuel écoulement... comme la ville elle-même (cité dans Belmans, 1977 : 24). »

Le type de fascination « métropole » continue à vivre dans le média film. Dans des cas innombrables, le film réalise des scénarios ou des esquisses de textes littéraires de même que la littérature réalise dans quelques cas (par exemple dans les *scénarios surréalistes*) des films de la « métropole » qui ne sont pas ou n'étaient pas faisables avec les moyens techniques de l'époque. (D'ailleurs, il nous faut nous demander ce qui est arrivé à ces processus avec le développement des nouveaux médias et du cyberespace urbain.)

Nous irions trop loin si nous voulions discuter dans le cadre restreint de notre article de la typologie de l'histoire de la représentation filmique de la ville telle qu'elle a été développée par Pierre Sorlin. Rappelons-nous brièvement sa thèse qui dit que de nos jours – après cinq phases[64] – nous sommes arrivés à la phase de l'effacement de la ville cinématographique et – j'aimerais ajouter – que nous nous trouvons enfin confrontés avec les « restes urbains ».

Mais revenons à la question de la représentation audiovisuelle du « mythe » d'Amsterdam. Amsterdam, on la connaît avant d'y aller. Les signes de cette ville dénotent et connotent pour les étrangers et pour ses citoyens la puissance de la civilisation urbaine européenne. Son lieu d'arrivée et de départ, la gare centrale, lie la tradition italienne du *Quattrocento* à l'ère de l'industrialisation du XIXe siècle.

Ce lieu servira de point de départ à notre petite étude qui se base sur un film néerlandais des années 1980 des réalisateurs Laurens

---

64. Ce sont les phases : 1) De l'Avant-garde des années 1920 où les directeurs veulent faire voir autant d'images que possible de la ville pour ainsi représenter sa diversité ; 2) dans le cinéma des années 1930, sous l'influence du modèle Hollywood, ces images constituent des unités spatiales qui sont différenciées sous forme du principe du centre et de périphérie ; 3) le Néoréalisme italien met fin à ces modèles réductionnistes et tente de donner une image de la complexité des relations urbaines. *Rome* devient le paradigme et le prototype des formes de la vie quotidienne complexe dans les métropoles ; 4) pendant les années 1950 le modèle néoréaliste sera remplacé par des esquisses urbaines où les centres sont représentés comme des lieux avec une vie intense du commerce et de l'amusement ; 5) ces esquisses sont diffusées pendant les années 1960, où le profil de la ville filmique est transformé dans des espaces indéfinissables « fictifs » (?), anonymes et inconfortables, sans centre ou périphérie bien marquée ; 6) et aujourd'hui nous nous trouvons dans la phase de « l'effacement des villes cinématographiques ». *Cf.* Sorlin (1991).

Geels et Dick Maas, *Amsterdamned*[65] (1988), dont la première séquence commence avec des plans nocturnes des eaux et des bâtiments près de la gare centrale.

LA CONSTRUCTION FILMIQUE DE LA VILLE : QUATRE THÈSES SÉMIOLOGIQUES ILLUSTRÉES PAR L'EXEMPLE D'*AMSTERDAMNED*

Notre reconstruction de quelques stratégies de la représentation filmique et audiovisuelle de la ville est basée sur les structures génériques du cinéma traditionnel *narratif, représentatif et industriel* (Eizykman, 1976). Les stratégies filmiques correspondent à des activités spécifiques du spectateur que j'aimerais concevoir dans le sens de la théorie phénoménologique de la conscience. Mais en principe, bien sûr, nous trouvons ces stratégies dans toutes sortes de films, comme dans les documentaires. Elles se situent à un niveau moyen d'abstraction qui pourrait alors être questionné par rapport à son aptitude à être lié ou intégré dans des systèmes sémiotiques et narratologiques plus complexes.

Le choix de la « métropole » d'Amsterdam est à la fois un petit hommage à cette ville et une tentative de distanciation. Par rapport à notre question et à notre axe de pertinence sémiologique elle nous intrigue surtout parce qu'elle se présente aujourd'hui comme ville qui joue sciemment avec ses restes de l'urbanité de son siècle d'or. Ce jeu avec les restes urbains (toujours nombreux, comme nous le savons) est continué dans les constructions filmiques d'Amsterdam. N'oublions pas d'ailleurs qu'il y a un genre qui est dédié à la ville d'Amsterdam, le *Jordaan Film* des années 1930, 1940 et 1950 qui peut être considéré comme une hybridation néerlandaise du *Heimatfilm* urbain et du *Musical* américain.

Pour réduire la complexité de différents genres filmiques engagés dans la construction de l'image d'Amsterdam, je vais par la suite me concentrer sur un seul film néerlandais des années 1980, le film *Amsterdamned* de Dick Maas (1988)[66]. Ce film fut produit pour le

---

65. Il y a, bien sûr, un grand corpus de films, qui jouent avec le mythe d'Amsterdam. *Cf.* par rapport à cette question Müller (1996).
66. Par rapport à la question de la construction audiovisuelle « documentaire » de la ville d'Amsterdam *cf.* Müller (1995 : 19-45).

marché international du cinéma et de la télévision. Son scénario porte sur un monstre-plongeur qui produit une trace sanglante dans les canaux (les « grachten ») d'Amsterdam. Cette bête humaine sera identifiée et arrêtée par le héros du film, un inspecteur de police, et sera enfin identifiée dans la séquence finale comme un plongeur physiquement et psychiquement déformé par un accident grave dû à des substances chimiques.

Amsterdamned (remarquez le jeu de mots du titre du film) joue avec nos images et imaginations du mythe et de la « métropole » d'Amsterdam et reproduit et représente une sélection de ces images qui se trouvent sédimentées dans notre mémoire collective. Les éléments représentés sont sélectionnés et instrumentalisés d'une manière délibérée en rapport aux structures spécifiques du genre. La première séquence, par exemple, ne nous présente pas les procédés traditionnels du cinéma *narratif, représentatif et industriel*, c'est-à-dire un panorama de la ville, mais contient une série de plans bleuâtres qui nous font voir la ville nocturne dans la perspective subjective d'un monstre/d'un plongeur à travers des vues alternantes d'au-dessous et d'au-dessus de l'eau de la *gracht*. La couleur sombre et bleue de ces plans qui contraste avec la lumière pâle aux arches des ponts et le rouge du quartier d'amusement (avec le son allant crescendo et decrescendo de la contrebasse) constitue un cadre générique bien connu où l'image de la ville d'Amsterdam va se développer. Les premiers plans évoquent les genres du *Thriller* ou du *Horrorfilm*, qui sont déjà annoncés dans le titre de notre film.

Mais dirigeons notre attention enfin vers les quatre stratégies filmiques qui contribuent à la construction de l'imag(o)ination (Schmid, 1986) d'Amsterdam dans les yeux et les oreilles des spectateurs.

STRATÉGIE NO 1 : DES *ESTABLISHING SHOTS* ET DES PLANS SCÉNIQUES

Les « establishing shots » et les vues panoramiques de la ville sont des procédés courants des genres filmiques traditionnels et donnent forme aux coordonnés spatiotemporelles de la narration filmique et de ses chaînes d'action. Leur point de vue présuppose notre savoir et nos imag(o)inations d'images typiques ou d'un skyline typique ; il suggère des (pseudo-) référentialités entre les actions audiovisuellement représentées, les signes de la ville et l'espace « réel » de la ville.

Cette vue offre au spectateur le plaisir de la fiction dans les espaces quasiment authentiques et connus de la ville en question. La fonction narrative de la ville dans un film peut varier d'un décor plat d'arrière-plan jusqu'à une intégration centrale dans des actions et des événements[67].

Dans notre paradigme filmique *Amsterdamned* nous ne sommes confrontés avec une telle construction traditionnelle d'un tel modèle filmique de la ville que dans la deuxième séquence. (Ce fait peut d'ailleurs être expliqué par les caractéristiques génériques de notre film. Dans des *horror-thrillers*, les meurtres ont normalement lieu pendant *la nuit* et leur découverte pendant *la journée*.)

Une introduction « traditionnelle » dans l'espace urbain

Un plan scénique (qui est pris d'un avion ?) nous offre une vue splendide sur le centre historique de la ville d'Amsterdam et les canaux concentriques et un travelling de la caméra nous approche de l'Amstel et des canaux jusqu'au moment où nous nous trouvons avec un groupe de jeunes scouts dans un bateau-mouche. (Ce groupe va bientôt découvrir une des victimes grièvement mutilées dans l'écoutille du bateau.) Les sept plans de cette séquence nous introduisent d'une manière classique dans l'espace imaginaire de la ville. Grâce aux plans scéniques nous nous installons dans un espace spécifique de la ville et nous pouvons localiser les événements qui vont suivre. Nous sommes menés par le « vol » de la caméra à un lieu spécifique. Ce mouvement de la caméra nous rappelle d'ailleurs l'expérience de Mercier qui visite à Paris un panorama de la ville en l'an 1800 et qui – en laissant vagabonder son regard – se trouve sous l'impression d'une illusion multimédia parfaite. Il y croit entendre « le son de l'eau jaillissante des fontaines (cité dans Stierle, 1993 : 157) ».

Cette construction d'une vue panoramique d'Amsterdam *by day* est d'ailleurs caractérisée par un montage assez original des images et

---

67. Par exemple on pourrait différencier entre un type d'espace filmé du documentaire (*gefilmt*) et un espace constitué (*verfilmt*) du film de fiction. *Cf.* le propos de Sturkenboom (1987 : 2). L'espace construit dans le film de fiction pourrait aussi être subdivisé dans un espace absorbant et constant (par exemple du *Film noir*) ou dans un espace miroitant ou affectif (par exemple *Le cabinet du docteur Caligari* (1920) ; ou *Metropolis* (1927).

La ville comme imag(o)ination...

du son. Dans la bande sonore de notre séquence nous entendons avec la musique d'un orchestre la voix d'une guide. D'abord cette voix nous fait croire que nous sommes à bord d'un avion survolant la « métropole » d'Amsterdam. La voix de la femme dénote et connote d'une manière stéréotypée l'ambiance internationale de la ville « Willkommen in Amsterdam », « Bienvenudo a Amsterdam », « Welcome to Amsterdam »... et le caractère très touristique de cette ville. Au début, elle semble être une voix *hors-champ* (Chion, 1985 : 32) que nous joignons à une personne/un personnage dans une situation « fausse » (un avion ?), jusqu'au moment où elle va changer sa qualité acoustique et va muter – avec les sons rajoutés de la foule des scouts – dans un son *on*. Ainsi la modification du son contribue à nous introduire dans l'espace filmique de la ville.

Une telle stratégie d'introduction à l'espace urbain se trouve par exemple aussi dans le *Jordaan film Oranje Hein* (1936), un genre déjà mentionné au début de ce chapitre, où la ruelle du *Jordaan* est introduite comme espace urbain/villageois central de communication.

STRATÉGIE NO 2 : LA SÉLECTION ET LA COMBINAISON D'IMAGES SIGNIFICATIVES DE LA VILLE, DES STÉRÉOTYPES ET DES CONSTRUCTIONS FILMIQUES

Afin de constituer dans les têtes des spectateurs les profils de certaines villes, le film puise dans un vaste répertoire de stéréotypes significatifs. Le film participe et contribue à la circulation médiatique de ces images urbaines ; il les intègre dans son propre contexte, il les transforme et les remodèle. La reconnaissance de signes significatifs d'une certaine métropole offre des points fixes au spectateur qui est en train de construire ses propres réalités urbaines.

Dans notre film, ce processus est initié par des « citations » d'emblèmes audiovisuels de la ville d'Amsterdam. Dans une grande quantité de plans, la mémoire du spectateur par rapport à des signes et des stéréotypes de cette ville est rafraîchie et utilisée pour la construction de l'image ou de l'imag(o)ination d'Amsterdam. Il y a par exemple plusieurs plans scéniques du centre historique qui veulent représenter la topographie spécifique d'Amsterdam, des plans de ponts bien connus (par exemple le « Magere Brug » du XVIIIe siècle), de moulins à vent, d'orgues de Barbarie (qui d'ailleurs contribuent d'une manière

Un nouvel art de voir la ville et de faire du cinéma

remarquable à la constitution d'un espace acoustique urbain) ; on nous montre le *Rijksmuseum* avec le fameux tableau de Rembrandt de la *Nachtwacht* [*La ronde de nuit*] des maisons « typiques » et des bateaux et des péniches habitées. Ce répertoire des restes urbains s'accroche à nos intertextes de la « métropole » historique d'Amsterdam et stabilise ainsi notre propre construction de la ville.

J'aimerais renvoyer à un exemple actuel de ce jeu avec des stéréotypes et des images significatives d'Amsterdam qui a lieu dans cette ville sous forme d'une circulation autoréflexive ou – si nous voulons – postmoderne de certains emblèmes de la ville. Au printemps 2000 une exposition des œuvres d'un photographe néerlandais, Jacob Olie, eut lieu à Amsterdam. Olie a produit quelques centaines de photographies vers la fin du XIXe siècle, mais ses photos avaient été oubliées pendant plus d'une soixantaine d'années. En 1999, le deuxième volume illustré de ses photos paraît et cela fut un point de départ pour une circulation d'images dans une exposition et surtout – sous forme d'affiches – à quelques lieux du centre-ville où Olie avait autrefois pris ses photos. Cela donne un effet de *Chinese box* : en l'an 2000 nous voyons des images « historiques » du XIXe siècle représentant des bâtiments du XVIIe et XVIIIe siècles qui s'intègrent et interagissent avec nous *images/imaginations actuelles* de la ville. Les signes et les images des « restes urbains » du centre-ville y sont réintégrés et continuent d'y circuler.

Dans *Amsterdamned* il y a d'ailleurs aussi un procédé qui tente de souligner l'illusion de la référence de ce qui est montré avec la « réalité » urbaine. Tous les lieux où l'inspecteur trouve des morts sont marqués sur un plan authentique de la ville. La quasi-objectivité de ces marques suggère une référence entre les événements et les lieux du film avec la réalité sociale et permet un procédé narratologique qui profite d'une confrontation de la vie quotidienne avec la menace, l'horreur, le fantastique et l'entrée de l'extraordinaire.

STRATÉGIE NO 3 : DES POURSUITES ET DES TRAVELLINGS DANS L'ESPACE URBAIN

L'œil mobile de la caméra (ou en parlant avec Jacques Aumont, 1989, l'œil interminable) permet des voyages ou des mouvements à travers l'espace urbain qui sont assemblés dans des unités plus grandes.

La ville comme imag(o)ination...

Les voyages suggérés par la caméra (nous savons très bien que ces mouvements ne sont qu'une illusion) franchissent des distances spatiales et sociales. Pour cette raison, les poursuites filmiques dans l'espace d'une ville traversent et construisent toujours aussi ces espaces significatifs, topographiques et sociaux.

Il y a une séquence spectaculaire dans notre film souvent louée par la critique : une poursuite avec des bateaux de course dans les *grachten*. (Cette séquence est d'ailleurs une citation intertextuelle d'une poursuite plus ou moins identique dans le centre de la ville, d'un film anglais des années 1970 *Puppet on a Chain* (1970) et du film James Bond *Diamonds are Forever* [1971].)

La traversée et la construction simultanée d'un modèle imaginaire de la ville profitent des données de l'espace significatif « réel » d'Amsterdam[68]. Le déplacement à travers la ville a lieu sur des chemins et des rues *aquatiques,* la voiture et l'asphalte sont remplacés par des bateaux et de l'eau. La forme et la couleur des bateaux de course (la couleur noire du bateau du monstre et la couleur jaune du bateau de l'inspecteur) contrastent bien visiblement avec la structure signifiante historique de ces « ruelles » et des maisons, des ponts et des écluses qui les bordent.

La ville est traversée dans sa partie la plus intérieure (et intime ?), dans ses veines et dans ses entrailles et elle reçoit une charge connotative qui est le résultat du contraste entre la perspective « habituelle » que nous avons comme des piétons sur ses bâtiments et cette perspective différente que nous avons de la surface de l'eau. (Cette dernière est bien sûr une des raisons pour l'attraction des bateaux-mouches, des *rondvaartboten* dans les *grachten*.) L'opposition entre la nature originaire, c'est-à-dire entre un paysage et un espace de marécages et d'eau plus ou moins vide, et les productions culturelles et urbaines des habitants de la ville, qui se dressent hors de l'eau sous forme de bâtiments, constitue une signification latente de cette séquence du film (et de beaucoup d'autres) qui intègre d'une manière effective et spectaculaire le mythe culturel « Amsterdam » dans son contexte spécifique générique.

---

68. Ce procédé est d'ailleurs bien connu dans beaucoup de films dont l'action se déroule dans la ville d'Amsterdam. Il n'y a presque aucun thriller ou film policier où nous ne trouvons pas de séquences où les protagonistes se déplacent en bateau.

La séquence de la poursuite des bateaux de course fait aussi preuve du statut *imaginaire* du modèle de la ville « filmiquement » construite. Un spectateur, qui ne connaît pas assez bien le lieu réel et significatif de la ville d'Amsterdam, n'a probablement pas remarqué qu'une partie considérable des plans d'*Amsterdamned* peuvent très bien ne pas avoir été pris dans cette ville. Dans les premiers plans de notre séquence, les bateaux traversent les canaux d'Amsterdam et ensuite ils passent par des canaux dont le bord de la rue est considérablement plus bas que celui des canaux d'Amsterdam (les *grachten* y ont environ deux mètres de hauteur par rapport à la rue). Le bateau traverse un restaurant sur l'eau. Pour les spectateurs, la poursuite a lieu dans l'espace significatif d'Amsterdam, même si nous retrouvons ici les stéréotypes qui circulent dans notre mémoire collective dans des *shots* qui furent prises dans la ville d'*Utrecht*. Autrement dit : les éléments qui sont apparemment faux (qui d'ailleurs pourraient nous servir comme des indices pour des topographies différentes des deux villes) sont intégrés à l'image ou à l'imagination par le réalisateur et le spectateur. Ils sont fonctionnalisés par rapport aux structures narratives du film. Ils dirigent l'activité du spectateur.

Stratégie no 4 : Le centre et la périphérie

Les modèles audiovisuels de la ville jouent avec nos systèmes de coordonnés qui se développent entre les pôles des signes du centre et de la périphérie. S'il est juste que le centre de la ville marginalise par sa dominance et la présence massive de ses signes tout ce qui n'en fait pas partie[69], et que la périphérie se caractérise par l'absence de cette sorte de signes, nous pouvons aussi tirer la conclusion que des images audiovisuelles de la ville vont s'emparer de ces processus de signes. Dans les films, les signes de la périphérie dénotent et connotent souvent un « ne plus encore » ou un « ne pas encore » un « être-suspendu-entre-deux-pôles ». Ils sont les lieux classiques et inquiétants du crime.

Bien sûr, ces signes de lieux périphériques se laissent aussi construire dans le centre topographique des métropoles.

---

69. Ici je suis Schmid (1988 : 237 et ss).

Cela est le cas dans *Amsterdamned*. Notre film joue avec ces dichotomies. Le centre de la ville et ses habitants sont menacés par « quelque chose », par un monstre qui vient à la fois de l'intérieur et de l'extérieur de cette ville, de ses eaux d'égouts. À travers la mise en scène filmique, cette eau sale prend l'allure « d'intestins urbains » (les cuisiniers, par exemple, y jettent leurs ordures) dont le contenu doit le plus rapidement possible être écarté du centre avant que celui-ci devienne infecté. Sous cette perspective, *Amsterdamned* crée par des procédés spécifiques l'impression d'un espace chaotique, frangé, menaçant et périphérique dans le centre, d'où un monstre – que nous ne verrons que dans les derniers plans du film – sortira. Cet espace *périphérique* et paradoxal dans le *centre* de la ville se trouve en opposition avec le « vrai » centre, les demi-cercles des canaux et du Dam que nous avons vus dans la perspective traditionnelle d'un plan scénique dans notre deuxième séquence d'Amsterdam *by day*.

CONCLUSION : QUELQUES « CARACTÉRISTIQUES » DE LA QUESTION AUDIOVISUELLE DE LA VILLE

À l'aide de nos paradigmes filmiques, nous avons reconstruit quatre stratégies de la construction audiovisuelle de la ville. Ce ne sont que quatre premiers pas heuristiques dans les nuages de la construction audiovisuelle de la ville qui demandent – dans le sens de notre approche sémiologique – des pas supplémentaires dans plusieurs directions, soient-elles « historisantes » ou « systématisantes ». Néanmoins, par rapport à la question de l'analyse des circulations des images d'une métropole et de leur contribution à la production du sens, notre approche, qui lie la sémiologie à l'histoire, semble bien prometteuse. Une telle *sémio-histoire des restes urbains* sera donc à poursuivre. En reconstruisant les restes urbains dans les audiovisions, n'oublions d'ailleurs pas le fait que nous avons mis l'accent sur le film de fiction traditionnel et que ces stratégies se présentent d'une manière différente dans des genres différents.

Le film contribue au réseau des systèmes discursifs sur la ville. À la base de ses options médiatiques, il produit des espaces de signes et des images qui correspondent plus ou moins avec les images/les imag(o)inations ou les modèles d'une ville qui se trouvent dans nos têtes. À cause de ses qualités « réalistes », il réussit normalement à produire l'impression d'une relation référentielle entre l'action fictive et les espaces dits « réels » d'une ville. À la base des restes urbains représentés, le film fait surgir dans la tête du spectateur des idées plus ou moins stéréotypées de certaines villes qui interagissent avec les images préfabriquées de ces villes et aussi avec les systèmes du récit, de l'action ou de la « vie intérieure » de certains protagonistes.

Le cinéma narratif, représentatif et industriel nous offre des idées d'authenticité qui effacent la différence entre documentation et fiction. La conscience imaginante (dans le sens phénoménologique de Sartre) peut partir de la représentation audiovisuelle de signes « réels » de la ville pour en faire une *imago* de la ville. Sous cette perspective la fascination permanente de la ville filmique apparaît comme résultat d'un jeu complexe avec des replis (Metz, 1991 : 20) d'images audiovisuelles et mentales. Les images en mouvement du film permettent le plaisir de la rencontre spatiotemporelle de *Flesh and Stone*, (Sennett, 1994), de corps *mobiles* et des signes de la ville. Le film nous offre des traces de ces rencontres dynamiques. Chaque film sur la ville nous présente ainsi des éléments de son histoire de la signification (Schmid, 1988 : 223-278). Mais cette question serait – de même que la question des constructions digitales de la ville dans le *cyberespace* – déjà le sujet d'un nouvel article.

P.S. Le lecteur aura probablement remarqué que je n'ai pas encore formulé une réponse par rapport aux guillemets entourant la « métropole » d'Amsterdam. Notre étude semble suggérer que la *métropole* Amsterdam n'existe en principe que comme image et imag(o)ination hybride d'une ville à l'époque du *Gouden Eeuw*, du *Siècle d'or*, qui se manifeste comme jeu intermédiatique avec les restes urbains d'une ancienne époque, mais qui tente d'y ajouter des commodités de la modernité, par exemple sous forme de la présence des (mass)médias modernes. Pourtant ces signes de la modernité restent subordonnés à l'imago d'une ville du XVIe et XVIIe siècles. Comme nous venons de le voir, une telle image peut circuler longtemps pour la prospérité d'une communauté urbaine et d'une industrie touristique et filmique.

Bruxelles brûle-t-elle ?

Véronique Beelaert
Études romanes, Université d'Anvers

Si le recours au cinéma nous semble s'imposer pour découvrir et parcourir l'espace urbain de Bruxelles, c'est qu'à première vue, l'observateur – promeneur occasionnel ou touriste averti – ne peut être que frappé par la difficulté de se faire une idée nette – copie conforme – de ce qu'est le vrai visage de Bruxelles. La destruction, le délabrement, la fragmentation changent sans cesse la configuration de la ville de sorte que, à chaque fois qu'on s'y retrouve, notre impression nous semble toujours décalée par rapport à celle qu'on en gardait. Un peu comme si Bruxelles se réinventait sans cesse ou qu'elle eût été la proie d'un feu intérieur qui la mine et la détruit pour la faire renaître de ses cendres, toujours à nouveau. Car il est vrai aussi que malgré les monstrueux bouleversements architecturaux qui ont en effet défiguré la ville, elle continue à exercer un charme qui cependant risque d'échapper au regard du touriste ou du promeneur occasionnel.

Le cinéaste et écrivain belge Eric De Kuyper, écrit dans *Een passie voor Brussel* (*Une Passion pour Bruxelles*), qu'à Bruxelles « le délabrement – visible ou invisible – est toujours en mouvement » (1995 : 27-28). Le résultat, selon lui, ressemble quelque peu au « Vaisseau Argo » qui transportait Jason lors de ses errances, tel que Roland Barthes l'a décrit dans *Roland Barthes par Roland Barthes* :

LE VAISSEAU ARGO

> Image fréquente : celle du vaisseau Argo (lumineux et blanc), dont les Argonautes remplaçaient peu à peu chaque pièce, en sorte qu'ils eurent pour finir un vaisseau entièrement nouveau, sans avoir à en changer le nom ni la forme. Ce vaisseau Argo est bien utile : il fournit l'allégorie d'un objet éminemment structural, créé, non par le génie, l'inspiration, la détermination, l'évolution, mais par deux actes modestes (qui ne peuvent être saisis dans aucune mystique de la création) : la substitution (une pièce chasse l'autre, comme dans un paradigme) et la nomination (le nom n'est nullement lié à la stabilité des pièces) : à force de combiner

à l'intérieur d'un même nom, il ne reste plus rien de l'origine : Argo est un objet sans autre cause que son nom, sans autre identité que sa forme (Barthes, 1975 : 50-51).

Ce qui retient notre attention dans cette allégorie, ce sont les trois facteurs constitutifs qui par leur présence (la nomination) ou leur absence (l'origine) ou encore l'alternance de leur présence et de leur absence (la substitution) créent l'objet structural dont le vaisseau Argo fournit l'allégorie. Nous croyons pouvoir retrouver ces trois facteurs constitutifs à l'œuvre dans la structure d'une ville en perpétuel mouvement telle que Bruxelles. Et nous nous proposons de montrer comment le cinéma peut recréer par la magie de l'image en mouvement la ville virtuelle qui se substitue en permanence à la ville réelle qui s'offre à nos yeux. Car nous pensons que ce n'est que grâce aux images en mouvement que la face cachée de cette ville qui bouge, qui change, qui fuit, et nous échappe incessamment, peut être évoquée, grâce à l'œil de la caméra, prothèse de l'œil humain qui parvient à enregistrer ce qui se dérobe à notre regard qui somme toute est limité dans « l'espace-temps » : un flâneur, si attentif soit-il, est inévitablement lié à l'instant où il capte visuellement l'espace où il se situe. Et il se peut qu'en passant au même endroit le lendemain, il s'étonne des changements rapides qui s'y opèrent successivement et il conclura que Bruxelles est à chaque instant différente, tantôt composite et délabrée, tantôt rénovée et remodelée. Un autre promeneur par contre s'émerveillera, débouchant par quelque hasard dans un de ces lieux privilégiés dont la ville est parsemée, de se retrouver dans un lieu où le temps s'est arrêté et il lui semblera que cet « espace-lieu » ne ressemble plus en rien au labyrinthe cauchemardesque qu'il traversait précédemment. L'impossibilité de saisir sur le vif et au moment même ce contraste entre le mouvement dévastateur et le calme préservé de ces endroits quelque peu occultés et figés au cœur de la ville fait ressortir l'opposition entre l'espace-temps et l'espace-lieu. Il nous semble que cette opposition difficilement discernable peut être levée à travers la représentation virtuelle de la ville que nous offre le cinéma dégageant sa configuration essentielle des altérations qu'y découvre une perception fragmentaire.

Nous croyons que dans le cas de Bruxelles, ville emportée par la dérive, il serait possible de reconstituer la configuration de sa

Bruxelles brûle-t-elle ?

structure métaphoriquement semblable au vaisseau Argo, à travers des images retraçant le cours de cette dérive et évoquant ainsi la ville comme un espace à quatre dimensions où l'espace-temps et l'espace-lieu se rejoignent. Nous avons essayé de retrouver les notions de « substitution », de « nomination », et d'« *origine* » dans trois films sur la ville de Bruxelles afin d'y découvrir comment Bruxelles, révélée par la magie des images en mouvement, se transforme, se métamorphose comme le vaisseau Argo et est transfigurée ainsi en un lieu mythique. Ne perdons cependant pas de vue que par le choix même de cette comparaison, Bruxelles est déjà située dans l'imaginaire, dans un espace mythique. En outre, le regard porté de la sorte sur Bruxelles est sans doute encore celui d'un flâneur mais d'un flâneur qui est également le regard du cinéaste.

Le choix des trois films, qui illustreront la distinction espace-temps et espace-lieu observée à travers l'œil de la caméra, propose un voyage entre le documentaire et la fiction, où l'imaginaire servira de révélateur au réel. Nous suivrons un itinéraire qui passe par le regard subjectif du promeneur, vers le regard faussement enregistreur de la caméra pour nous amener à une vision où la réalité rejoint la fiction. Lors de notre démarche nous nous sommes inspirée de la citation de Jean Ladrière mise en exergue à l'ouvrage *Bruxelles dévoilée* :

> Toute ville véritable est pour nous un être imaginaire. Celles [les villes » qui ne se laissent pas reconstruire dans l'imaginaire sont des villes inhabitables (Lefèvre, 1991 : 9).

Ce qui par la suite nous a également motivée à faire référence aux *Villes invisibles* d'Italo Calvino (1974) qui de façon magistrale nous décrit des villes qui ne peuvent exister qu'en rêve et qui nous rappellent en quelque sorte l'image de Bruxelles imaginée dans les films.

Bruxelles Requiem (André Dartevelle, 1993)

Ce documentaire illustre les inutiles atteintes au patrimoine et à l'habitat que suscite la construction de nouveaux immeubles gigantesques pour les institutions européennes, au cœur de quartiers habités, riches en histoire. En contrepoint de la valeur inestimable des hôtels de maître détruits et du savoir-faire perdu des artisans qui ont travaillé à leur réalisation, la disparition d'un quartier habité, aimé des artistes et riche en histoire confirme la création de larges zones monofonctionelles là où existait un tissu urbain riche en événements.

Nombreux sont les documentaires qui illustrent ce phénomène de « substitution » dans la ville de Bruxelles où « une pièce chasse l'autre ». On nous y montre par exemple en alternance des images d'archives de bâtiments disparus suivies d'images qui évoquent ceux qui leur ont été substitués. Sans doute, bien d'autres villes pourraient ici entrer en ligne de compte, mais le phénomène de substitution au niveau urbanistique bruxellois dans l'espace-temps se caractérise par sa rapidité extraordinaire et par l'arbitraire qui y préside. En forçant un peu les choses, on pourrait dire que Bruxelles change à vue d'œil. Comment pourrait-on prétendre alors obtenir de cette ville en constante métamorphose une image correcte et fidèle par l'instantané du photographe ?

Dans le film auquel nous référons, Bruxelles nous est montrée comme une sorte d'amalgame de ruines et de maisons délabrées et abandonnées qui ensuite sont englouties par des grues, monstres dévorant tout sur leur passage, même les façades de somptueuses maisons de maître du début du XXe siècle pour faire place ensuite à de prestigieux bâtiments issus d'un projet mégalomane. C'est essentiellement un simple montage rapide qui permet au spectateur de reconstituer le temps écoulé entre l'« avant » et l'« après ». À un moment donné du film, on voit que le regard de la caméra s'égare et aboutit à la Place du Luxembourg, gentil square, havre de paix, d'où surgit, comme par l'effet d'une surimpression d'images, l'apparition resplendissante des bâtiments de la Communauté européenne. L'effet obtenu est l'impression immatérielle d'une coexistence du passé et du présent.

En consacrant à la « nomination » de Bruxelles un Requiem, la ville est d'emblée située dans l'espace-temps et associée à la notion de la mort et du temps qui arrive à son terme. Vue par le documentaire, la ville devient un espace qui serait dans un temps à venir voué à la destruction[70]. Et il est remarquable de retrouver le même genre de qualificatif dans les titres d'un bon nombre d'autres documentaires :

---

70. Mais une ville qui serait préservée de toute destruction serait-elle à l'abri du délabrement ? Un voyageur du XIXe siècle (le comte de Beauvoir), passant par Pékin, note dans son journal de voyage : « Cette ville immense, dans laquelle on ne répare rien, et où il est défendu, sous les peines les plus sévères, de rien démolir, se désagrège lentement et se transforme chaque jour en poussière. » (Cité par Sophie Labatut dans l'Annexe II de Ségalen [2000 : 357].)

Bruxelles brûle-t-elle ?

Bruxelles mise en pièces (M. Van Hoogenbemt, 1991), *Sauve qui peut la ville* (P. Hermant, 1988), *Bruxelles, une ville à sauver* (C. Mesnil, 1975). L'incertitude de son destin se reflète jusque dans son nom. De par son bilinguisme, aucune priorité ne peut être accordée à la dénomination française (Bruxelles) ou flamande (Brussel) de la ville, les deux étant d'ailleurs concurrencées par la dénomination anglaise (Brussels), acceptée à part entière afin d'éviter les malentendus et les disputes linguistiques. On peut se référer ici au film belge *Brussels by night* (M. Didden, 1983) où les protagonistes sont bilingues et parlent tantôt en français, tantôt en néerlandais, tandis que le nom de la ville est anglicisé. Si l'on ajoute à cela l'aspect cosmopolite de la ville, capitale européenne, on comprendra bien que métaphoriquement Bruxelles soit souvent associée à la ville mythique de Babel[71].

Si on est à l'affût d'appliquer à Bruxelles l'allégorie du Vaisseau Argo dont l'origine est « sans autre cause que son nom, sans autre identité que sa forme », il nous semble opportun quand même de mentionner l'origine étymologique du nom de la ville. Le lieu de son futur destin, appelé « Bruocsella », était un endroit situé dans les marais. Or, si on se rappelle que l'étymologie de ce mot remonte au substantif « la mer », on pourrait prétendre que Bruxelles, ville à l'état virtuel, à peine engagée dans sa course mouvementée, naviguait déjà comme un vaisseau sur des eaux mouvantes. Bruxelles pourrait dès lors être décrite comme l'une des villes invisibles de Calvino : « [...] la ville [...] a grandi par superposition successive d'un premier dessein désormais indéchiffrable » (1974 : 45).

Un simple documentaire, multipliant les plans dans un effet d'accumulation très représentatif d'une ville chaotique, peut nous révéler grâce aux effets calculés de l'art cinématographique une vision poétique où se profile l'épure d'un dessin toujours inachevé. Car c'est ainsi que nous nous imaginons cette ville de Bruxelles toujours plus virtuelle que réelle que le cinéma peut nous révéler. Les strates multiples que les transformations perpétuelles y ont accumulées par « superposition successive », n'ont pas recouvert entièrement le dessin primitif de la ville de jadis. Comme autant d'arches de Noé, des fragments

---

71. C'est le cas aussi bien dans le film de André Delvaux : *Babel opéra ou la répétition de Don Juan* (1985) que dans celui de Boris Lehman : *Babel – lettre à mes amis restés en Belgique* (1991).

d'un passé non révolu, préservés et intacts (ou presque) ont échappé au déluge des destructions. Nous avons jeté notre dévolu sur une de ces arches qui ont résisté à la morsure du temps et que par une de ces coïncidences qui nous semble bien venue, on surnomme parfois le « Parapluie de Bruxelles ».

Entre Flore et Thalie – vivre au cœur de Bruxelles (Françoise Lévie, 1999)

Sous le regard attentif des déesses Flore et Thalie, les Galeries royales Saint-Hubert à Bruxelles magnifient tout à la fois le Commerce et les Arts[72]. Lieu monumental de style Renaissance florentine, il abrite des magasins de luxe, des théâtres, des cafés, mais aussi une soixantaine d'appartements et d'ateliers. Le film raconte la vie quotidienne de ce microcosme, lieu de mémoire et de création, où vivent et travaillent des artistes. Mais en même temps en nous faisant observer du haut du toit, à travers les vitres, « en plongée », l'espace clos des galeries, le film présente au spectateur une invitation explicite à regarder ce lieu magique d'un œil différent, à partager le point de vue poétique que la caméra, présente dans le film, nous offre. L'introduction de la caméra et de l'équipe de tournage dans le film même nous donne l'impression d'observer les lieux à travers l'objectif de la caméra dans le film. Le spectateur est de la sorte invité à entrer dans l'imaginaire et n'est donc plus un simple flâneur qui traverse les galeries. Il est introduit dans l'illusion même du film. La cinéaste semble nous dire que Bruxelles « il faut la filmer pour la comprendre ».

La poétisation par le cinéma de ces lieux privilégiés tels que les galeries altère aussi le regard que nous portons sur les transformations perpétuellement en cours. Si fascination il y a pour l'attrait de la laideur, de la fragmentation, de la décomposition, de la destruction, du délabrement etc., elle est, à notre avis, en partie due à un contraste créé par les « restes urbains » prestigieux, ces lieux privilégiés[73]

---

72. « Il y a en fait deux groupes de sculptures distincts placés sur les façades extérieures. Le groupe se situant sur la façade du côté de la Grand'Place s'adressait plutôt au grand public et symbolisait la richesse de la ville : on retrouve d'une part les allégories de l'*Industrie et du Commerce*, et d'autre part *Thalie* et *Flore* » (Camus, 2000 : 27).

73. Nous pensons évidemment à la Grand Place, ou encore à ce rectangle parfait, à ce lieu clos isolé qu'est la Place des Martyrs qui semble renouer avec un passé figé au

qui, bien entendu, eux aussi, ont été soumis à une mutation, non pas au niveau de leur constitution architecturale, mais plutôt en ce qui concerne leur emplacement et le rôle qui leur est attribué dans leur environnement. Ils y ont acquis une sorte de valeur sacrée, hors du temps, et cela dans un autre espace qui fluctue entre le dedans (un intérieur dans la ville de Bruxelles, « le cœur ») et le dehors (un extérieur pour les habitants des appartements et des ateliers), un espace clos et ouvert à la fois et qui a de la sorte acquis une valeur stable qui échappe à la décomposition sans pour autant devenir une pièce de musée.

Les galeries sont situées « Entre Flore et Thalie ». Par la préposition « entre » qui signifie « qui sépare dans l'espace », le spectateur est invité d'emblée dans un espace-lieu. Un espace-lieu, donc, où l'image mythologique de la déesse Flore représenterait un écosystème où toute vie tend à une harmonisation et où Thalie, déesse de la comédie qui incarnerait une autodérision vis-à-vis des changements irrationnels du site urbain. Ces personnages du passé, autour desquels se forme un microcosme de vie créative, personnifient à merveille ce lieu de mémoire et de création. Ce film, qui prend les apparences d'un reportage, donne en fin de compte une vision très métaphorique de ce lieu de prédilection et de ses personnages : par moment on est transféré à la plage (bruits de vagues et jeune fille au balcon), à d'autres moments on nous donne l'illusion d'être face à un écran de cinéma. Ainsi en est-il quand nous retrouvons l'équipe sur le tournage d'une scène où le cinéaste belge Boris Lehman (qui n'est pas le réalisateur de ce film-ci) dirige la séquence dans une pâtisserie renommée des galeries. De cette façon, nous sommes plongés dans un cadre et une atmosphère qui nous immergent par moments dans le réalisme magique.

Soustraites à leur environnement, soustraites à leurs fonctions[74], ces galeries se sont inventé un nouveau rôle, un nouvel espace qui

---

milieu du délabrement ambiant du présent. On peut même penser à la Place Royale dont le plan symétrique n'a pas vraiment été détruit par le tracé du Boulevard du Régent : les huit pavillons qui l'encadrent semblent pouvoir la préserver de toute transformation destructrice.

74. Sans doute les Galeries gardent leur fonction de passage, mais dans le contexte urbain actuel, ce lieu de passage est surtout maintenant un lieu préservé, un havre de paix où le temps semble s'être arrêté depuis plus d'un siècle et demi en échappant aux projets d'entreprises dévastatrices de la cité. En ce sens, elles se rapprochent de cet espace urbain idéal dont rêvaient les utopistes à l'époque de la création des

fluctue entre le dedans et le dehors, l'espace clos et l'espace ouvert, elles sont devenues de la sorte galeries couvertes en même temps que galeries ouvertes. C'est encore une fois à Calvino que nous recourons pour exprimer le mystère dans lequel baigne cet espace-lieu au cœur de la ville qui « [...] donne forme à tout ce qu'elle contient [...] qui était là avant que n'arrivent tous ces intrus, et demeurera lorsque tous seront repartis » (Calvino, 1974 : 96).

Ce lieu dont les origines semblent remonter à un conte de fées (Galerie du Roi, de la Reine, des Princes) suscite un désir irrésistible d'introduire la réalité d'un passage dans un monde imaginaire et magique à l'abri des ravages du temps réel. En pénétrant dans ces galeries, nous nous trouvons au seuil d'une ville imaginaire, poétique, où entre la fiction.

LE DOSSIER « *B* » (WILBUR LEGUÈBE, 1995)

Le film auquel nous voudrions maintenant nous référer, pour compléter notre image d'une Bruxelles virtuelle, est une espèce de documentaire fictionnel ou même, si on veut, un ingénieux canular. Mais on peut aussi le considérer comme un récit borghésien[75] qui nous révèle la face cachée des choses. Faisant de la corde raide entre fiction et réalité, les auteurs considèrent les chantiers et souterrains qui grignotent la capitale de l'Europe comme autant de tentatives pour trouver des passages entre deux mondes parallèles, la ville réelle de Bruxelles et une ville utopique Brüsel. C'est également un prétexte pour eux d'enregistrer des prises de vues insolites de la ville. Ainsi en est-il quand ils nous montrent un incendie sur les chantiers, ce qui nous remet en mémoire notre question initiale : « Bruxelles, brûle-t-elle ? »

Dans ce troisième film, le monde parallèle que les reporters-détectives voudraient dévoiler évoque une ville invisible nommée Brüsel : ville imaginaire, devenue ville utopique, que le spectateur ne

---

premiers passages. Pour ces rêveurs urbanistes, la climatisation par exemple, comme le dit M. F. Willaumez, y aurait joué un rôle bénéfique « en libérant les corps et en adoucissant les mœurs » (1994 : 8-9).

75. Il suffit de penser par exemple à l'histoire imaginée par Borgès (1951 : 19-46) dans *Tlön Uqbar Orbis Tertius* où la ville virtuelle de Tlön imaginée par ses inventeurs finit par désintégrer le monde réel au point de s'y substituer.

verra jamais, mais où pourtant un personnage dans le film parviendra finalement à accéder. C'est là qu'il a retrouvé l'espace où temps et lieu se rejoignent : du moins, c'est ce qu'un savant dans le film nous explique « grâce à un court-circuit dans l'espace-temps, on peut passer d'un espace-temps à un autre ». Pour ce film, l'attrait du cinéma réside, selon nous, en sa capacité d'évoquer cette transgression qui symbolise un certain regard porté sur une ville que le flâneur parvient à grand-peine à saisir. C'est ce qu'Eric de Kuyper exprime en décrivant le dédoublement de la ville :

> A Bruxelles on est constamment en train de renouveler l'image urbaine en dérobant au regard celle qu'elle recouvre. Une ville nouvelle sort de l'ombre et en dessous on creuse et déblaie une sorte de ville souterraine. Chacune des deux images urbaines change sans cesse mais chacune selon son rythme et son tempérament (De Kuyper, 1995 : 27, traduction libre).

Brüsel, se substituant à Bruxelles, devient ainsi une ville imaginaire qui serait une sorte de ville archétypale, idéale qui représente la synthèse qui réconcilierait l'espace temps et l'espace-lieu. De cette synthèse on peut trouver une merveilleuse illustration dans le film. Ainsi, une prise de vue en plongée nous invite à suivre une petite voiture jaune qui est engloutie par l'architecture en miroir pour se retrouver de l'autre côté dans un lieu qui déjà n'existe plus pour le spectateur et qui suggère qu'elle s'est égarée dans cette ville parallèle qui serait la face cachée de celle qui est ancrée dans la réalité visible.

Le nom attribué à cette ville – Brüsel – nous explique-t-on dans le film, pourrait être associé au babélisme si souvent mentionné dans le contexte de la confusion linguistique qui règne à Bruxelles. Ce babélisme, qui résulte en fait de la confrontation des cultures, est par ailleurs aussi un stimulant pour le dynamisme[76] de la ville qui s'enrichit et se diversifie grâce à ces échanges culturels dont elle est l'intermédiaire privilégiée. Et c'est ainsi que située dès son origine dans un

---

76. Il serait peut-être opportun à ce propos de mentionner que la création de certains mots soumettent la dénomination de Bruxelles à un traitement qui en fait ressortir le dynamisme et l'effervescence dont ce babélisme témoigne. Ainsi en est-il de « *brusselaire* » (*cf.* « bruisen » en néerlandais qui signifie « bouillonner ») qu'on retrouve dans une chanson de Jacques Brel : « C'était au temps où Bruxelles brusselaire ». Ainsi en est-il aussi de « bruxellois » qui vise à exprimer l'ampleur des projets de démolition et de reconstruction qui ne témoignent d'aucun égard pour le contexte urbain. Chaque fois, le verbe fait effectuer à la notion d'une ville qui est un lieu, une transition vers le mouvement.

lieu mouvant et incertain (si on se réfère à l'étymologie de son nom), Bruxelles s'est développée en se métamorphosant sans cesse dans un perpétuel élan de vitalité. Nous empruntons encore une fois à Calvino la description d'une de ses villes invisibles pour exprimer le désarroi infligé au spectateur absorbé par la fiction et convaincu, l'espace d'un moment – la durée du film-, de l'existence de Brüsel dont le mystère ne sera jamais dévoilé. « Et même à moi qui voudrais distinguer dans ma mémoire les deux villes, il ne me reste plus qu'à te parler de la première, parce que le souvenir de l'autre, comme j'ai manqué de mots pour le fixer, s'est perdu » (Calvino, 1974 : 83).

À la réflexion, il faut bien sûr s'aviser que la distinction espace-temps/espace-lieu, n'implique pas deux entités distinctes : vue à travers l'œil de la caméra, elle vise à donner l'illusion d'une autre dimension où espace-temps-lieu seraient confondus. Bruxelles elle-même se prête-t-elle à une réponse optimiste à notre question initiale « Bruxelles brûle-t-elle ? » Nous disions déjà, au début, que tel un phénix, Bruxelles renaît chaque fois de ses cendres. Ajoutons à cela, dans la prolongation des références mythologiques, que le Phénix apparaissait sur certaines pièces de monnaie de l'Empire romain comme symbole de la Ville Éternelle. C'est le cinéma, ce sont les images en mouvement et la magie de ces images qui nous ont permis de répondre à l'inquiétude dont témoigne notre question. Et nous avons choisi, encore une fois, de laisser la parole à un écrivain belge pour exprimer que « Bruxelles est sauvée des eaux » en reprenant les paroles de Michel de Ghelderode : « Elle reste vive cette petite flamme folle jaillie du phosphorique terreau bruxellois » (Goffin, 1997 : 5).

ANNEXES

Présentation, résumé et contextualisation

Les objectifs culturels des manifestations officielles organisées dans le cadre de « Bruxelles, ville européenne de la culture en 2000 » étaient de remettre en valeur le patrimoine architectural et urbanistique de Bruxelles, le talent et la générosité de ses artistes. Dans ce Bruxelles que l'on nous vend comme une ville de fractures, de chaos et de surréalisme, le visiteur découvre une ville paradoxale, tantôt illisible et brouillonne, mais souvent attachante voire géniale. C'est à cette même occasion que la *Vidéothèque de Bruxelles* présente une collection de films qui permettent de découvrir comment évoluent l'environnement urbain et les figures du patrimoine architectural au travers des âges, des cultures et des quartiers. Les trois films qui tracent le fil conducteur de notre texte expriment l'indignation face aux mutilations apportées à la ville de Bruxelles par l'intermédiaire d'images poétiques et affectives, conciliant le documentaire et la fiction.

Bruxelles Requiem
1993
Réalisation : André Dartevelle
Maison de Production : R.T.B.F., Carimages production
70', couleur

Bruxelles Requiem évoque la disparition du Quartier Léopold, construit au XIXe siècle par la bourgeoisie belge comme une œuvre d'art urbaine et transformé depuis trente ans en zone de bureaux. À travers la destruction inexorable d'un des plus beaux quartiers à Bruxelles, ce film montre que le patrimoine pèse peu de poids face aux milliers de mètres carrés de bureaux réclamés par les institutions européennes au cœur de la ville. Bruxelles, ville abstraite du pouvoir de l'économie, est transformée en ville éphémère et perdue. Les habitants de ce quartier aimé des artistes et riche en histoire témoignent que les demeures du passé sont en eux impérissables.

Entre Flore et Thalie – vivre au cœur de Bruxelles
1999
Réalisation : Françoise Lévie
Maison de Production : Canvas, R.T.B.F., Sofidoc, Wild Heart Productions
60', couleur

Françoise Lévie nous raconte l'aventure des Galeries Saint-Hubert. Situé au cœur de Bruxelles, à deux pas de la Grand'Place, ce lieu construit par l'architecte Cluysenaar au siècle dernier, dans le style de la Renaissance florentine, abrite une soixantaine d'ateliers et d'appartements. En passant du mythe à la réalité, alliant la filière des archives à l'introspection très actuelle d'un microcosme dans la ville, le film nous présente le cinéaste Boris Lehman, le compositeur Wim Mertens, la styliste Kaat Tilley, le peintre Luc Van Malderen ou encore le guitariste de jazz Philippe Catherine.

Le dossier « B »
1995
Réalisation : Wilbur Leguèbe, Claire Devillers
Scénario : Wilbur Leguèbe, Benoît Peeters, François Schuiten
Maison de Production : Saga Film, R.T.B.F., C.B.A.
52', couleur

Un palais de justice démesuré, au cœur de Bruxelles, cacherait un parcours initiatique... Un passage secret conduirait les membres d'une secte à une ville parallèle : Brüsel. *Le dossier B* fut à l'origine un livre, paru en 1960 et devenu introuvable. Selon ce livre, une secte composée d'hommes politiques et d'architectes influents détruirait Bruxelles pour édifier une Ville utopique. Où mènent les quarante kilomètres de souterrains découverts récemment sous la Capitale de l'Europe ? Y a-t-il un sens caché à une autodestruction quasi systématique ? *Le dossier B* est aujourd'hui une enquête filmée, à la fois journalistique, historique, policière sous la forme d'un voyage entre le documentaire et la fiction où l'imaginaire sert de révélateur au réel.

Le regard urbain dans le nouveau cinéma suisse (Michel Soutter, Fredi Murer, Alain Tanner)

Maria Tortajada
Études françaises, Université de Lausanne

Parler de la ville dans le cinéma suisse des années 1970, c'est aborder des cinéastes comme Alain Tanner, Claude Goretta, Michel Soutter, membres de ce qu'on a appelé le Groupe 5[77], ou d'autres cinéastes de Suisse alémanique comme Daniel Schmidt ou Fredi Murer. Si l'essor de ces cinéastes a lieu dans le courant des années 1970, Michel Soutter apparaît comme l'un des précurseurs, une sorte de franc-tireur qui commence à réaliser des longs métrages avec de tout petits budgets dans le milieu des années 1960[78]. Ce cinéma s'inscrit dans la mouvance des Nouveaux cinémas ou de ce qu'on a appelé le « cinéma moderne », qui bien sûr n'appartient pas en propre à la Suisse. Les films développent une critique sur la société de consommation, sur la publicité, sur l'absence de communication ; ils s'interrogent sur le développement des villes, sur les nouvelles infrastructures urbaines, sur la place de l'automobile et des modèles qu'elle impose ; sur la manière en somme de modeler la vie des individus. On trouvera cela dans des films de Wim Wenders (*Au fil du temps*, 1976), de Michelangelo Antonioni (*La Notte*, 1961) ou de Jean-Luc Godard, le Godard français de *Deux ou trois choses que je sais d'elle* (1967) par exemple. Le cinéma suisse se situe dans un contexte et des problématiques qu'il partage avec des cinéastes d'autres pays.

Pourtant, il faut tenir compte, quand on se penche sur la question de la représentation de la ville, d'un aspect qui concerne particulièrement la Suisse : son cinéma est en effet impliqué, qu'il le veuille ou non, dans la définition et redéfinition constante de l'identité natio-

---

77. Le Groupe 5 est un collectif de production qui s'est constitué autour d'un premier contrat passé avec la Télévision suisse romande pour 1969-1970. Jean-Louis Roy est le quatrième membre du groupe et Jean-Jacques Lagrange, le cinquième.
78. Jean-Louis Roy réalise la même année que Michel Soutter son premier long métrage de fiction, *L'inconnu de Shandigor* (1967), ayant organisé lui-même la production du film. Il reconnaît cependant l'originalité de Michel Soutter dans sa démarche de production en matière de moyens minimaux.

nale, perçue comme problématique. Les nouveaux cinéastes ne cessent de remettre en question les stéréotypes qui, depuis le XIXe siècle, époque de la constitution de la Suisse en « nation » centralisée et unifiée – malgré le fédéralisme –, ont contribué à former cette unité à travers différentes représentations et mythologies. Il s'agissait de se donner une *origine* ; et c'est dans ce sens qu'on interprète rétrospectivement le pacte de 1291 comme moment fondateur de la Confédération. Il unissait les trois cantons montagnards du centre de la Suisse, dont le paysage alpestre est devenu un motif typé incontournable de l'identité nationale, constitutif du récit historique et de la caractérisation géographique suisse. Le stéréotype identitaire se constitue à travers une conception centrée, unitaire et totalisante du temps et de l'espace[79].

L'Alpe, le rapport à la terre, le caractère rural et les valeurs qui y sont associées deviennent des symboles de l'identité suisse, élevés au pinacle pendant la Deuxième Guerre mondiale, et jusque dans les années 1950 : c'est le contexte de ce qu'en Suisse on a appelé la « Défense spirituelle nationale », culture morale destinée à créer l'unité nationale pour résister à l'ennemi. L'image de la Suisse comme « pays de pâturages et de montagnes » se concrétise dès le XIXe siècle dans des représentations picturales, d'Alexandre Calame ou Giovanni Segantini par exemple, où apparaissent des paysages sereins au pied d'un sommet blanc et imposant ou des monts et des pics tenus à distance par une vision panoramique. Ces massifs sont séparés du spectateur par la douceur d'un lac et de verts pâturages. Jusque dans les années 1950, les films reprennent ce stéréotype qui combine nature sauvage et cadres bucoliques : par exemple, *Le fusilier wipf* (1938), *La dernière chance* (1945) de Leopold Lindtberg, *Heidi* (1952) de Luigi Comencini, *Jacqueline* (*Zwischen uns die Berge*, 1956) de Franz Schnyder[80].

Au cœur de cette représentation, il y a le village, ou la petite ville, entièrement tourné vers son clocher, son centre, avec ses maisons anciennes et son milieu d'artisans. C'est que « le Village suisse » est devenu un modèle structurel, une métaphore de la Suisse elle-même. Il est une construction symbolique qui a trouvé à se matérialiser dans

---

79. Ces notions appartiennent à ce qu'on peut appeler le « stéréotype fondamental de l'identité », qui modèle nombre de définitions de l'identité nationale. Voir notre article, Tortajada (1999).
80. Voir Rémy Pithon (1992 : 217-234).

les expositions nationales : ce village a été créé pour la première fois dans l'Exposition nationale de Genève en 1896, pour laquelle on a fabriqué en miniature « une sorte de gros bourg helvétique intégrant la petite ville et le hameau de montagne, avec les remparts, les maisons, les rues, la place, la poste, l'église, la taverne, l'atelier, l'étable, la scierie et le moulin » (Crettaz, 1991 : 47). On a également construit une montagne avec une cascade, puis on a placé dans cet ensemble trois cent cinquante habitants en costumes nationaux. Les vaches elles-mêmes défilent dans des cortèges que les opérateurs Lumière ont immortalisés. Le Village suisse connaît un tel succès qu'il est repris en 1914 à l'Exposition nationale de Berne et en 1939 à celle de Zurich, avec quelques modifications ; mais le principe essentiel reste le même : le Village est une sorte de miniature qui obéit au centrement de ses éléments (places, rues, etc.) et conserve un esprit rural, le tout symbolisant les valeurs nationales et identitaires.

On peut mesurer la nature du changement introduit par les films du Nouveau Cinéma lorsqu'ils choisissent de montrer les grandes villes suisses[81]. Ils mettent en scène, en quelque sorte, une mutation identitaire. Mais aussi ils perturbent les stéréotypes en introduisant une nouvelle iconographie. Ce n'est pourtant pas le seul moyen d'influer sur la configuration identitaire. Ces cinéastes essaient aussi de transformer la manière de représenter la campagne et la montagne, ce qui implique d'intervenir sur la structure formelle du stéréotype et de se demander : comment représenter les Alpes autrement ? Ce n'est pas la question qui nous retiendra ici[82]. Nous voulons plutôt interroger les représentations spécifiques de la ville pour montrer qu'elles mettent à mal le stéréotype identitaire fondé sur les valeurs rurales. La question qui se pose en dernière instance est la suivante. S'agit-il, pour les cinéastes du Nouveau cinéma suisse, de *fabriquer une ville identitaire*, d'en faire l'élément d'une identité nouvelle, ou s'agit-il de détruire à travers la représentation de la ville toute forme d'identité, de remettre en question le concept d'identité nationale, qui implique

---

81. Remarquons que, dans la prédominance des productions renvoyant au contexte traditionnel, certains films antérieurs au Nouveau cinéma passent par la représentation de la ville. Ainsi du film de Franz Schnyder, *Le 10 mai* (1957), qui montre Zurich. Cependant, la ville n'est pas construite alors à partir des présupposés sociaux, politiques et esthétiques qui seront ceux du Nouveau cinéma.
82. Voir notre article, Tortajada (1998 : 279-306).

à la fois le « centrement », l'unité et la totalité dans la structuration de l'espace et du lieu, comme du temps et de l'histoire, à travers la constitution d'une origine bien définie ?

INVENTER LA VILLE

Il faut donc se demander très concrètement ce que « devient » la ville dans ces films ou comment ce cinéma « invente » la ville. On peut relever quatre niveaux d'intervention dans le modelage urbain par ces cinéastes suisses. Le premier, nous l'avons déjà mentionné, relève de l'innovation iconographique. Les films montrent la cité moderne, industrielle, exclue par le stéréotype identitaire du Village suisse. Principalement, le choix se porte sur Zurich et sur Genève, mais Lausanne n'est pas exclue (Francis Reusser, *Le grand soir,* 1976). Le deuxième niveau passe par la question suivante. À l'intérieur de cette entité que l'on appelle « ville », quels éléments retient-on comme constitutifs de sa définition ? De quoi est faite la ville ? On peut établir la liste des caractères propres au motif urbain. Les villes présentées sont habitées : les gens y circulent, occupent les rues, marchent, se déplacent à pied ou en voiture ; l'espace urbain n'est certainement pas vide, il ne se donne pas comme une structure architecturale purement matérielle. Les rues et les voitures sont indissociables, même si les premières s'offrent aussi aux passants. Les façades d'immeubles à géométrie moderniste deviennent un objet essentiel de l'environnement urbain. Sont aussi retenus les réseaux routiers, les routes et les artères, les passages souterrains, tout ce qui concerne l'organisation de la circulation motorisée, même si ces éléments s'éloignent de ce qu'on pourrait appeler un centre-ville. Ils appartiennent néanmoins au modèle urbanistique – proche de la banlieue – et relient souvent différentes parties de la ville. La vieille ville est parfois encore présente, et sert d'ailleurs à introduire une dialectique entre les quartiers anciens et les zones récentes, témoin d'un débat idéologique[83]. Autre élément du motif urbain : ce qu'on pourrait appeler la « campagne de la ville » : les villas avec leurs jardins, sorte d'extérieurs « naturels », bien que balisés ; mais aussi les parcs, les forêts que l'on peut atteindre en vélomoteur ; mais aussi une campagne en voie

---

83. Voir Alain Boillat (2000).

d'urbanisation, avec des prés et des champs où peut apparaître soudainement une construction moderne isolée. Interviennent encore les espaces privés, des intérieurs d'appartements, et les espaces du travail : des usines, des bureaux, les studios de la radio par exemple. Dernier élément : les « discours de la ville », les affiches, enseignes, émissions de radios, qui diffusent des chansons, des interviews, et que les personnages écoutent en voiture ou chez eux.

Cette liste est peu métrisable. On voit que le statut de ces éléments définitoires de l'espace urbain dépend de la place que leur accorde chaque film. Il faut donc se demander quelle est la forme de la ville, c'est-à-dire quels sont les rapports entre ses divers éléments. C'est alors seulement qu'il devient possible de vérifier si ces films mettent en place un principe d'organisation unitaire, reprenant ainsi ce qui donne forme au village suisse, ou s'ils choisissent un autre ordre, interprétable peut-être comme un « désordre ».

La « forme de la ville » dépend non seulement d'une organisation géométrique et topographique, mais aussi de la manière dont on conçoit le rapport des individus à l'espace urbain. Soulignons ici l'importance de la personne pour l'opposer à la foule, car la ville n'intéresse pas tant ces cinéastes pour ses rassemblements ; elle isole au contraire. Les petits groupes de badauds et des promeneurs, tels qu'on les voit dans *Grauzone* (1978) de Fredi Murer par exemple ou dans *Messidor* (1979) de Tanner, font exception. De manière générale, les films du Nouveau Cinéma interrogent le rapport de l'individu à ce que lui impose la ville et à ce qu'il en perçoit. La structuration urbaine passe par une expérience, pourrait-on dire, phénoménologique, qui est celle d'un sujet. Elle concerne aussi bien le spectateur du film que les personnages en tant qu'ils regardent, écoutent, bougent et se déplacent[84]. Le mouvement, le regard, l'écoute, construits par le film, imposent une image de la ville. Cette conception de l'espace urbain est très différente de celle qui est impliquée dans la ville-décor, sorte de réceptacle idéal où se passent des événements plutôt que ne se développent des perceptions.

Nous allons explorer ici à travers quelques exemples les deux derniers aspects : la forme de la ville et l'inscription du sujet dans la struc-

---

84. Pour le spectateur, la perception et le mouvement sont induits par l'identification à la caméra.

ture. Nous mentionnerons des films de Tanner, mais nous nous arrêterons plus spécialement à deux exemples des tout premiers films de Soutter, *Hachisch* et *La pomme,* respectivement de 1968 et 1969. Nous nous intéresserons aussi à *Grauzone* (1978) de Fredi Murer ; cela malgré les différences évidentes de ces films qu'une dizaine d'années sépare.

DÉCENTREMENT ET PASSAGES

Un des principes essentiels de la mise à mal du stéréotype identitaire est celui qui renverse un de ses éléments : plutôt que de donner à voir une ville centrée sur elle-même, on la donne à construire à travers un *décentrement*.

Cette question concerne le contenu même du motif, puisque l'on montre des banlieues, des zones de ville-campagne, justement périphériques. Mais c'est surtout une affaire de processus : le décentrement peut apparaître comme le mouvement engagé par la narration. C'est le cas de deux films de Tanner, comme *Charles mort ou vif* (1969) et *Le retour d'Afrique* (1973). *Charles* raconte l'histoire d'un chef d'entreprise qui entend tout quitter, son travail et sa famille. Il part, et trouve refuge chez un couple marginal qui habite dans une maison située aux abords de la ville, elle aussi dans la marge. *Le retour d'Afrique,* pour sa part, met en scène l'histoire d'un couple qui veut quitter la Suisse pour l'Algérie. Ne recevant plus de nouvelles de celui qui devait les aider à s'installer, il s'enferme dans son appartement situé au cœur de la vieille ville de Genève. Les deux personnages renoncent finalement à partir et finissent par déménager dans un quartier périphérique. Chaque fois, le décentrement s'accompagne d'une prise de conscience individuelle et d'une critique sociale. Il peut cependant refléter simplement un changement de comportement mis en jeu par un déplacement : dans les films de Soutter, la campagne proche et les zones urbaines où la végétation peut s'épanouir sont le lieu de jeux amoureux, d'une liberté du corps : on court, on se cache, on bouge autrement. Ces espaces aux abords des villes permettent de laisser libre cours à l'imaginaire. Il s'y passe parfois des choses étranges, inexplicables selon toute rationalité, comme dans *James ou pas* (1970) ou dans *Les arpenteurs* (1972). Des gens disparaissent et réapparaissent dans une atmosphère de semi-réalité. Dans le film de Murer, *Grauzone,* le personnage principal, un citadin de Zurich, part dans la campagne environnante pour écouter et enregistrer les oiseaux : c'est le moment pour lui d'une grande émotion à la fois morale et esthétique, parenthèse dans le mal de vivre du personnage. Le mouvement de décentrement est parfois motivé par le trajet que filme la caméra, mais il est symbolique autant que physique.

Le décentrement a la force du renversement des valeurs. Sa faiblesse – si on peut employer ce terme hiérarchisant – est de garder, comme points de repère structurants, les notions de centre et de périphérie. L'autre processus qui guide la représentation de la ville, c'est le *passage*, en tant que mouvement d'un sujet dans un ou plusieurs éléments urbains : une traversée. Certainement pas un itinéraire : cela implique que l'on aille d'un point à un autre sur un trajet bien défini ; ni une errance, cela veut dire que l'on ne sait pas où on va, marchant de-ci de-là. Le passage est ici à entendre comme un tronçon déconnecté de parcours, ou du mouvement qui le constitue, parcours qui devrait avoir un début et une fin, une origine et une finalité, mais qui se donne pourtant sans ces repères. Le passage, tel que nous l'entendons ici, porte en lui cette tension : il implique les points qui le bornent comme un manque, comme une absence, car il se donne à celui qui le nomme « passage » – tel l'observateur assis sur un banc qui voit passer un cycliste – comme un mouvement sans origine et sans fin. Tout au plus une direction, et encore. Il s'ensuit que le passage est fonction d'un point de vue même si, comme nous le verrons, ce point peut se trouver pris dans le mouvement même. Au cinéma, le passage est construit pour le spectateur, et les manières de faire voir ou sentir le passage sont multiples.

Même si les repères d'origine et de fin sont déniés dans notre définition du passage, ce dernier implique les notions d'endroit, de place, de point soit parce qu'elles échouent à le borner, soit parce qu'il les traverse. Le passage s'articule avec le lieu. Celui-ci peut être englobant : la ville est le lieu d'un ou de multiples passages ; un endroit spatial et symbolique qui assigne une place, qui définit une identité et suppose une relation à l'histoire. Cette définition est proche de ce que Marc Augé appelle le « lieu anthropologique[85] ». Mais le terme

---

85. Pour Marc Augé, le lieu est à la fois identitaire, relationnel et historique (1992 : 69). Augé réélabore cette notion en partant de la proposition de Michel de Certeau (1980 : 173).

de « lieu » peut aussi désigner une place précise dans la structure du lieu englobant : un endroit unique, déterminé par sa fonction, sa définition géographique et historique. Le passage est ainsi tendu, à l'intérieur de la ville, entre deux lieux qu'il élide en tant que tronçon déconnecté.

Il intervient au début du film de Soutter, *Hachisch,* qui commence à proprement parler par la présentation de Genève. Cette mise en place de la ville se déroule selon trois régimes. Le premier, assumé par l'énonciation filmique, donne, avant même le générique, une première image de la cité en adoptant le centrement comme principe. Trois plans se suivent dans ce prologue. On montre le pont du Mont-Blanc, dernière séparation entre le lac Léman et le Rhône qui continue son chemin. C'est le centre de Genève, entièrement construite autour de cette extrémité du lac que dessine la Rade. Le premier plan est un panoramique qui, de gauche à droite, suit presque toute la longueur du pont, en accord avec le mouvement des voitures et particulièrement du tramway qui le traverse. Le point de vue est particulier : la caméra semble devoir se trouver au milieu de l'eau ou sur un autre pont. Elle est en fait installée sur un lieu de référence de la ville : l'île Rousseau, une presqu'île en réalité. Justement, dans le deuxième plan, est cadrée la statue de l'écrivain genevois, elle-même au centre du plan comme au centre de l'île, qui se trouve au cœur de la ville. La statue est filmée en contre-plongée, ce qui isole le personnage historique monumentalisé. Très vite, le troisième plan, filmé d'un point de vue un peu plus éloigné, réorganise l'espace selon un centrement radical. La statue se trouve au milieu du plan général, encadrée par deux arbres auxquels l'hiver a fait perdre les feuilles ; à l'arrière-plan, le pont, une ligne horizontale qui souligne l'équilibre parfait des éléments urbains dans le cadre filmique. À la représentation des éléments de la ville selon un espace centré et clos s'ajoute une représentation de l'Histoire : Rousseau, écrivain genevois, est cité pour une phrase qui renvoie à la nationalité. Tirée de *La Lettre à d'Alembert sur les spectacles,* elle a été interprétée pour l'occasion dans l'esprit identitaire : « Jean-Jacques, aime ton pays[86] ». Après ce prologue com-

---

86. Il s'agit du pays genevois. Aujourd'hui, cette citation figure comme inscription commémorative à l'emplacement de la maison que Rousseau a habitée dans son enfance à Genève.

mence le générique. Le film met donc en exergue la question de la nationalité et du rapport à l'identité.

Il prend d'emblée le contre-pied de l'introduction à laquelle il répond par un discours antinationaliste particulièrement violent contre la Suisse[87]. Cette révolte s'exprime par la mise en scène du *passage*, et cela dès la fin du générique. Le passage était déjà présent dans le prologue grâce à la traversée du pont par le tramway, mais l'ensemble était enfermé dans le centrement du point de vue. Il est traité tout autrement dès le premier plan du film avec le début de la narration et l'apparition des personnages. Alors se met en place le deuxième régime de présentation de la ville, totalement démystificateur. Deux hommes roulent en voiture, la caméra est derrière eux, à l'intérieur de l'habitacle. Leurs corps en contre-jour forment des silhouettes totalement noires et font obstacle au défilement du paysage urbain qu'impose le mouvement de la voiture. On voit le pare-brise masqué par les personnages et une petite partie de la vitre gauche du côté du conducteur. La visibilité est encore compromise par la buée qui couvre partiellement les vitres. Le rythme des essuie-glaces barre régulièrement l'espace-écran du pare-brise qui se donne à la fois comme l'essentiel du visible et ce qui limite pourtant la perception. La ville est en somme à peine représentée, alors que les personnages ne sont pas vraiment montrés au spectateur. Tout semble entraver le regard, y compris le déplacement de l'automobile. Contrairement au prologue, la ville apparaît en mouvement, dans une sorte de défilement des rues : il n'y a pas de plénitude de la représentation, mais une image constamment en fuite. Le trajet est difficile à identifier, mais on peut y parvenir : il traverse les quartiers commerçants par la rue de la Confédération, nom chargé symboliquement, manifestement rejeté par le film qui entrave la représentation de ce qu'il désigne. L'effet est inverse par rapport aux plans de la statue de Rousseau qui soulignent la monumentalisation de l'Histoire : on nie le sens symbolique ajouté aux structures physiques de la ville et à la valeur commémorative du nom.

---

87. Voir par exemple les scènes d'enregistrement dans les studios de la radio, le texte qui exprime un regard sévère sur la Suisse, le regard d'un étranger, de Nazim Hikmet, turc, communiste, qui a fait seize ans de prison dans son pays, comme le précise le film de manière lapidaire : « De mon compartiment je contemple la Suisse. Ses villes sûrement sont ennuyeuses. Mais ses sanatoriums sont peut-être fort gais [...] ».

Ce déni infligé à l'identité de la cité est mis en œuvre par un *passage :* un tronçon déconnecté de son point de départ et d'arrivée. Le dialogue s'attarde pourtant à ces questions de destination et de finalité :
— Tu m'déposes au studio, hein ? Tu vas où toi ?
— Chercher Antoinette à l'école.
— Qu'est-ce qu'elle devient ?
— Elle va.

Mais le film ne montre jamais aucun de ces lieux. En effet, après que la caméra cadre le capot momentanément, un autre plan enchaîne, montrant du même point de vue cet intérieur de la voiture ; mais cette fois une jeune femme est assise à côté du conducteur – on peut penser qu'il s'agit d'Antoinette : de fait, le film montre une autre scène. Tout en assumant une ellipse temporelle, la coupe semble unifier les deux plans qui se ressemblent. Mais le premier trajet n'aboutira positivement nulle part, car il mène tout droit à un autre voyage en voiture, certainement pas à un endroit identifiable comme l'école ou le studio. La voiture *va*, en quelque sorte, sans complément de lieu, car le lieu est élidé ; « elle va », comme Antoinette, si on joue sur les mots : elle va bien, mais où donc ? Cette séquence fait du premier trajet en voiture un mouvement déconnecté, un simple déplacement, une traversée de la ville sous forme de fragment.

Le troisième régime, constitué du parcours de l'homme et de la femme, présente un exemple de décentrement, que nous avons commenté plus haut. La caméra est revenue à sa position première à l'intérieur de l'habitacle de la voiture ; mais elle cadre uniquement le siège de droite où se tient la femme. À la fin du plan, un panoramique suit son mouvement lorsqu'elle se penche vers le conducteur, qui entre alors enfin dans le champ. La visibilité reste toujours très faible ; cependant, le paysage s'ouvre sur la campagne. Deux plans suivent la voiture de l'extérieur jusqu'à ce que finalement elle s'arrête devant un cours d'eau, dans la nature, avec, tout au fond du plan général, une usine et sa grande cheminée. Le couple arrive donc dans la campagne « citadine » ou plus précisément industrialisée : lieu de liberté pour les amoureux et de désir ; ils finiront par s'embrasser et courir dans les prés. L'usine est pourtant recadrée dans un panora-

Le regard urbain dans le nouveau cinéma suisse

mique beaucoup plus proche, qui la relie aux éléments du paysage tout en démontrant son étrangeté en cet endroit.

Avec le film de Murer, le passage se matérialise. *Grauzone* montre Zurich sans privilégier les signes distinctifs qui désignent clairement la métropole. Beaucoup de trajets en voiture jalonnent le film, mais l'attention porte surtout sur les *passages* considérés cette fois en tant que structures urbaines constitutives de l'architecture et de l'infrastructure de la ville : les passages que Murer choisit de filmer concernent aussi bien les piétons que les voitures. Ainsi, le film accumule les souterrains, les tunnels, les garages que l'on traverse, les boucles de contournement, les ponts et les passerelles, et même les tunnels de lavage. Les plans de ce type peuvent être motivés par l'histoire, par le déplacement des personnages. Pourtant, ces passages « matériels » apparaissent comme des tronçons déconnectés car, plus l'histoire progresse, plus ils s'imposent pour eux-mêmes, pour leurs qualités visuelles et leur forme propre. C'est l'effet que produit l'accumulation de ce type de plans, qui s'intercalent dans le récit comme une série de ruptures ou de poses. Les passages deviennent des objets-structures sans être des lieux où on s'arrête. Leur fonction urbanistique, mais aussi diégétique, qui est de relier, s'efface pour construire l'univers urbain parcellisé dans sa visibilité et dans sa forme.

Cette forme ne se donne que dans *l'éclatement*, dont la fin du film propose le paroxysme diégétique dans l'explosion de l'entreprise où travaille le héros, grand surveillant des employés, grand espion ignoré de tous, sauf du patron. Le film fait du regard omniprésent sur le monde un vecteur essentiel de l'histoire en même temps qu'il défait les repères du personnage principal, justement en prise à un mal de vivre : il procède à un véritable démembrement de l'espace en imposant de plus en plus des plans de « morceaux de ville isolés ». Les *passages* font partie d'une série plus vaste de plans qui cadrent des parties de façades, des immeubles modernes, des tours, des vues diverses en somme où le béton est omniprésent. Ces vues ponctuent le récit, et en brisent la continuité : le spectateur ne parvient pas à construire l'espace urbain comme totalité centrée et close. L'éclatement du regard urbain et la crise du héros sont liés au contexte identitaire national, car ils ont lieu au moment même où un virus imaginaire se propage dans le territoire helvétique : un virus très particulier qui tient plus du domaine socio-politique que de la science médicale.

Si on peut dire que la ville est au premier plan, ce n'est pas seulement parce qu'elle s'impose visuellement à tout moment, mais aussi parce que ses bruits envahissent toutes les situations. Cela est frappant lorsque le couple dîne sur le balcon de son appartement. Assis l'un en face de l'autre, les personnages entretiennent une conversation que le spectateur ne peut presque pas entendre, leur voix étant couverte par le flux sonore du mouvement urbain pourtant invisible dans la séquence. Contrairement à un procédé utilisé par certains cinéastes de la Nouvelle Vague par exemple – lié à la prise de son directe – où les acteurs forcent la voix pour se faire entendre[88], ici les personnages ignorent totalement le phénomène. Le spectateur est simplement mis à distance de leur intimité et confronté directement aux indices de la ville. Le brouhaha couvre la conversation, comme si la ville « s'installait » sur le balcon et venait récupérer cet espace architectural intermédiaire, entre extérieur et intérieur, entre espace privé et espace public. Cette séquence propose à sa manière un nouveau « morceau » de ville, dont l'apparition tient cette fois à une sorte de gros plan sonore. Dans le film, l'éclatement de l'espace par les bruits est systématisé et traité comme un phénomène de société. C'est ce que démontre notamment l'omniprésence des médias : la télévision dans l'appartement ou la radio qu'on écoute en voiture. Très souvent, les voix des présentateurs interviennent sur des plans de ville isolés, comme si la ville était leur ancrage, ancrage problématique d'ailleurs, puisque indéterminé, fragmentaire et changeant. Ce sont des voix insituables : elles participent au morcellement du récit et de l'espace visible en parasitant les fragments de ville auxquels elles se superposent.

La ville défaite par l'Histoire

Dernière forme de lutte contre le centrement identitaire urbain : le « passage » de l'Histoire. L'exemple est frappant dans un autre film de Soutter, *La pomme,* qui se déroule aussi à Genève. La narration

---

88. Comme on le trouve chez Godard par exemple : Jean-Pierre Léaud dans le métro dans *Masculin/Féminin* (1966).

commence encore une fois par l'exposition de la ville, présentée d'emblée à travers la référence à un grand homme, Lénine, qui a séjourné quelque temps dans la cité de Calvin. Or sa visite s'exprime littéralement par son « passage », comme on dit : « il n'a fait que passer ». Genève n'est en effet qu'une petite parcelle de son parcours historique, une sorte de détour. Ce n'est pourtant pas le caractère déconnecté de ce passage tel que le film l'arrache à la vie de Lénine qui nous intéresse ici, car ce n'est pas là-dessus qu'il s'appuie pour exploiter cet élément dans sa puissance déstructurante de la ville identitaire. Au contraire, le passage de Lénine est construit pour mettre en place une référence à l'origine et à la finalité historique. Ici, l'élément majeur est la confrontation de la ville-espace qu'est Genève avec un principe historique fort.

Le film rend compte de deux séjours de Lénine à Genève, entre 1903 et 1909, comme d'un seul parcours urbain. Les premiers plans, après le prologue et le générique, en proposent la narration lapidaire par la bouche d'un des personnages, un journaliste. Le passage est rendu par une série de lieux mentionnés à la suite les uns des autres, ce qui ressemble fort à un itinéraire. Chaque endroit est montré par un plan fixe qui cadre l'entrée du bâtiment fréquenté par Lénine ou la rue où il se trouve. Le discours verbal, qui mentionne les différents sites, est rythmé par la récurrence du système de présentation : le journaliste nomme systématiquement un lieu et un nom de rue, presque toujours le numéro, avec une précision artificielle. Quelques adverbes de temps organisent parfois la succession des adresses, mais le principe dominant est la juxtaposition. Le début de la séquence commence par un plan de la plaque commémorative du séjour de Lénine à Genève.

Lénine s'installa pour la première fois à Genève en 1903. Il était accompagné de sa femme, Nadia : « C'est triste, le diable l'emporte, de rentrer dans cette maudite Genève. Mais... rien à faire », disait-il. Il loua ensuite un appartement au numéro 3 de la rue des Plantaporrêts. Il fréquentait régulièrement la salle de la Société de lecture, Grand-Rue, 11. Il avait organisé un atelier de composition typographique au sous-sol du numéro 27 de la rue Caroline. Puis au numéro 6 du Quai du Cheval-Blanc. Les brochures clandestines étaient imprimées au numéro 27 de la rue de la Coulouvrenière. Lénine donne plusieurs conférences à la Maison du peuple rue Dubois-Melly. Il fréquentait la cantine pour émigrés rue de la Colline numéro 3 et la brasserie Landolt. Après la première défaite du mouvement populaire de 1909, il revint habiter Genève, chez la veuve Küpfer, à l'entre-sol du numéro 17 de la rue des Deux-Ponts. Ensuite ce fut le numéro 61 de la rue des Maraîchers.

La ville apparaît sous un jour négatif : « cette ville maudite », pour le personnage célèbre, dont la plaque rappelle la fonction historique : fondateur de l'URSS, symbole et acteur dans la naissance d'un pays. On le constate d'emblée, la référence à Lénine renvoie à la question du national et du politique, ce qui ne peut qu'interroger en retour l'identité genevoise. Par rapport à Genève, Lénine est le représentant d'une altérité radicale. Il est lié à un autre lieu, à une autre unité nationale, l'État soviétique, dont il est lui-même l'origine effective et symbolique, comme à un autre modèle politique, le communisme. S'il incarne nombre de valeurs identitaires, toutes échappent pourtant à Genève. La ville n'est appréhendée que de manière pointilliste : un lieu, une rue, un numéro, dont le seul lien semble être apporté par les activités du personnage célèbre et non par la logique spatiale et historique propre à la ville. Cette disjonction est rendue aussi par la construction fragmentaire de l'image qui enchaîne des plans fixes isolés les uns des autres au moyen d'une simple coupe. Aucune continuité spatiale ne se constitue ; pas de mouvement, pas de trajet entre ces lieux : le spectateur ne voit que des endroits déconnectés les uns des autres. Il n'y a ni unité ni cohérence venant de l'espace genevois. Les valeurs identitaires d'origine et de fondation sont bien actualisées par le film, mais elles appartiennent à l'histoire de l'URSS, à un autre à la fois territorial et politique. Le film structure par une identité constituée historiquement, celle de l'URSS, la représentation de la ville à laquelle pourtant il refuse toute unité propre, toute image de totalité intrinsèque, et même une histoire singulière, avec son propre acte de fondation : Genève se voit privée de tout ce qui peut la constituer en représentation identitaire suisse.

Si l'on peut parler de *passage* pour les deux séjours de Lénine rendus en une seule fois, c'est de manière ambiguë. Bien que le film présente une tranche à part de sa vie, il la construit selon la logique de sa finalité ; il privilégie les notions de fondation et d'identité, valeurs qui ne peuvent être associées à des représentations auxquelles justement les principes d'origine et de fin font défaut. Dans ce sens, ce que présente le film, n'est pas un passage tel que nous l'entendons. Mais l'intérêt majeur ici tient à l'effet que ce passage ambigu produit sur l'image de Genève, car le film défait toute notion d'identité par une identité nationale superlative et révolutionnaire. La présence de ce personnage-symbole identitaire dans Genève retire toute liaison aux lieux qui constituent la ville.

À travers une mise en forme décentrée et morcelée de l'espace urbain, à travers une représentation qui lui refuse une unité spatiale et historique, ces films suisses introduisent un nouveau motif iconographique qu'ils empêchent de fonctionner selon une logique identitaire. Dans ce sens, l'image de la ville ne peut devenir le relais du Village suisse. La critique de la Suisse ne découle pas alors seulement de la mise en cause des valeurs qui la symbolisent, mais plus radicalement de la déconstruction de ce qui fonde toute identité : unité spatiale et temporelle propre au mythe national ou régional.

Tokyo, le film

Catherine Russell
School of Cinema, Concordia University, Montréal
Traduction : May Telmissany

Dans *L'empire des signes*, Roland Barthes considère Tokyo comme une ville dont le centre est vide. Le Palais Impérial qui occupe le centre géographique de la ville est entouré de douves, de murailles et de forêts. Selon Barthes (1970 : 46), il s'agit « d'un lieu à la fois interdit et indifférent ». Selon son analyse sémiotique du Japon comme système de signes, le détour constant de la circulation autour de la zone centrale interdite devient l'emblème du Sujet japonais vide. L'absence d'adresses et la dépendance sur les petites cartes pour se retrouver à Tokyo amènent Barthes à observer que « l'adresse n'étant pas écrite, il faut bien qu'elle fonde elle-même sa propre écriture » (*ibid :* 51). Les remarques de Barthes peuvent s'inscrire dans une sorte d'orientalisme moderniste qui voit dans tout ce qui est japonais une différence, bien que sa description de Tokyo comme zone discursive comporte une certaine vérité. Un bref aperçu de la représentation de Tokyo dans le cinéma pourrait nous permettre de comprendre, dans une perspective plutôt historique, le sens de Tokyo comme système de représentation.

De nombreux titres de films comprennent le nom Tokyo : *Tokyo olympiades* (1965), *Le procès de Tokyo* (1983), *Tokyo décadence* (1992), *Le vagabond de Tokyo* (1996). Ozu a réalisé cinq films où l'on retrouve le nom de Tokyo dans le titre : *Le chœur de Tokyo* (1931), *Femme de Tokyo* (1933), *Une auberge à Tokyo* (1935), *Voyage à Tokyo* (1953) et *Crépuscule à Tokyo* (1957). S'il est vrai que Tokyo est le centre de l'industrie cinématographique japonaise, peu de films y sont effectivement tournés. Kurosawa et Ozu par exemple construisaient en studio des décors élaborés pour leurs nombreux films situés dans la ville (Richie, 1988 : 74). Un Tokyo imaginaire remplace donc la métropole qui possède peu de points de repère distinctifs et aucune silhouette familière. Cette ville imaginaire joue un rôle central dans la narrativisation des grandes transformations sociales survenues dans le Japon du XXe siècle. L'histoire de Tokyo est intimement liée à la modernité japonaise et le fait que de nombreux films se déroulent dans cet espace urbain n'est pas sans rapport avec l'histoire du pays. Donald Richie avance que tant que Tokyo est en perpétuelle construction, elle demeure « l'illustration d'elle-même, une métaphore du changement continu » (1986 : 94). En tant que symbole culturel spécifique de l'espace urbain, Tokyo dans le cinéma se présente comme un lieu imaginaire, construit en termes de peurs, de désirs, de fantaisies et de nostalgie, plutôt qu'en termes d'architecture ou d'aménagement urbain. C'est partiellement la tendance vers la stylisation formelle dans le cinéma japonais qui présente Tokyo comme une ville virtuelle exemplaire, tout comme son histoire culturelle urbaine est particulière. Une petite distance sépare étonnamment les ruelles étroites de l'ancienne ville d'Édo et l'espace cybernétique de la ville contemporaine d'animation.

La destruction de Tokyo à deux reprises au cours du siècle passé expliquerait peut-être les étranges caractéristiques d'une ville exceptionnellement difficile à parcourir et à pénétrer. La reconstruction de la ville après le séisme de 1923, et celle supervisée rapidement par les autorités américaines d'occupation, à la suite de la Deuxième Guerre mondiale, ont produit une zone hasardeuse de structures fonctionnelles, construites à la hâte. Dans la deuxième moitié du siècle, l'accélération économique du boom d'après-guerre a créé le fameux environnement urbain surpeuplé que nous connaissons. Malgré la présence de quelques exemples remarquables d'architecture moderne, éparpillés çà et là dans la ville, il ne s'agit point d'un espace métropolitain particulièrement agréable et beau. Dans la métamorphose inégale et mal planifiée d'Édo en Tokyo, les vues du mont Fuji et de la baie de Tokyo furent oblitérées. Un espace monumental est réservé aux temples, et contenu dans leurs enceintes ; ainsi, comme l'avance Hidenobu Jinnai, « Tokyo s'est transformée en ville aux paysages moyens, ville uniforme et sans complexité » (1995 : 127).

Un des aspects frappants du Tokyo contemporain est la multiplicité des gigantesques écrans vidéo suspendus sur les buildings du centre-ville. On les voit surtout dans les documentaires les plus créatifs sur Tokyo, réalisés par des cinéastes non japonais comme Bill Viola, Chris Marker et Wim Wenders. Les deux films de Marker et Wenders, *Sans soleil* (1982) et *Tokyo-Ga* (1985), s'attardent sur la culture vidéo qui envahit la ville. La caméra de Wenders voyage dans les rues, en cadrant les postes télé montés sur les taxis aux néons éblouissants ; Marker montre les foules d'enfants éblouis par les écrans géants, dans les quartiers de Shinjuku et Shibuya. Le film de Bill Viola, *Ancient of Days* (1979-1981) comprend une scène remarquable qui commence par une image du mont Fuji, puis la caméra recule graduellement pour montrer que cette image pastorale est projetée sur un écran au centre-ville. Ensuite un *zoom in* lent sur les magasins et les foules sous l'écran numérique finit par s'évanouir dans les profondeurs brumeuses d'un magasin de télévision. Pour les trois cinéastes, Tokyo est l'incarnation d'une culture de l'image qu'ils cherchent à pénétrer avec leurs propres caméras. Leur statut d'*outsiders* est confirmé par une surabondance de signes qui constituent un champ visuel dynamique, spectaculaire et symboliquement « moderne ». Son inintelligibilité est non seulement due à la différence de langue, mais aussi aux positions de visionnement déstabilisées dans un environnement saturé par l'image.

C'est seulement lorsque Wim Wenders cadre Chris Marker buvant dans un petit bar, ou bien lorsque nous reconnaissons les images filmées par Viola, projetées sur un écran géant, que ces cinéastes réussissent à pénétrer la façade d'images qu'est Tokyo.

La projection omniprésente des vidéos publicitaires et musicaux dans les divers centres de la ville indique comment la ville est un espace de projection, un site discursif, une ville imaginaire. Le critique architectural Vladimir Kristic considère la prolifération des écrans électroniques à Tokyo comme « la dissolution finale de l'espace urbain ». En s'inspirant de la théorie postmoderne de Virilio et Baudrillard, Kristic avance que ces machines de simulation constituent « la rupture du point évanouissant » nous ramenant, encore une fois, à la position vacante du Sujet de la postmodernité. La dissolution du volume architectonique, le flou entre le réel et le simulé, menacent d'une « éclipse totale du réel » (Kristic, 1997 : 39). Alors que cette fin apocalyptique de l'espace urbain représente une interprétation provocante de la ville contemporaine de Tokyo, l'analyse de Kristic se rapproche de celle de Roland Barthes parce que toutes deux évitent l'histoire vécue de Tokyo. En effet, Tokyo est historiquement figurée comme un espace urbain instable, un espace qui fut traditionnellement noyé dans la représentation, et qui s'est résigné, en un sens, dans un perpétuel apocalypticisme.

LES FLEURS D'ÉDO

Nous pouvons retracer l'apocalypticisme du Tokyo moderne à travers l'histoire de la ville qui remonte aux « fleurs d'Édo » – ces feux qui ravageaient régulièrement l'enclave urbaine. Comme l'explique Darrell William Davis, les feux dans la ville ancienne n'étaient pas seulement destructeurs mais aussi « disruptifs des hiérarchies sociales et des procédures bureaucratiques ». « Les fleurs s'épanouissaient non seulement dans la chaleur et la lumière, mais aussi durant les grandes querelles, parce que les gangs des quartiers des pompiers se bagarraient souvent pour des questions de juridiction, de ressources et se disputaient autour de la responsabilité après les incendies » (Davis, 1997 : 92). Cette ville combustible était connue sous le nom d'Édo jusqu'au début de la restauration sous les Meiji en 1868. La longue période Tokugawa qui a duré deux cent cinquante ans, de 1603 à 1868, connue également sous le nom de l'époque Édo, a amené la stabilité à une nation belliqueuse, au même moment où le Japon était plus ou moins fermé aux influences étrangères. Transférer la capitale de Kyoto à Édo fut une importante stratégie de l'État militaire. Tandis que l'Empereur demeurait dans l'ancienne capitale, la classe militaire des *Shogun* imposa un système complexe selon lequel tous les propriétaires terriens de la région ainsi que les commandants militaires (les *daimyo*) devaient habiter avec leurs familles à Édo. Pendant qu'ils voyageaient entre leurs fiefs et la capitale, Édo s'est développée comme centre culturel. De nombreux *samuraï* et officiels de haut niveau, ayant très peu à faire dans une situation de paix, sont devenus les consommateurs de la culture, les mécènes du théâtre, de la musique et des arts visuels florissants. Le théâtre Kabuki, le bunraku, l'imprimerie sur des planches de bois, parmi d'autres, sont devenus des arts populaires, subventionnés par la bourgeonnante classe moyenne d'Édo. En voyageant de la capitale aux provinces et vice versa, les *daimyo* et leur entourage ont diffusé cette culture métropolitaine spécifique à travers le pays, un processus que Davis appelle « Édofication » (*ibid.*).

Un des districts particuliers d'Édo fut appelé Yoshiwara, c'est-à-dire quartier du plaisir, où se trouvaient les grandes et les petites maisons des *geisha*. Ce district est devenu le centre culturel des arts, le lieu des plaisirs interdits et de l'esthétisme décadent devenu le symbole de l'ancienne Édo. Les habitants du quartier, connu sous le nom de « monde flottant », ont cultivé une attitude de résignation face à cette vie d'inactivité forcée, dans laquelle les indulgences esthétiques et érotiques permettaient la seule évasion imaginaire loin de la structure sociale restrictive et répressive. L'expression « les fleurs d'Édo » résume parfaitement la combinaison ambivalente des esthétiques bouddhistes et érotiques de l'époque. En même temps, la nouvelle culture qui a évolué dans ce lieu maudit a englouti la culture moraliste et autoritaire dominante, et inauguré la transition vers la modernité. Le nom de Tokyo coïncide avec le passage à la modernité en 1868.

Ville garnison, Édo comprenait la ville surélevée où les *daimyo* avaient construit leurs résidences, et la basse ville où se trouvaient les lieux de divertissement, ainsi que les maisons des marchands, des artistes et des paysans. Cette ville basse fut appelée *shitamachi*. L'intérêt porté par le cinéma au quartier des plaisirs, Yoshiwara, a fait de lui l'image nostalgique prévalante de l'ancienne Édo dans les films japonais. Les histoires de Mizoguchi sur les *geishas*, les acteurs kabuki et autres artistes se passent souvent dans ce lieu privilégié même s'il avait commencé à changer sous les Meiji et dans les périodes ultérieures. Chacun des grands studios durant la période classique du cinéma japonais avait son décor de l'ancienne Édo, avec ses ruelles étroites éclairées au gaz, alignées selon un plan longitudinal, et avec ses ponts en forme d'arche qui, autrefois, traversaient les nombreux canaux et rivières de la ville. Comme centre culturel de l'époque Tokugawa au Japon, la basse ville d'Édo était elle-même un site d'amusement et de spectacle. *Ukiyo-e* sous les Tokugawa constituait un moment précurseur dans l'art de l'affichage (une culture visuelle de masse vendue et exposée sur les étalages, dans les rues) qui fut étroitement lié au théâtre Kabuki et à la culture des courtisanes et de leurs protecteurs. En d'autres termes, la ville basse de l'ancienne Édo avait essentiellement une culture d'autoreprésentation. L'expression même de « fleurs d'Édo » donne un signifiant visuel à un phénomène de crise urbaine, transformant la catastrophe en esthétique.

Hidenobu décrit les quartiers de théâtre du *shitamachi* à l'époque Édo comme un « espace performatif », une « cosmologie du fantastique ». Les théâtres Kabuki, érigés au bord de l'eau, étaient minutieusement intégrés à la rue, parmi les salons de thé avoisinants. Les drapeaux et les signaux transformaient la région en entier en une zone discursive ludique. Même si cette scène toute particulière fut occasionnellement représentée dans les films, comme dans celui d'Imamura Shohei, *Eijanaika (Pourquoi pas ?*, 1981), la ville cinétique de Tokyo semble puiser ses racines dans la culture précinématographique de la basse ville d'Édo. Vers la fin de l'époque Meiji, des douzaines de salles de cinéma dans le quartier d'Asakusa projetaient les spectacles les plus grandioses de l'époque, marquant ainsi la transition vers la culture moderne de la représentation.

La culture visuelle du Tokyo contemporain fut marquée par deux traits distinctifs : l'hétérogénéité du mélange architectural de styles occidentaux et traditionnels et l'étendue du signe. Tandis que le premier trait constitue un texte discursif des formes culturelles, le deuxième constitue un paysage linguistique. La méthode *ad hoc* de planification urbaine a été décrite par Hidenobu comme une architecture unique en son genre dans laquelle chaque édifice est particulier (Hidenobu, 1995 : 165), constituant une sorte de textualité architectonique. Selon Donald Richie, parcourir les rues de Tokyo nous transforme en spectateurs (1986 : 91). Les signes écrits qui dominent l'espace public doivent être liés avec l'art de l'affichage de la rue, commercialisé à l'époque Tokugawa, et les écrans électroniques de la fin du XXe siècle, pour comprendre comment Tokyo a toujours été conçue comme un site discursif, une ville qui a toujours produit et s'est toujours reproduite comme un lieu imaginaire. Je présume que le rôle du cinéma dans ce processus fut instrumental. Mais ce n'est pas seulement à cause de ce paysage excessivement linguistique. Hidenobu remarque également que la vie urbaine à Tokyo n'est pas organisée à partir des édifices publics, mais dans les ruelles arrières, ces espaces invisibles menant vers les petits mausolées et temples « dans les replis les plus secrets de leur existence » (Hidenobu, 1995 : 126).

Tokyo, le film

Le village et la ville

En effet, l'image prédominante d'Édo et de Tokyo dans le cinéma de l'époque classique n'est ni celle d'une hétérogénéité discursive ni celle d'un excès textuel. La ville est souvent présentée comme un réseau tranquille de ruelles, de voisinages et de familles. L'image de l'ancienne Édo est souvent cadrée de façon symétrique, reproduisant les formes architecturales dans la composition même de l'image. Les ruelles étroites qui la distinguent, les petites boutiques, les bars, les auberges et l'éclairage des rues transforment la ville en un espace intérieur intime. Non seulement les films d'époque sont situés dans les quartiers familiers et idéalisés du *shitamachi*, mais de nombreux films du genre *gendai-geki* (les films situés dans des lieux contemporains) des années 1920 aux années 1950 continuent d'utiliser ces lieux pour désigner Tokyo, bien que très peu de ses ruelles existent encore. Les rues de Tokyo dans les films de Yasujiro Ozu, par exemple, sont toujours couvertes de signaux, mais ce sont souvent des rues arrières du *shitamachi*, où s'alignent les auberges et les bars où les salariés s'arrêtent sur leur chemin de retour. Dans les années 1920 et 1930, un sous-genre appelé *shomin-geki* (films du petit peuple) de *Shochiku* était baptisé les films *shitamachi* (Nolletti, 1992 : 12), mais ils étaient tous tournés dans des studios, dans les banlieues de Kamata et Ofuna.

Plusieurs cinéastes utilisent l'espace urbain comme une qualité de style. La lentille *wide-angle* d'Ozu tend à aplatir l'espace urbain sous forme d'un réseau de quadrillage, tandis que Mizogushi recourt aux travellings latéraux pour placer le spectateur dans l'espace tridimensionnel de la ville. Dans les films d'Ozu et de Naruse, situés presque exclusivement dans le Tokyo des années 1930, 1940 et 1950, les petites rues sont fréquemment cadrées en corridor. L'histoire de ces films met souvent en scène les relations intimes entre les voisins, habitant l'espace domestique étroit de maisons identiques, ce qui contraste avec les édifices monumentaux dominés par les cheminées et encombrés de meubles imposants. Ces drames de famille ont fixé les conditions de la transition culturelle et de la mutation sociale en reproduisant la vie des salariés et des femmes de bureau dans une société régie par la hiérarchie restrictive des strates sociales. La description de Tokyo comme une extension modulaire du foyer est un outil important grâce auquel le drame familial se transforme en drame social.

Les quartiers du *shitamachi* sont explicitement peints comme lieux de la nostalgie, où le sens de la communauté persiste à l'intérieur d'un environnement urbain oppressif. Les films d'Ozu, *Voyage à Tokyo* (1953) et de Kurosawa, *Vivre* (1952), sont peut-être les meilleurs exemples des sagas d'après-guerre de la Rédemption humaniste, dans un nouvel environnement urbain sans cœur. Dans les deux films, tournés juste après l'occupation américaine, la « démocratie » américaine a donné naissance à une culture faite d'individualisme, d'égoïsme et de convoitise, qui a consommé la majorité de la nouvelle génération. Le parc aménagé par Watanabe dans *Vivre* recrée un module ressemblant au foyer dans un cadre menaçant fait d'autoroutes et de constructions industrielles. Le personnage de Setsuko Hara, Noriko, dans *Voyage à Tokyo*, vit dans un immeuble dont les appartements délabrés abritent une communauté de voisins. Non seulement ces films décrivent des quartiers qui constituent de petites villes au sein même de la grande ville menaçante, mais il semble également que les cinéastes ont imposé un ordre formel à l'espace de la métropole qui, en dehors du cinéma, est extrêmement désordonné et chaotique.

Tokyo est souvent décrite comme un réseau de villages et c'est effectivement une ville aux multiples centres liés entre eux par des lignes de métro et de train. Les quartiers situés dans la banlieue sont également présentés, à l'époque des studios, comme des communautés presque rurales, où les distinctions entre espace public et espace privé sont brouillées. En voulant ressembler au foyer, cette image renie effectivement l'idée même de la ville. La transformation cinématique de Tokyo sous forme de villages, dans le cinéma des années 1950, fut un moyen de gérer et de contrôler la scène urbaine qui, rapidement, glissait hors contrôle. La vue du linge étendu, indice de la stabilité de la vie domestique dans le cinéma japonais, est aussi omniprésente que l'image des trains transportant les voyageurs qui font la navette entre les bureaux et les banlieues. Une féconde imagerie de transition, avec des trams, des métros, des trains en mouvement constant, fait de la ville un lieu de transition, d'instabilité et de flux continuel. Entre la maison et le bureau, l'espace intermédiaire est analysé par des films comme celui d'Ozu *Je suis né, mais...* (1932) et *Bonjour !* (1959), comme un paysage morne traversé par les rails de chemin de fer et les poteaux téléphoniques. Si Édo fut à l'origine intégrée dans un paysage naturel d'eau et de petites collines (Hidenobu, 1995 : 18), le Tokyo moderne est un espace plane. Encore une fois, c'est le formalisme du cinéma classique qui accentue l'impression des plans et surfaces aplatis, ce qui s'étend même au paysage de banlieue. Les enclaves qui ressemblent au foyer dans la métropole, contrastent souvent avec la vie de nuit décadente de la ville d'après-guerre, enlacée de musique jazz et de signaux en anglais. Ce n'est donc pas surprenant que Tokyo devienne dans la période classique le lieu de la perte des valeurs traditionnelles. Contrairement à la petite ville natale, ou *furusato*, Tokyo était le lieu où les jeunes gens allaient et ne revenaient jamais, où les structures familiales s'étaient désintégrées, et où les valeurs traditionnelles avaient cédé le pas au mercantilisme grossier (Richie, 1988 : 69). Dans les films comme *Vivre* et *La rue de la honte* (1956) de Mizoguchi, même l'éclairage uniforme de Yoshiwara à l'époque Édo cède la place aux éclats dynamiques des néons. Encore une fois, l'espace urbain est surtout construit dans des studios, peut-être en raison du désir notoire des réalisateurs japonais de contrôler les divers aspects de leurs films.

LES ANGOISSES MÉTROPOLITAINES

Bien que Ozu et Naruse intègrent régulièrement des tournées touristiques de Tokyo (et Osaka) dans leurs films, ces moments de tournage extérieur sont les exceptions qui confirment la règle. Ils demeurent en fait cadrés avec beaucoup de précision. Ce ne sera pas avant la nouvelle vague des années 1960 que le tournage en extérieur sera intégré de façon routinière dans les films japonais de fiction. Tokyo est représentée durant cette période comme une scène homogénéisante, envahie par les foules, dans laquelle les personnages luttent pour se forger une identité qui n'est pas imposée par la technocratie de la culture nationale et des médias de masse. L'architecture locale s'identifie avec la vaste étendue de la banlieue et la façon communale de vivre à l'étroit. Les Olympiades de 1964 ont peut-être placé Tokyo sur la carte du monde, mais le documentaire d'Ichikawa, *Tokyo olympiades* (1965) commence avec une balle qui se noie, dénotant la violence implicite du processus de modernisation.

Dans le cinéma de la Nouvelle vague, Tokyo devient un site d'aliénation où la décadence sociale produit la solitude et le crime. Le film de Susumi Hani, *Elle et lui* (1963), rappelle fortement les paysages d'Antonioni et de Pasolini avec ses blocs d'appartements surgis dans un immense terrain vague. Les personnages en marge de la société se rencontrent ici, les enfants jouent et les désirs sexuels sont interminablement différés. Le film d'Oshima, *Contes cruels de la jeunesse* (1960), s'ouvre sur une scène de viol à bord d'un navire dans la baie de Tokyo, tournée en couleurs vives à dominance bleue et orange. Le film se termine avec le même couple, avançant dans une rue encombrée, et fondant dans un brouillard coloré, hors foyer, qui met en relief leur désespoir fatal.

Au cours des années 1950 et au début des années 1960, Tokyo fut transformée grâce au nouveau réseau d'autoroutes et aux nouveaux monuments spectaculaires modernes, comme la tour de Tokyo et le stade olympique, deux sites qui deviendront bientôt nains, engloutis par la mer des gratte-ciel. De nouveaux systèmes de planification ont été introduits pour changer les noms des rues et des places. Ainsi, l'espace métropolitain de Tokyo est devenu, à bien des égards, méconnaissable (Yoshimoto, 2000 : 318). Les images et cultures importées ont également transformé le champ visuel en un environnement multilinguistique diversifié. Dans les films de Teshigahara, *L'homme sans carte* (1968) et *Visage d'un autre* (1966), ce nouveau *Metropolis* est exploré comme un espace psychologique dans lequel les distorsions de l'espace urbain sont retracées dans des récits identitaires.

Cependant, même dans les films de la Nouvelle Vague, la forme cinématographique s'impose à l'espace urbain. Il est vrai qu'il y a plus d'images documentaires, de tournages en extérieur que pendant l'époque des studios, mais les cinéastes se contentent rarement de laisser leur référent intact. Les cadres en mode *freeze*, les trucages avec les lentilles focales, les cadrages et les compositions formelles tendent à rompre le décor documentaire, en présentant la ville, encore une fois, comme un espace discursif représentationnel. Les films du genre *yakusa (films de gangsters)* de Seijun Suzuki contrebalancent le tournage à l'extérieur avec les décors intérieurs hautement stylisés, dans lesquels les actes de violence se chargent d'une grande émotion. Même les films noirs ou *gendai-geki* de Kurosawa sont situés dans les décors d'une ville générique, sombre, qui ressemble plus à un espace psychologique qu'à une localité urbaine familière.

Le film de Kurosawa, *Entre le ciel et l'enfer* (1963) fait exception à cette règle. Situé dans la ville de Yokohama, une gigantesque ville portuaire adjacente à Tokyo, ce film utilise la vue panoramique de la ville comme une scène à découvrir et à interroger. Dans une des scènes spectaculaires, un kidnappeur tombe dans le piège tendu par la police grâce à cette ruse : une matière chimique, placée dans le sac de la rançon, s'enflamme d'une couleur distincte. Une fumée rougeâtre surgit soudainement dans le film en noir et blanc, en cinémascope, et se distingue dans le paysage urbain observé à partir de la maison du marchand riche, au sommet d'une colline. Nous sommes ainsi capables de lire la ville comme un système de signes, et la police est capable de localiser le criminel dans l'étendue urbaine, impénétrable sans ce trucage. Comme l'a noté Yoshimoto Mitsuhiro, *Entre le ciel et l'enfer* s'engage directement dans le questionnement de l'espace urbain comme système de représentation, en présentant le paysage changeant de la ville comme une allégorie de « l'espace de la nation japonaise ». Comme ville portuaire, Yokohama est « située en marge de la société ». Son « existence dépend d'une interaction complexe entre l'intérieur et l'extérieur de l'État-Nation » (Yoshimoto, 2000 : 325). Depuis les années 1960 jusqu'à présent, Yokohama est de loin une ville plus cosmopolite que Tokyo, elle agit comme une sorte de zone intermédiaire entre Tokyo, la capitale nationale et le monde extérieur.

L'industrie japonaise du film a souffert d'une crise sérieuse durant les années 1970 et 1980, en produisant une poignée de films artistiques dans le cadre d'une industrie qui s'est retournée vers la vidéo pornographique et musicale. Un des films les plus intéressants des années 1980 est celui de Morita Yoshimitsu, *Jeux de famille* (1983), dont l'action se passe dans un pavillon résidentiel du port de Tokyo, probablement dans un des nombreux immeubles construits sur les îles nouvellement créées. Les personnages de Morita vivent dans un paysage industriel, qui reprend l'espace ouvert de la banlieue d'Ozu dans *Je suis né, mais...* (1932) sous forme d'un panorama morne de barils de pétrole et de cheminées d'usines. Les pressions du boom économique des années 1980 se font sentir à travers une famille qui cherche à placer son fils dans une école secondaire prestigieuse.

Morita accentue l'effet des quartiers surpeuplés, où se situe leur appartement, en aplatissant l'espace. Sa lentille *wide-angle* et son cadrage sont à la fois un hommage pour la mise en scène d'Ozu, et un triste commentaire sur la décadence des valeurs sociales. C'est l'espace de la ville elle-même qui représente la plus forte évocation du crépuscule de la nation dans ce film, de même que le sens du destin contraignant semble émerger de la ville elle-même. Il n'y a plus de vie de village, plus de communauté, plus de corridors dans le Tokyo des années 1980.

La ville en crise

Le discours critique sur les villes et le cinéma tourne autour des couches de sens qui s'amorcent dans les structures urbaines. Cependant, à Tokyo, le processus de renouveau culturel, de réinvention et de régénération était d'un tel « apocalypse » violent, qu'il en reste très peu de traces, très peu de preuves sur le processus historique. Tout est toujours déjà nouveau. Depuis sa création sous les Meiji, Tokyo s'est définie comme une ville « moderne » et continue de pousser jusqu'à l'extrême la modernité et l'innovation technologique. Ce n'est donc pas surprenant que Tokyo figure dans les films de science-fiction d'après-guerre de façon prédominante. Elle était devenue le site emblématique du progrès accéléré, succombant sous le poids de son propre succès comme capitale du monde industrialisé. Depuis la sortie de *Godzilla : King of the Monsters* en 1954, Tokyo a entrepris une forme ritualisée de destruction cinématographique. *Tetsuo* (1989) de Shinya Tsukamoto présente Tokyo comme une machine dans laquelle les gens se sont soigneusement fusionnés avec la métropole industrialisée à tel point qu'ils sont devenus des *cyborgs*, vivant dans un monde de détritus de haute technologie. De nombreux *yakusa* ou films de gangsters nihilistes, qui figurent parmi les films japonais exportés les plus célèbres au cours des dernières années, se retrouvent dans les bas-fonds des quartiers intérieurs industrialisés de Tokyo. Le chef d'œuvre de Tsukamoto, *Bullet Ballet* (1997), en est témoin.

Dans *Bullet Ballet,* comme dans le film de Tsukamoto, *Tetsuo (Iron Man,* 1989), Tokyo est devenue un organisme dans lequel les gens sont liés par les liens fluides des technologies. Les réseaux de métro connectés entre eux, comme les réseaux d'autoroutes, de tunnels et de téléphones sont rehaussés par des courants de lumière floue et des rythmes techno palpitants. Les téléphones cellulaires dans la foule sont emblématiques de la densité physique des gens, de l'aliénation croissante au sein de l'organisme humain et de l'intensité de la vie quotidienne. Fumée et vapeur, caractéristiques du film noir, sont remplacées dans *Bullet Ballet* par l'eau ruisselante, tandis que les personnages se poursuivent à travers un réseau de canaux abandonnés et de tuyaux de drainage et d'égouts. Tsukamoto présente une masse de scènes d'archives violentes : des images de guerre, des soldats, des maisons effondrées, des coups de pistolet, pour suggérer la façon dont l'environnement des personnages est lourdement chargé d'images. Ce n'est qu'à la fin du film que la silhouette de la ville apparaît et que les personnages peuvent être cadrés dans cet arrière-fond ; mais bien entendu, il s'agit d'une finale apocalyptique où tout le monde trouve la mort. La coda romantique mixée avec un arrière-fond céleste ne peut être comprise que comme un rêve profondément ironique, né de l'imagination tordue de la ville elle-même.

Dans *Bullet Ballet,* Tsukamoto lui-même joue le premier rôle masculin, tandis que le rôle féminin, interprété par Kirina Mano, ressemble à une figure animée, avec de grands yeux, des épaules carrées et un visage exagéré. J'estime que la majorité des films *yakusa* contemporains doivent être lus en opposition au genre dominant des films animés, dans lesquels Tokyo est devenue synonyme d'espace virtuel de l'imaginaire, généré par l'informatique. C'est contre cette image dominante du cyberespace que la violence du Japon contemporain se manifeste. Les films animés sont devenus le genre le plus populaire du cinéma japonais commercial, mais aussi le plus exporté à l'échelle internationale. De nombreux longs métrages de séries animées se passent dans un espace ressemblant à Tokyo, quoique l'un des plus célèbres, *Ghost in the Shell* (1995), se passe à Hong-Kong. Peut-être que la fantaisie de la ville lumineuse du futur qui persiste dans ce film ressemble beaucoup à la fantaisie du maire de Tokyo lui-même qui rêve de construire un Gotham City monumental dans les parages du port de Tokyo.

Doomed Megalopolis (1992) et *Patlabor* (1995) sont deux séries de films animés dans lesquels Tokyo se déploie de plus en plus en hauteur. Une des caractéristiques particulièrement frappantes des films japonais animés de science-fiction est que les ruines des édifices occupent une place prédominante, mais il s'agit presque toujours de ruines romaines, symboles de la décadence historique empruntés pour doubler l'image de la mémorialisation. Le travail artistique et les dessins de *Patlabor* sont particulièrement impressionnants, surtout que la ville qui doit toujours être défendue par les forces spéciales de la police reprend souvent l'image des places tranquilles des villages et des corridors familiers des films de l'époque des studios. L'image extraordinairement riche et détaillée des films animés japonais a effectivement créé une autre Tokyo, une Tokyo reconstruite pour être détruite.

La modernisation rapide déclenchée en 1868, au moment où le Japon avait commencé à rattraper le monde industrialisé, avait fait de Tokyo le site emblématique de la technologie déchaînée. Sa cyberculture a peut-être été influencée par William Gibson (Tatsumi), cependant il existe une déformation typiquement japonaise de la description de l'espace urbain dans les films fantaisistes des derniers dix ou quinze ans. Encore une fois, j'estime que cela est plus ou moins lié au fait que Tokyo n'a jamais été ou ne peut jamais être représentée comme *une image*, mais qu'elle est profondément intégrée à la production discursive de l'espace. Il s'agit d'un processus représentationnel et d'une pratique représentationnelle continue.

Comme ville cinématique, Tokyo se prête à la fois aux utopies fantaisistes d'un espace prémoderne associé avec l'ancienne Édo et aux apocalypticismes dystopiques de la destruction rituelle. La technologie perceptive du cinéma reproduit Tokyo non pas comme une image reconnaissable, mais comme un processus formel de fixation et d'organisation de l'imaginaire historique. Dans la ville virtuelle de Tokyo, le temps présent est méconnaissable parce que la ville n'a pas de référents autres que son passé perdu et son futur emprunté.

L'espace populaire : quel regard sur quelle ville ?

May Telmissany
Littérature comparée, Université de Montréal

Dans *Imagined Communities*, Benedict Anderson a mis l'accent sur le rôle de l'imprimé dans la création d'une identité cohésive parmi les Anglais, à travers ce qu'il a appelé « community in anonymity » (1996 : 36). Selon Anderson, la représentation imaginaire d'une communauté se fait dans l'anonymat grâce à des rituels répétitifs partagés par des inconnus : lire les journaux du même jour aux mêmes heures serait, pour les Anglais, un signe de cohésion et d'appartenance. De nos jours, le cinéma se présente, plus que l'imprimé, comme un acte de coprésence dans l'anonymat (dans la salle obscure), et donc comme un lieu de cohésion et un instrument d'identification pour les diverses communautés de la ville. Aussi, le cinéma participe-t-il à la production/reproduction de cette image cohérente et cohésive de la société en politisant l'espace urbain, c'est-à-dire en l'incluant dans un paradigme idéologique socialement engagé. En parcourant, découpant, déconstruisant la ville (en quartiers, rues, centres, banlieues, etc.) le cinéma cherche, implicitement ou explicitement, à gommer les différences, ou bien à les accentuer, pour exprimer une ou plusieurs identités sociales. Dans le même élan, et selon le point de vue porté sur l'espace, le cinéma pourrait défaire la cohérence en soulignant les contradictions entre les différents espaces de la ville, et en opposant les lieux les uns aux autres dans le but d'accuser les systèmes de différenciation dominants.

Ce double parcours (cohésion/différenciation) permet au cinéma d'explorer la ville en rendant hommage non seulement à l'espace (territoire, architecture, arrière-fond historique, etc.), mais aussi à la communauté qui évolue au sein de cet espace. Que reste-t-il donc de cette ville en sortant du cinéma ? Pour répondre à cette question, deux précisions fondamentales s'imposent : la pluralité des paysages offerts par la ville est incontournable, de même que la variété des productions cinématographiques à travers le monde oblige à prendre ses distances vis-à-vis de l'hégémonie artistique et industrielle des cinémas occidentaux. La question pourrait être formulée ainsi : que reste-t-il de la ville métropolitaine en sortant du cinéma occidental ? Le regard porté par des cinéastes arabes, indiens, iraniens et latino-américains sur la ville, voire sur les zones pauvres et délaissées de la ville, a peu souvent attiré l'attention des académiciens et des critiques férus de cinéma. Cependant, quelle que soit la qualité esthétique de ces productions, elles méritent d'être examinées et analysées, non seulement pour leur intérêt sociologique et historique, mais aussi parce qu'elles appartiennent à de vieilles traditions cinématographiques – aussi vieilles que la plupart des cinémas européens – souvent méconnues. Cette brève étude s'articule donc autour d'un lieu, le quartier populaire situé dans la ville métropolitaine, à travers trois représentations filmiques nationales (arabe, iranienne et indienne) de ce lieu.

Le quartier populaire est indissociable de la définition constamment revisitée et révisée de l'identité, aux deux niveaux communautaire et national. Dans les cinémas des pays dits en voie de développement, la censure officielle est souvent réticente à la représentation de la misère, et la censure officieuse identifie le « vrai peuple » aux gens du quartier, interdisant ainsi aux cinéastes de les charger de la responsabilité de leur misère. La figuration du quartier populaire, en tant que support idéal de la question identitaire, s'avère être une lame à double tranchant : d'une part, le cinéaste est séduit par l'idée de militer pour la bonne cause des pauvres et des marginaux, d'autre part, il fait appel aux sentiments de solidarité et de cohésion auxquels s'identifient spectateurs et censeurs à la fois. Grâce au cinéma, la construction d'une identité communautaire propre aux gens des quartiers renforce la construction identitaire au niveau national : tel quartier devient symbole du pays, tels personnages symboles du vrai peuple. Souvent, ce sont les habitants du quartier qui subissent les conséquences d'un rapport de forces qui les dépasse avec les diverses institutions, y compris l'institution même du cinéma.

LA FIGURATION DE LA RUELLE

Le quartier populaire représenté par le cinéma se résume à très peu de choses. En effet, il s'agit d'un espace limité, situé au centre de la ville sinon dans sa périphérie, occupé par une communauté en croissance, et investi d'une connotation historique prononcée. La ruelle représente l'unité symbolique du quartier populaire, mais elle semble disparaître sous la présence insurmontable et envahissante de la foule. Architecturalement, la ruelle s'estompe, diluée dans l'arrière-fond de l'image, sa fonctionnalité se bornant à contextualiser le déroulement narratif du texte filmique. Par contre, les intérieurs offrent souvent au spectateur une vue plus précise sur la vie des personnages au sein du quartier. La cohésion des gens du quartier est née non seulement d'une proximité spatiale souvent étouffante, mais surtout d'une identification à cet espace qui les unit ou bien qui les force à s'unifier. La figuration de l'espace populaire étant ce qu'elle est, l'importance accordée par les cinéastes à la collectivité qui occupe cet espace prend souvent le dessus sur la reconstruction du décor en tant que tel. C'est le cas par exemple d'un des rares films québécois tournés dans des ruelles, *Léolo* (1992) de Jean-Claude Lauzon, où la description du quartier Hochelaga-Maisonneuve s'infiltre dans le tissu narratif du film, envahie par les événements et les personnages. Ce qui retient le regard du réalisateur, c'est moins la description du quartier que l'exploration de la vie sociale et intime du personnage principal, Léolo.

Qu'il s'agisse ou non d'un regard subversif sur la ville, le film de la ruelle reste encore à découvrir. Nous appelons « films de la ruelle » ces productions qui se déroulent globalement ou partiellement dans des quartiers populaires où la ruelle (espace et communauté) occupe le centre de l'intérêt filmique. Cette appellation a déjà fait bonne route dans la littérature cinématographique égyptienne où *aflams al-hara,* c'est-à-dire « les films de la ruelle », représentent environ le quart d'une énorme production qui se chiffre à plus de 4000 longs métrages de fiction[89].

Art de la fragmentation et du montage, le cinéma contribue paradoxalement à la formation d'une image cohérente et structurée, à travers laquelle se reconnaissent les communautés éparses et disparates d'une ville, voire d'un pays. Diverses stratégies narratives et syntaxiques s'organisent en dichotomies oppositionnelles et complémentaires pour « reproduire » cette cohésion au cinéma. Le mélange du fictionnel et du documentaire, l'alternance des scènes tournées en studio et d'autres tournées en extérieurs, l'opposition des lignes et des mouve-

---

89. Le premier film de fiction égyptien fut produit en 1927. Depuis, le cinéma égyptien est considéré comme le principal producteur de films arabes dans la région.

ments d'appareil verticaux et horizontaux, ou l'enchantement/compassion devant la misère du petit peuple, toutes ces dichotomies, et bien d'autres certainement, sont utilisées à deux fins précises. Premièrement : critiquer la situation dégénérée des quartiers dans l'espoir de la changer (ce qui semble être une idéalisation de la fonction du cinéaste militant) ; deuxièmement : participer à la folklorisation des lieux populaires afin de satisfaire le voyeurisme des spectateurs issus de la grande bourgeoisie et d'offrir aux spectateurs moins fortunés l'occasion de s'identifier avec une image toute faite sur leur propre condition. Dans tous les cas, le film de la ruelle participe à la définition d'une identité sociale, perçue, conçue et vécue comme identité immuable, éternelle et cohésive ; il est rare qu'une telle construction soit déstabilisée par le cinéma qui se fait un plaisir, et un devoir, de reproduire la recette réussie.

LE DOCUMENTAIRE ET LE FICTIONNEL

Le rôle assigné au regard documentaliste est celui d'exposer, d'un point de vue réaliste et véridique, les lieux et les conditions dans lesquels vivent les personnages ; la fiction, elle, explique, justifie, compatit et va jusqu'à proposer des solutions violentes. Dans *Salaam Bombay* (1988) de la réalisatrice indienne Mira Nair, le personnage principal, un enfant de dix ans, finit par tuer le proxénète pour sauver la prostituée. Cette scène est suivie d'une fête religieuse spectaculaire qui séparera à jamais l'enfant et la prostituée, engloutis tous les deux par la foule en extase. L'effet de réel né du documentarisme, et renforcé par le tournage en extérieurs, happe le regard du cinéaste et du spectateur à la fois. Cet effet est souvent doublé d'un deuxième que l'on pourrait appeler « effet de surfictionalisation » qui investit l'exagération mélodramatique pour combler le spectateur de toutes sortes d'émotions, allant de la compassion au sentiment de culpabilité en passant par le sens de la responsabilité, ou par la satisfaction d'avoir échappé au malheureux sort des personnages.

Certes, quelques-unes des caractéristiques physiques de cet espace populaire ont généré des exigences et des contraintes lors du tournage. D'abord, l'étroitesse et l'encombrement des ruelles. Filmer une ruelle de près s'avère être une nécessité imposée par les dimensions réelles et topographiques de l'espace physique. Dans *Salaam Bombay*,

L'espace populaire : quel regard sur quelle ville ?

la ruelle est non seulement étroite et surpeuplée, mais elle est aussi écrasée par les lignes de chemin de fer qui l'encerclent et par les grandes artères qui accentuent par leur superficie et leur ouverture l'étroitesse et la fermeture de la ruelle.

Le choix du cinéaste réaliste penche souvent du côté de la claustration et de la fermeture pour rendre compte de cet espace, fut-il construit en studio : c'est le cas par exemple du décor du film *Les violettes sont bleues* (1992) de l'Égyptien Radwan Al-Kashef, où la ruelle est occupée au centre par un mausolée qui empêche la fluidité de la circulation, et autour duquel se construit l'espace filmique. Encore une fois, le point de vue documentaire semble s'imposer sur la perspective fictionnelle du film. En voulant contrôler le jeu des comédiens ainsi que leur éclairage sans se heurter à la présence pesante de la foule dans les vraies ruelles du Caire, le réalisateur a tenté de reproduire le regard prétendument pur et sans failles du cinéma réaliste égyptien, tout en respectant la physionomie des quartiers (étroitesse, sinuosité, confusion du public et du privé, etc.). En effet, « la construction en studio permet au regard de se croire infaillible puisque l'enregistrement mécanique d'une caméra ne lui restitue que ce qu'il a prévu », écrivent J. Cayrol et J. Durand (1963 : 74). Dans une cité arabe traditionnelle où les maisons s'élèvent à deux ou trois étages, les ruelles sont encombrées par la foule des habitants, des passants et des marchands ambulants, nombreux obstacles qui s'opposent au regard de la caméra et qui finissent par obstruer ce regard. L'image qui en découle devient une déformation déréelle, obnubilée, prisonnière du regard documentaliste du cinéaste.

HORIZONTALITÉ/VERTICALITÉ

Si la verticalité est le privilège de la ville moderne, l'horizontalité, elle, est la contrainte de la ruelle populaire. Dans la plupart des plans descriptifs du film iranien de Majid Majidi, *Les enfants du paradis* (1997), le contraste entre l'horizontalité de la ruelle et la verticalité de la ville moderne de Téhéran est évident. En corrélation avec l'horizontalité, la proximité étouffante des maisons semble imposer un regard de près sur les détails et une exagération croissante des volumes, plutôt qu'une vue d'ensemble où se noient les détails et où se diluent les volumes. Le mouvement des acteurs à l'intérieur de l'espace filmique obéit aux règles et aux rythmes imposés par la sinuosité et l'horizontalité de l'espace physique. Le regard des personnages intrafictionnels épouse le regard méditatif de la caméra, voire le regard horizontal, naturel de l'être humain. Il semble même que la quiétude qui règne sur le quartier des *Enfants du paradis* est née de ce regard contemplateur, compatissant et quelque part mystique. L'espace parcouru tous les jours par les deux enfants, qui se relaient leur unique paire de chaussures usées en allant et en revenant de l'école, est donc cet espace horizontal de la course haletante, mais aussi « l'espace dilaté », selon l'expression d'Henri Agel, de l'attente et de l'angoisse.

Il est vrai aussi que les ruelles, lorsqu'elles ne sont pas construites en studio, offrent très peu de possibilités esthétiques. Les ruelles explicitement vides, s'emplissent au fur et à mesure qu'elles se rapprochent des grandes artères, ce qui permet d'accentuer l'angoisse de l'enfant. Le vide permet une meilleure prise de conscience de la forme dénuée, architecturale et topographique de la vieille médina. La figure du labyrinthe est ici incontournable. Ce n'est pourtant pas le labyrinthe de l'expressionnisme allemand producteur d'insécurité et d'horreur, c'est plutôt un labyrinthe protecteur, familier, ouvert sur toutes sortes de découvertes fascinantes pour les deux enfants. Le même labyrinthe des ruelles que les deux sœurs de *La pomme* (1999) de la jeune Iranienne Samira Makhmalbaf découvriront avec enchantement, et qui contraste avec leur maison/prison où leur père les avaient enfermées des années durant.

Il n'est pas difficile de constater que les films de Majid Majidi et de Samira Makhmalbaf, qui s'inscrivent dans la lignée des deux vétérans du cinéma iranien contemporain, Mohsen Makhmalbaf et Abbas Kiarostami, reprennent également certains éléments du cinéma iranien traditionnel. Par exemple : le goût pour le documentaire, l'illusion d'improviser des films sans scénario préétabli, le quasi effacement des rôles féminins, la réduction du son et des dialogues à leur strict minimum, le recours à des acteurs non professionnels, etc.[90]. La figuration de l'espace populaire urbain dans *Les enfants du paradis* et dans *La pomme,* remplace l'engouement des premiers films iraniens pour l'opposition campagne/ville. Ce n'est cependant pas un regard conciliateur et résigné. Dans *Les enfants du paradis* se multiplient les

---

90. *Cf.* Ali Issari (1989).

misères du quotidien, encaissées par les personnages comme une fatalité : le chômage forcé du père, l'écrasement de la mère, les tracasseries du propriétaire de l'appartement et surtout le décalage démesuré entre les strates de la société. Cependant, l'optimisme règne et tout finit par s'arranger pour le mieux, du moins apparemment. Pour contrecarrer la censure qui a toujours interdit de toucher directement aux problèmes sociaux, sous la monarchie des Shahs et plus tard sous le régime Khomeini, les gens de la ruelle sont éclairés d'un jour nouveau.

Dans *Salaam Bombay*, le spectateur constate souvent la présence simultanée de deux points de vue, représentés par la plongée extradiégétique et le travelling intradiégétique. Dans une des scènes du film, il s'agit de l'arrivée dans le quartier d'une jeune fille bengalie, destinée à la prostitution, à laquelle assiste le personnage principal du film, un enfant. Les images du quartier investissent un angle de prise de vue cher au film indien commercial, à savoir la plongée, destinée à donner une image imposante d'un intérieur riche. Ici, la plongée épouse le regard compatissant de la réalisatrice sur un des quartiers les plus misérables de Bombay. La verticalité et l'horizontalité fondent cette opposition entre le regard du personnage et celui du réalisateur, entre un point de vue désemparé parce qu'incapable de comprendre les raisons de sa misère et un point de vue explicatif et justificatif qui semble embrasser la situation dans sa totalité. Le plan moyen renforce l'horizontalité, tandis que le plan d'ensemble et la plongée se mettent au service de la distanciation, de l'observation de loin, de la globalisation de la problématique du film.

FONCTIONS SOCIALES

L'enchantement des « jeunes cinéastes » devant le quartier populaire ressemble à ces haltes forcées devant l'objet que Philippe Sollers appelait « un documentaire sur nos fascinations (cité par Cayrol [1963 : 60] ». Une fascination exploitée à des fins politiques, qui se dresse toujours contre l'injustice sociale, parfois contre le discours du « main stream » du cinéma dominant. L'absence des ingrédients connus dans les traditions cinématographiques indienne, iranienne et égyptienne, le chant et la danse en tête, révèle une prise de position critique vis-à-vis du film commercial, renforcée par l'hommage rendu à l'innocence (les enfants et les jeunes prennent la parole).

Cependant, certains films dits sérieux sont piégés dans le misérabilisme et la naïveté qui touchent parfois au mélodramatique cru. Dans *Salaam Bombay*, nous ne retrouvons ni la cruauté désenchantée d'un Luis Bunuel, dans *Los Olvidados* (1950), cette « introduction nécessaire à la misère du Tiers Monde », selon Marc Ferro (1975 : 120) ni la violence sadique du Brésilien Hector Babenco, dans *Pixote, La loi du plus faible* (1981), tous les deux traitant du même sujet, la misère des enfants des rues. *Salaam Bombay* se lamente sur le sort des enfants livrés à la délinquance et à la prostitution. Cependant, le caractère mélodramatique du film ne lui ôte rien de son charme ni de ses bonnes intentions ; il est plutôt révélateur d'une certaine continuité dans la tradition filmique indienne où le mélodrame triomphe et où la mimique et le gestuel acquièrent une importance primordiale dans la théâtralisation de l'événement. Le deuxième film du jeune réalisateur marocain Nabil Ayouche, *Ali Zaoua* (2000), aborde le sujet des enfants des rues avec un mélange succinct de comique et de tragique, un œil sur le box-office, l'autre sur l'idéal du cinéaste militant. La fonction sociale du genre oblige.

Un des aspects fondateurs de la figuration du quartier populaire dans le cinéma des pays dits en voie de développement c'est son caractère politique et collectif. L'espace populaire devient symbole d'une collectivité dès lors qu'il est montré et définit par le cinéaste, et reconnu comme tel par le spectateur, quelle que soit sa nationalité ou sa culture. Dans les toutes premières séquences de *Halfaouine* (1991) du Tunisien Ferid Boughedir, une double poursuite dans les ruelles de la vieille médina engage tout un discours politique et social sur la modernité. Les jeunes « fils du quartier » poursuivent les filles dans les souks, scènes traditionnelles de chasse ; mais les chasseurs sont à leur tour chassés par le boucher du quartier, costaud et fervent défenseur de la morale. Tout comme les vieux quartiers du Caire dans *Les violettes sont bleues,* la médina est un lieu de conflit et de résistance à la modernité, un espace privilégié où s'expriment les diverses constructions identitaires de la ville. Ici les nouveaux systèmes de valeurs exportés de l'Occident et adoptés par la jeunesse tunisienne se heurtent aux systèmes archaïques incrustés dans la

L'espace populaire : quel regard sur quelle ville ?

mémoire collective des gens du quartier. Dans l'espace décrit par Férid Boughédir, deux mondes s'opposent au sein du quartier : le monde de la tradition représenté par les jeunes femmes voilées et par le boucher au turban noir, et le monde de la jeunesse occidentalisée, accusée par les conservateurs d'être irrespectueuse envers la tradition. Le film penche évidemment du côté de ces derniers en ridiculisant les premiers. La ruelle est ici explicitement le lieu du conflit identitaire qui sévit dans les pays du Maghreb et que l'on retrouve dans presque toute leur production cinématographique. Le quotidien est investi d'une connotation politique, le particulier d'une connotation collective. Le réalisateur se fait porte-parole de la jeunesse (symbole d'amour, de joie de vivre, d'épanouissement, etc.) et mise sur les gens du quartier pour amener le progrès dans le pays. C'est, de manière plus générale, le discours adopté par le cinéma réaliste égyptien depuis les années 1940, et emprunté par de nombreux cinéastes maghrébins à partir des années 1970.

La politisation de l'espace populaire se fait par le truchement de l'image mouvante, alourdie par la mémoire visuelle du spectateur. En récupérant cet espace populaire dans les luttes pour la construction/reconstruction identitaire, F. Boughédir déconstruit l'image archaïque du quartier en tant que bastion de la tradition, telle que nous la voyons dans la plupart des productions arabes, pour fonder une nouvelle image où le quartier serait en train de changer, pour le peu radicalement. Ce choix politique est révélateur d'un désir de réforme, certes, mais aussi d'une prise de position aussi classique que la position traditionnelle combattue. Car la ruelle, et le quartier populaire en général, restent dans tous les cas, dans des films classiques ou moins classiques, les lieux où se cristallisent les questions identitaires et les tendances sociales militantes au cinéma.

Au-delà des différences et des langues, des traditions et des emprunts, ces films sont traversés non pas par le regard des cinéastes sur leur ville, mais par le regard engloutissant de celle-ci, qui refuse de livrer son histoire ou d'expliquer son obstinante complexité. En évoquant l'impossibilité de représenter la masse, Jean Baudrillard avait écrit dans *À l'ombre des majorités silencieuses… ou la fin du social* que cette masse n'est plus qu'un référent imaginaire silencieux, qui interdit qu'on parle en son nom. En est-il pareillement de l'espace populaire ? Serait-il un référent que les cinéastes s'obstinent à sonder et qui leur renvoie toujours le même sourire moqueur ? Nous avons hâtivement fait allusion au labyrinthe, autant parler du gouffre des espérances révolutionnaires et des contestations sociales où sombre la figuration de la ville, prisonnière du politique et du mélodramatique à la fois.

La ville, paraît-il, refuse qu'on parle en son nom.

CONCLUSION

Parcours culturels dans l'archipel métropolitain : cinéma, ville et restes urbains

Walter Moser
Littérature comparée, Université de Montréal

INTRODUCTION

Du cinéma et des restes urbains circonscrit une problématique si vaste, si ouverte et si dynamique dans la culture contemporaine qu'il serait prétentieux de vouloir la traiter globalement dans l'espace qui m'est imparti ici. Même en bénéficiant d'un certain surplomb critique sur les travaux réunis dans ce volume, il faut d'emblée renoncer à offrir un arpentage complet du vaste champ qui s'ouvre à partir de ce titre. Aussi, proposerai-je ici plutôt une traversée sélective, préférant soulever ici et là des enjeux problématiques et articuler des réflexions critiques sur certains aspects plutôt que d'offrir une impossible description globale.

Je procéderai en quatre blocs. Le premier propose un retour à la problématique ouverte par le rapprochement de « cinéma » et « restes urbains », en insistant sur les « restes ». Le second développera une réflexion de type épistémocritique. Le troisième bloc, quant à lui, articulera et élaborera quelques enjeux plus spécifiques, qui sont pourtant d'intérêt général. Finalement, deux pistes d'ouverture sur de futures recherches seront esquissées.

I. DES RESTES URBAINS

Avant d'aborder la relation plus englobante entre le cinéma et la ville, je me pencherai sur le syntagme « les restes urbains » afin d'en explorer brièvement quelques implications spécifiques. C'est que ce syntagme admet deux lectures différentes qui l'orientent vers deux manières divergentes d'articuler « restes » avec « ville ». On peut en fait l'interpréter comme « les restes de la ville » ou comme « les restes dans la ville ».

Un nouvel art de voir la ville et de faire du cinéma

1. Les restes de la ville

On parlera ici de ruines, de fragments, de décombres de la ville, bref de ce qui reste de la ville après un événement qui a causé sa destruction. Quel événement ? Il peut s'agir d'un abandon qui laisse les restes matériels d'une ville à leur propre sort et produit alors une ville fantôme, comme on la voit par exemple dans *Stalker* (1979) de Tarkovsky. Il peut s'agir aussi d'une catastrophe soit sous la forme d'un cataclysme naturel (météore, cyclone, tremblement de terre, inondation) soit sous la forme d'une catastrophe provoquée par les humains (guerre, déflagration nucléaire). Un grand nombre de films récents à vocation apocalyptique mettant en scène, sous une forme ou sous une autre, la fin du monde ou du moins la lutte contre une fin du monde menaçante, offrent des images dramatiques et désolantes des restes de la ville[91]. Il peut également s'agir d'une destruction rituelle, comme c'est le cas dans certaines scènes de *The Last of England* (1987) de Derek Jarman[92].

Quelle que soit la cause exacte de l'événement catastrophique, les restes urbains, dans ce cas, renvoient à ce qui reste après la destruction partielle ou totale d'une ville. Schématiquement, on peut distinguer deux logiques différentes de la transformation de la ville dont chacune trouve sa concrétisation dans une figure qui nous aide à la penser. Il y a d'abord la logique du « navire des Argonautes », cette figure fait référence au bateau qui, au cours de la longue mission des Argonautes, a dû voir tous ses matériaux renouvelés, toutes ses pièces changées, mais qui n'a changé ni de forme, ni de fonction, ni surtout de nom. Cette figure comporte l'idée d'une métamorphose progressive, d'un devenir permanent de la ville. Elle connote la continuité et peut être combinée avec l'idéologie du progrès. L'autre logique est celle du *big bang*. Elle appartient à une pensée de la rupture radicale et s'intègre facilement dans un modèle d'évolution cyclique selon

---

91. Voici une liste non exhaustive de titres récents : *Independance Day* (1996), *Terminator I* (1984) et *Terminator II* (1991), *The Fourth of July* (1989), *Armageddon* (1998), *Dark City* (1998), *End of days* (1999), *Last Night* (1998), *Titanic* (1997).
92. Intentionnellement ou non, ce film offre des images qui rappellent les célèbres *Trümmerfrauen* allemandes qui, après la destruction des villes allemandes pendant la Deuxième Guerre mondiale, s'affairaient sur des gigantesques montagnes de décombres à récupérer les briques pour la reconstruction.

lequel la mort symbolique et/ou catastrophe matérielle précède et inaugure le commencement d'un nouveau cycle. Le contexte de la fin du siècle et du millénaire semble avoir favorisé, récemment, cette logique de la transformation. Le cinéma est devenu le média privilégié pour donner libre cours à un imaginaire de la catastrophe, à des visions de la fin. L'esthétique de la destruction radicale, et tout particulièrement le sublime de la déflagration – déjà un topos obligatoire dans certains films hollywoodiens – ont connu des moments de gloire à l'approche de l'an 2000. Mentionnons ici, à titre d'exemples, les visions et scènes de destruction dans *Terminator II* et dans *Dark City*, affectant dans les deux cas un paysage urbain.

Nous trouvons ces visions apocalyptiques de la ville dans bien des films relativement récents : *The Last of England*, *Independance Day*, *Dark City*, entre autres. Mon exemple préféré est, dans le film *Mon cas* (1987) de Manoel de Oliveira, la scène de la plainte de Job. Elle se déroule sur un fond de ville en ruines. Relativement statique, elle est structurée comme un tableau, avec Job comme personnage principal au premier plan et un paysage – à valeur allégorique – à l'arrière-plan. De Oliveira réactive donc dans cette scène le « genre » du paysage, bien connu dans la tradition littéraire et picturale. À une différence près, cependant : il en produit une version négative. Il s'agit en fait d'un paysage apocalyptique[93] qui, de nos jours, est devenu un genre en soi. De Oliveira nous impose la conscience générique de cet arrière-plan par un effet de caricature qu'il obtient en insistant sur son aspect « décor de théâtre de mauvaise finition ». Le film – en tant que *moving pictures* – a évidemment l'avantage sur la peinture de pouvoir représenter le processus même de la destruction. Il en tire souvent ses images les plus émouvantes, voire bouleversantes. Il nous offre ainsi une représentation de la destruction violente, souvent sous la forme d'un spectacle hautement esthétisé, mais il ne renonce pas pour autant à nous offrir également le résultat sous la forme d'un paysage apocalyptique qui peut prendre la valeur d'un *Denkbild* benjaminien : nous inciter à penser à partir d'une vision concrète de destruction urbaine et du paysage de ruines qui en résulte.

---

93. Au sujet de cette transformation négative du paysage voir Frank (1999).

2. Les restes dans la ville

Ici on parlera de déchets, d'ordures, en anglais de *garbage* et de *trash*, bref des restes que la ville produit elle-même dans son fonctionnement normal et dont elle doit disposer d'une manière ou d'une autre. Elle peut les exclure ou les inclure, les éliminer ou les entasser. Et les films traitant de villes peuvent les montrer ou les cacher : ainsi *Alphaville* (1965) de Godard montre une ville remarquablement sans déchets, tandis que la ville de *Blade Runner* (1982), située en 2019, rend les déchets dans les rues aussi visibles qu'ils l'étaient dans certains quartiers de Los Angeles lors du tournage du film en 1982. Ainsi chaque film représentant la ville présente sa propre topographie urbaine des déchets : les restes dans la ville se trouvent tantôt en désordre dans les rues (*Blade Runner*), tantôt abandonnés dans les bas-fonds (*The Fifth Element* [1997]), tantôt encore concentrés dans les quartiers pauvres (*Brazil* [1985]).

En allant vite, on pourrait affirmer qu'entre *Alphaville* – la ville sans déchets – et la ville où les déchets sont omniprésents, il y a eu une acculturation filmique des déchets. Les déchets ne sont plus une impureté à cacher, à ignorer et à éloigner de l'image, mais ils deviennent intégrables, montrables, même intéressants et contribuent à la construction de sens proposée par le film. Devenus, de la sorte, matériaux visuels dans les films sur la ville, ils branchent ces films sur de multiples problématiques reliées au concept et à la réalité des déchets, problématiques que je ne fais ici qu'évoquer au passage[94].

Anthropologiquement parlant, les déchets, considérés dans la logique d'un système culturel, représentent une réalité ambivalente : ils sont à la fois impureté, danger de contamination que le système, soucieux de sa survie, a intérêt à expulser, et marginalité intéressante dont, sous certaines conditions, le système peut tirer de nouvelles ressources[95]. Dans une approche qui relève plus résolument de la théorie des systèmes, le déchet peut apparaître comme cette secondarité du système qui est rejetée en tant que désordre, déchéance et perçue comme un obstacle au déroulement systémique normal, mais qui

---

94. Me permettant de renvoyer, par ailleurs, à mon texte où j'ai développé la question plus à fond (dans Villeneuve, Neville, Dionne (dir.), 1999 : 89-109).
95. Voir, par exemple, le livre de Mary Douglas (1966) devenu un classique en la matière.

s'avère comporter les potentialités nécessaires pour revitaliser le système si sa logique dominante s'engage dans une logique entropique[96].

Une approche socio-économique enregistrant les effets de l'industrialisation montre que l'exploitation des déchets représente en fait une économie secondaire à laquelle ne s'adonnent pas seulement les défavorisés de la société[97]. Dans cette perspective, le chiffonnier de Baudelaire devient le prototype de l'habitant de ville pauvre qui extrait la valeur des restes abandonnés par la bourgeoisie aisée. La topographie des déchets se double alors d'une topographie de la stratification sociale : les déchets sociaux et les déchets matériels occupent les mêmes lieux marginaux. Valeur – dévalorisation – revalorisation constitue alors un cycle de vie que traverserait en principe chaque objet-artefact et dans lequel son statut de déchet représente le moment de valeur zéro[98].

En termes de temporalité et de mémoire, le déchet est un objet particulièrement intéressant : il « parle » toujours de l'état antérieur et dépassé d'un système. On peut vouloir effacer le rappel de cet état. Nos installations hautement techniques pour éliminer les déchets, en plus de nous débarrasser de ce qui dérange matériellement et menace hygiéniquement, accomplissent un travail d'annulation du passé. À l'opposé, un déchet concret, surtout promu « antiquité », peut devenir un signe mémoratif puissant auquel nous nous attachons souvent avec nostalgie. Une promenade dans un marché aux puces est souvent une promenade à la recherche du temps perdu.

Finalement, il y a une implication politique non négligeable qui est basée sur une logique métonymique. Comme le terme connote désordre et impureté, les lieux où s'accumulent les déchets deviennent par contiguïté les lieux de l'anarchie, de la résistance, de l'opposition à l'ordre politique. Plusieurs films exploitent cette connotation : dans *The Fifth Element* et dans *Brazil*, ceux qui s'opposent à un pouvoir se cachent presque littéralement dans les lieux de déchets. Les rebuts d'un quelconque système leur servent de *hide out*, d'où ils organisent leur révolte et contre-pouvoir. Cela est vrai aussi bien pour un film moins directement politique que *Family Viewing* (1987) de Atom

---

96. C'est la logique qui est développée chez Virgil Nemoianu (1989).
97. Le film *Les glaneurs et la glaneuse* (2000) d'Agnès Varda documente le fonctionnement de cette économie secondaire.
98. Voir à ce sujet le livre de Thompson (1979).

Egoyan : le lieu à partir duquel s'organise la résistance de la grand-mère et du petit-fils, contre la machine panoptique dans laquelle ils se sentent pris, est un lieu à l'abandon mais surtout un lieu-déchet du point de vue du réseau du *viewing* technologique qui envahit tout.

Cette brève exploration du sens propre du syntagme « restes urbains » nous aura fait découvrir deux logiques très différentes, dont chacune présente un intérêt particulier. Les deux, et ce, pour des raisons différentes, sont aujourd'hui très présentes dans les films sur la ville. Elles peuvent n'occuper dans une œuvre filmique qu'une place secondaire, mais ont tendance à se glisser au premier plan, du moins dans certains types de films. Elles interviennent alors de manière pertinente dans l'économie et dans l'esthétique du film et contribuent ainsi de façon constitutive à la production de sens proposée par l'œuvre cinématographique.

II. Cinéma-et-ville : réflexions épistémocritiques

Revenons maintenant à la question fondamentale qui sous-tend la relation entre cinéma et ville, telle que suggérée par le titre *Du cinéma et des restes urbains*. Comme l'enjeu clé n'est ni la ville en soi ni le cinéma en soi, mais leur mise en relation, comme il y va donc de la constitution d'un objet relationnel – que je vais nommer désormais cinéma-et-ville – une réflexion sur l'opération nous permettant de constituer cet objet me paraît de mise. Pour articuler cette réflexion, je m'inspirerai vaguement de l'Introduction épistémocritique dont Walter Benjamin (1985) a fait précéder son livre sur *L'origine du drame baroque allemand*.

Considérons brièvement chacun des termes entrant dans cette relation. La ville d'abord. En incluant les langues française et anglaise dans notre réflexion, on peut capter sa réalité sous cinq vocables différents, présentant chacun leur propre étymologie et abordant à leur façon la ville qui nous intéresse sous un angle de vue différent. Comme ces cinq vocables tendent parfois à devenir quasi-synonymes, cela vaut la peine d'en rappeler les différences. « Ville » vient du latin *villa* (désignant davantage les installations matérielles), tandis que « cité » vient du latin *civitas* qui renvoie à l'aspect socio-politique. Du latin *urbs* sont dérivés, en français, les mots « urbain », « urbanité » (la qualité des habitants de la ville et la valeur spécifique de leur vie commune) et « urbanisme ». Au grec *polis* – avec une connotation nettement politique – remontent tous les composés français avec – pole, tels que « métropole », « mégalopole ». Finalement, l'anglais propose le mot *town* qui remonte à un *tun* (ancien saxon) ou *zun* (moyen allemand) qui désignait un enclos, un emplacement fortifié, renvoyant aussi à l'aspect militaire de la ville.

Dans notre modernité, la ville est devenue un des chronotopes les plus fascinants. Si elle se trouve aujourd'hui sous les feux croisés de bien des discours : sociologique, urbaniste, économique, philosophique, artistique, esthétique, etc., c'est qu'elle offre une pluridimensionnalité sans pareille. En elle se superposent et interagissent des réalités historiques, économiques, politiques, techniques, sociales, culturelles. Cette complexité peut être captée dans le constat de sa « phénoménalité globale », point de départ de beaucoup d'approches de la ville moderne.

Sous son aspect socio-symbolique, la ville est perçue comme un lieu de grande densité de relations et de contacts multiples ; comme un lieu de promiscuité. Ce qui implique une grande concentration d'activités, mais aussi une grande densité, sinon une hypertrophie symbolique. Les signes et discours y sont surdéterminés, les sens qui y circulent sont convergents et divergents à la fois. La ville apparaît ainsi comme le lieu par excellence où le Tout social se concentre et se manifeste. Il n'est donc pas étonnant qu'on l'ait utilisée comme une synecdoque pour ce Tout social, qu'il s'agisse alors plus spécifiquement de la société, de l'État ou du monde tout court. Dans les films *Alphaville* de Godard et *Family Viewing* d'Egoyan par exemple, la ville figurait comme paradigme pour tout un fonctionnement, tout un ordre social. Le film *Dark City* concrétise cette figuration synecdoctique de manière surprenante : dans la scène finale, un zoom particulièrement long montre que la ville est tout, qu'elle n'est pas installée sur la surface différenciée (en ville et campagne) d'une planète, mais elle flotte dans l'espace comme un vaisseau spatial ou comme une planète elle-même, dont la forme de disque rappelle d'ailleurs de très anciennes conceptions du monde.

Quant au cinéma, le second élément qui entre dans notre objet relationnel, je ne m'attarderai pas à en dire des généralités qui seraient en deçà de son exploration dans la jeune discipline des études cinématographiques. Il me paraît important, toutefois, de ne pas opérer la réduction du cinéma au film. On observe souvent l'équivalent de cette réduction dans des cours de littérature où le titre annonce « théâtre » et l'objet vraiment traité est le texte dramatique, ou tout au plus la performance théâtrale. Et tout le phénomène global et complexe du théâtre en tant qu'institution socioculturelle, en tant que pratique culturelle est passé sous silence. Si la réduction équivalente de cinéma à film peut être évitée, alors les relations entre cinéma et ville peuvent être élargies pour inclure ce qu'on pourrait résumer par le terme de culture matérielle : tant du côté des machines de production cinématographique et de leur contraintes de fonctionnement que du côté des installations prévues pour les visionnements collectifs des films.

Comment, donc, aborder la relation entre cinéma et ville ? Comment rendre compte de l'univers urbain, de sa très riche phénoménalité médiatisée par le cinéma ? J'aborderai ici ces questions à un niveau de grande généralité, aussi me permettrai-je un mode de présentation très schématique qui s'inspire de la théorie des systèmes de Niklas Luhmann qui s'intéresse, entre autres, aux fonctions cognitive et autocognitive des systèmes. Dans ce sens seront distinguées observation et auto-observation, ou observation de premier et de second degré.

Pour rendre compte d'un premier niveau d'observation, nous pouvons former la proposition nucléaire.

L'être humain observe (perçoit, regarde) la ville.

Ajoutons-y le fait que le sujet de cette proposition rapporte par le langage ce qu'il observe. Dans cette phrase nucléaire nous avons donc :

**l'être humain comme sujet
la ville comme objet
l'œil humain comme organe ou appareil perceptif
le langage comme système sémiotique et médium d'expression**

On peut alors complexifier cette proposition nucléaire en y ajoutant un instrument technique à fonction médiatique qui s'insère entre œil et ville :

Parcours culturels dans l'archipel métropolitain...

L'être humain observe (perçoit, regarde) la ville, moyennant et à travers une caméra.

Dans cette relation d'observation, on peut concevoir la caméra comme « la prothèse de l'œil », c'est-à-dire comme une prolongation technique de l'organe humain. Et cette prolongation peut être vue comme plus puissante que l'organe naturel, dotant de la sorte l'être humain d'une vision plus puissante que nature. C'est ce que bien des films exploitent aujourd'hui dans la figure du *cyborg* dont l'œil-caméra est plus performant que l'œil humain normal.

Quoi qu'il en soit de l'œil-caméra, le film ainsi produit sera au sens strict du terme une représentation de la ville. C'est ainsi que le terme de représentation vient se loger au cœur même de la relation film-et-ville et la déterminer de manière décisive.

Au deuxième niveau d'observation, la proposition nucléaire sera nécessairement plus complexe :

J'observe un film qui observe la ville.

Quelques commentaires sur cette seconde version de notre proposition nucléaire s'imposent. Elle pourrait aussi bien se lire comme suit : « J'observe la relation film-et-ville », la relation de premier niveau devenant alors le nouvel objet. Le verbe luhmannien « observer » pourrait être précisé en « j'observe et j'examine en vue de connaître », car notre objectif est la production d'un savoir sur la relation entre film et ville.

Un troisième niveau d'observation est concevable. Je n'y insisterai pas trop, bien qu'on puisse soutenir que ces réflexions épistémocritiques se situent justement à ce troisième niveau. La proposition nucléaire pour en rendre compte serait alors :

J'observe les spécialistes qui observent la relation film-et-ville.

Suspendons provisoirement ce développement systémique rudimentaire et reprenons-le sous une forme narrative. Au lieu d'une séquence en termes de degrés de complexité, je choisis maintenant un mode de présentation qui tient compte de la dimension temporelle. Elle offre une séquence – non moins schématique – de moments successifs.

Premier moment : on peut faire remonter l'histoire de la ville à un *in illo tempore* d'un récit mythique. Les premières villes seraient alors Babel et Babylone. C'est dire que la ville, avant même son apparition historique avérée, est toujours déjà là, du moins dans certains discours comme le mythe.

Second moment : la modernité développe son propre type de ville dont les traits ont été largement évoqués par des travaux d'urbanisme historique, dont ceux d'Henri Lefebvre. Cette ville moderne a fait très tôt l'objet de diverses représentations discursives dont se détachent celles, dès le XVIIIe siècle, de Louis-Sébastien Mercier et de Georg Christoph Lichtenberg. Au XIXe siècle, la ville moderne est très présente dans le discours littéraire : Dickens, Balzac, Baudelaire et Zola, entre autres, sont des auteurs de la ville moderne.

Heureusement que la même modernité a aussi développé des appareils et des instruments techniques (dont l'appareil photo et la caméra de cinéma) et des médias (dont la photographie et le cinéma) pour rendre compte de la réalité de la ville moderne. « Rendre compte » cache une variété de relations qui, selon les intérêts qui présidaient à leur instauration, pourraient être précisées comme « documenter », « enregistrer », « inventorier », « représenter », « capter la phénomémalité complexe », etc. À chacune de ces relations spécifiques on peut adresser la question de l'adéquation entre l'image (mouvante ou non) fabriquée et la réalité représentée ; on touche là à la question épineuse de la vérité référentielle.

Si nous adoptons l'un ou l'autre des scénarios construits schématiquement, ou que nous les combinons, nous pouvons alors nous mettre au travail. Non sans en adopter – implicitement ou explicitement – les présupposés qui consistent essentiellement à travailler dans les limites d'un paradigme de la représentation : la ville est l'objet prédonné (présence première) qui peut être représenté par des opérateurs humains, équipés ou non d'appareils techniques, et nous – en tant que chercheurs – pouvons évaluer la qualité et la pertinence des représentations ainsi produites. Dans ce paradigme, la caméra est maintenue dans une fonction instrumentale qui prolonge et augmente les performances de l'œil humain.

Nous mettre au travail, c'est vérifier la qualité de la représentation qu'est le film. Ce travail peut être très détaillé : analyser les stratégies et techniques de la représentation de la ville (vue panoramique, travelling, etc.) ainsi que leurs résultats (les plans, les séquences, le montage, etc.). Pour aller vite, je rappellerai le programme général d'une sémiotique de l'œuvre d'art tel qu'il est proposé par Jean Molino. Il s'articule en trois sections : l'approche poïétique s'intéresse à la genèse de l'œuvre, l'approche neutre à la structure de l'œuvre et l'approche esthésique, finalement, à la réception de l'œuvre et aux effets produits par elle.

Je ne m'attarderai pas aux excellentes analyses de toutes sortes que comporte ce volume. Je rappellerai plutôt, pour entrer dans le vif du sujet, que ce travail d'analyse s'accompagne de formulations qui semblent indiquer un certain malaise avec le paradigme esquissé, sinon l'insuffisance de ce paradigme. Face à la « phénoménalité globale » de l'objet « cinéma-et-ville[99] », plusieurs chercheurs sont amenés à ruser avec les termes de ce paradigme afin d'arriver à ce qui leur paraît être un résultat satisfaisant.

Avant de donner quelques exemples, j'attribuerai à ces ruses globalement la valeur de symptômes indiquant que le paradigme adopté ou bien ne suffit pas (diagnostic léger) ou bien ne fonctionne pas du tout (diagnostic sérieux). Quelles sont ces ruses ? En fait, les chercheurs sont obligés de procéder à des inversions, à des renversements, à des recourbements à l'intérieur de la logique reconstruite plus haut. Ce sont autant de gestes qui transgressent la logique du paradigme, mais qui ont aussi pour effet de le dynamiser et de le complexifier. Ainsi, au lieu d'une distance objectivante, et donc à valeur cognitive, entre observateur et objet observé, entre film et ville, on est amené à reconnaître une relation d'enveloppement. De « objet regardé » la ville s'est muée en une instance qui regarde elle aussi, qui retourne le regard, qui a en quelque sorte des yeux. En termes de structures narratives et actantielles, on pourrait alors dire que la ville gagne ainsi en *agency*. Ou encore, dans un langage plus traditionnel, elle s'est anthropomorphisée en personnage, est devenue *dramatis persona*. Finalement, au point extrême de ces inversions, on constate que les positions de cinéma et ville s'interchangent et se dialectisent : en tant

---

99. Après le schématisme de l'énoncé nucléaire qui simplifiait les données au maximum, je rétablis ici une plus grande complexité de l'objet relationnel, en remplaçant « film » par « cinéma ».

Un nouvel art de voir la ville et de faire du cinéma

que participant de la culture urbaine de masse, le cinéma s'avère être une partie intégrante de la ville, et – qui plus est – la ville est aussi un film, et le film adopte l'être de la ville, est perçu lui-même comme la ville ; ce qu'exprime symptomatiquement l'énoncé suivant : « Los Angeles is an endless cinema screen. »

Ces formulations d'inversion d'une relation ont pu être poussées jusqu'au paradoxe, jusqu'à l'indécidabilité des fonctions de sujet et d'objet, ce qui est grave pour le paradigme dont nous sommes partis. De manière concomitante l'instrumentalité de l'appareil technique et du média deviennent problématiques. Même le mode narratif de ma présentation du paradigme peut être « déconstruit » par une affirmation telle que : « le film ne vient pas après la ville, mais dedans et la fait advenir ». Une nouvelle logique s'instaure ici : la ville ne serait donc pas une réalité prédonnée qui s'offrirait comme l'objet d'un travail de mise en film. Elle se trouve, au contraire, dans une relation d'inclusion avec le film. Et surtout, ce dernier peut même se situer en amont de la ville, la précéder dans une fonction de modélisation, sinon de maïeutique.

Résultat intermédiaire : la relation entre cinéma et ville est donc plus complexe que le paradigme représentationnel ne le sous-entend. Comme elle est de « co-originarité », de co-appartenance et de co-implication, elle devient moins commode à penser. Nous avons affaire désormais, au sens fort du terme, à un objet relationnel « cinéma-et-ville ». Afin de déployer le plein potentiel critique de ces réflexions épistémocritiques, je reprendrai brièvement le jeu de la simulation heuristique qui consiste en la transformation d'une proposition nucléaire.

Il s'agit cette fois-ci de marquer la relation entre cinéma et ville en y intercalant le verbe « être ». Ce qui donne une séquence de propositions qui pourrait rendre compte d'une tension dynamique qui habite en réalité cette relation :

1. **Le cinéma n'est pas la ville.**
2. **Le cinéma est comme la ville.**
3. **Le cinéma est la ville.**

Comme variante, on pourrait produire la même séquence en inversant les positions syntaxiques entre « cinéma » et « ville ».

Ces trois énoncés sont vrais, ou du moins pertinents pour notre problématique. Mais, en adoptant une expression que Robert Musil a utilisée dans son roman *L'homme sans qualités*, ce ne sont que des « solutions partielles ». Chacune prise séparément peut tout aussi bien paraître fausse, leur intérêt consistant dans la mobilité de la séquence, dans la possibilité de les combiner. C'est la possibilité de transformer l'énoncé, le passage d'une formulation à l'autre, qui représente l'intérêt de cette simulation. Par contre, chaque fois qu'on durcit l'une ou l'autre variante de l'énoncé et qu'on l'érige en vérité absolue, on a – du moins partiellement – tort.

C'est tout particulièrement le cas si on insiste ontologiquement sur la troisième version et qu'on opère une espèce de transsubstantiation entre « cinéma » et « ville ». C'est qu'on risque alors de rater la spécificité du film en tant que média. Car le film continue à être une instance de médiation entre l'humain et son monde, même si, en même temps, il fait intrinsèquement partie de ce monde.

Une remarque plus générale sur le statut des médias est ici de mise. Le média n'est pas une machine infernale qu'une divinité malveillante aurait interposée entre nous et le monde, pour nous tenir loin du réel, pour nous rendre malheureux en nous condamnant à une espèce d'exil du réel. Au fur et à mesure que des médias de plus en plus *high tech* se sont développés, cette manière de voir s'est répandue. Logiquement, elle donne lieu à un désir nostalgique d'immédiateté qui apparaît comme l'envers du triomphe de la technologie moderne. Elle valorise le fantasme d'un vécu non médiatisé, ce qui a donné lieu à toutes sortes de positions et d'attitudes que culturologues, sociologues et historiens de la culture ont résumé par l'expression « les années de faim d'expérience » en se référant surtout aux années 1960 et 1970. Cette nostalgie du vécu immédiat pose toutes sortes de problèmes, dont la naïveté à l'égard de la nature du média n'est pas le moindre. À cette approche du média, perçu seulement à partir du moment où on peut l'identifier comme un appareil hautement technique qui nous aliène, je préfère sa prise en charge par l'anthropologie historique. Il s'avère alors que l'hominisation inclut déjà une composante média, que, avant de devenir hautement technologique, le média a toujours déjà fait partie de la réalité humaine. Et que l'immédiat est peut-être une fiction nostalgique motivée par notre exposition intense aux médias modernes.

Cette brève réflexion sur les médias en général est parmi les raisons qui m'incitent à opérer une dernière transformation de l'énoncé nucléaire. Afin d'éviter la lourdeur des implications ontologiques du verbe « être », il est préférable de le remplacer par le verbe « devenir », ce qui donne lieu à l'énoncé nucléaire que voici :

**Le cinéma/film devient ville
et vice-versa : la ville devient cinéma/film.**

Cet énoncé a plusieurs avantages sur les précédents. D'une part, il semble être en mesure de mieux capter la fluidité métamorphosique de notre problématique ; d'autre part, il intègre un topos important du monde intellectuel dans lequel nous vivons : celui du devenir. Ce topos occupe le devant de la scène chez Gilles Deleuze, un théoricien représentant une « nouvelle » pensée pour beaucoup de penseurs contemporains. Transformé en figure du « passage », ce topos peut aussi être relié à un penseur plus « vieux » mais non moins présent dans beaucoup de travaux contemporains : Walter Benjamin. Sans oublier que « devenir » se rapproche de l'essence même du cinéma, le *kinêma* qui est le mouvement.

Finalement, pour revenir au premier énoncé nucléaire, les relations entre film et ville se diversifient et se complexifient. En plus de représenter la ville, le film peut la déformer ou l'embellir, il peut la critiquer, voire la dénoncer. Au lieu de l'imiter, il peut la mimer. Par une espèce d'effet perlocutoire, il peut en transformer notre perception. Il peut fantasmer et imaginer des villes, d'après le modèle littéraire des *Città invisibili* d'Italo Calvino, entre autres. Il peut inventer des villes de toutes pièces, proposer des constructions audiovisuelles de villes inexistantes. Si la ville réelle est « déchue », le film peut figurer une ville idéale, future, utopique ; il peut refonder la ville et avec elle toute la société. La diversité de ces formulations montre bien que nous avons dépassé le paradigme représentationnel.

Mais en le laissant derrière nous, du coup, nous nous trouvons ontologiquement dans des sables mouvants. Car la stabilité que la représentation, malgré tous ses problèmes, offrait de ce point de vue n'est plus garantie. Le modèle de la représentation est basé sur une hiérarchie ontologique entre une présence première et sa réitération mimétique. Nous aurons à affronter la thèse constructiviste, car où est l'écart ontologique entre original et copie, entre modèle et reproduction, si le film peut à son tour construire des villes, proposer la construction d'une réalité urbaine qui n'est pas précédée ni dépendante d'une ville originale ? Ou encore, nous aurons à repenser le pouvoir créateur de l'imagination. Pourrait-on adapter au cinéma la distinction proposée par Coleridge entre *fancy* qui traite avec liberté, mais en quelque sorte mécaniquement, les données que nos sens nous transmettent d'une réalité prédonnée (ce qui correspond à une esthétique mimétique) et *imagination*, une faculté créatrice au sens fort du terme, capable de créer de nouveaux mondes (ce qui donnerait lieu à une esthétique poïétique)[100] ? Finalement, l'implosion de la différence entre original et copie risque de nous laisser aux prises avec le terme unique qui en a résulté : le simulacre, et de ce fait aussi avec les disputes pour et contre le simulacre qui prennent parfois, de nos jours, l'allure de guerres de religion.

III. Quelques enjeux

En quittant le haut niveau de généralité et d'abstraction de la réflexion, j'aborderai, dans cette section, quelques enjeux plus concrets, mais aussi de portée plus limitée. Ce sont néanmoins des questions spécifiques que la problématique circonscrite par « cinéma et restes urbains » ne saurait contourner. J'en aborderai trois : la question esthétique, la figuration de la ville et l'identité de la ville.

1. L'esthétique et l'esthésique

La question de l'esthétique du film est incontournable quand on parle de cinéma, que ce soit dans sa relation à la ville ou non. Mais elle présuppose résoudre une question préalable : le film est-il un art ou un média ? On aura déjà compris que l'argumentation déployée ici vise à éviter les questions alternatives, les dichotomies dures, surtout si le verbe « être » y intervient pour les articuler. C'est qu'elles mènent logiquement à des impasses et pragmatiquement à des guerres de tranchées.

---

100. Coleridge a développé cette théorie de l'imagination dans le livre XIII de sa *Biographia Literaria* (1971).

Comment donc sortir de l'impasse art-ou-média ? Mieux encore : comment faire pour ne pas y entrer ? Une première réponse, de principe celle-ci, consiste à reconnaître que l'alternative est logiquement mal posée parce que les deux termes ne sont pas de même niveau. Si, comme je l'ai suggéré, « média » intervient comme terme définitoire dès le débat anthropologique de l'hominisation, « art » est un terme bien plus spécifique, et par conséquent d'usage plus restreint. En partant de ce terme plus spécifique, il faut cependant admettre – chose qui a souvent et longtemps été oubliée – que tout art a une dimension médiatique. Ou encore, dans une formulation plus tranchée : il n'y a pas d'art sans média.

Si, en retour, nous adressons à un média la question esthétique, il y a de fortes chances que nous le traitions comme un art. C'est alors une exigence additionnelle que nous formulons et à laquelle le média en tant que tel ne doit pas nécessairement répondre. Si nous nous intéressons donc aux qualités esthétiques d'un film, et que nous le fassions entrer par là dans la catégorie de l'art, cela n'invalide en rien son statut de média qui peut cependant, de ce fait, passer à l'arrière-plan de notre intérêt pour le film en question. La sortie de l'impasse étant ainsi amorcée, une autre voie peut aussi être empruntée qui permettra peut-être de rapprocher média et art, plutôt que de les opposer au point de les amener à une exclusion réciproque.

Il s'agit de revenir sur la notion d'esthétique pour la repenser. Ce travail de reconceptualisation peut, au départ, s'appuyer sur un ressourcement étymologique. En retournant à l'origine grecque du mot « esthétique », *aïsthesis*, nous pouvons y rappeler et réactiver l'élément « perception sensorielle » et « contact avec le monde à travers les sens ». À partir de cette revalorisation d'une composante tout à fait matérielle, contenue dans le mot même, de nouveaux accents peuvent alors être apportés à la question esthétique. Dans le cadre d'une esthétique traditionnelle, les critères qui s'appliquent à un film si on le traite comme une œuvre d'art relèvent des catégories du beau et du goût. Ainsi, en examinant les visions apocalyptiques qu'un certain type de film s'est spécialisé à produire, on s'intéressera à la beauté sublime de la destruction de la ville et des paysages faits de ruines. Mais cette approche risque de nous faire rater le côté « média » du film.

Si, par contre, nous mettons au premier plan de notre approche le fait que la relation cinéma-et-ville est au départ une question d'affectation de nos sens, nous pouvons déplacer la question esthétique vers une question esthésique. Et si nous poussons la logique un peu plus loin en activant le terme de « cinesthésie », nous avons une bonne chance de dépasser l'alternative art ou média vers une problématique qui adopte la logique de la non-exclusion : « art-et-média ». Le cinéma et la ville sont alors considérés comme des espace-temps, auxquels s'ajoute l'élément *kiné* (mouvement) et dont la perception est d'emblée synesthésique[101], du moins depuis que le cinéma est sonorisé. Une telle approche nous obligerait à penser sérieusement la puissance d'interpellation des sens par le film. Cette question s'adresse tant au média qu'à l'art qu'il est. Dans la problématique esthésique les deux catégorisations du cinéma se superposent.

L'analyse spectatoriale permet d'articuler cette « cinésthésie ». Il ne faudrait toutefois pas qu'elle la considère exclusivement comme fait individuel qui isolerait le corps individuel en l'affectant. Elle comporte toujours aussi une dimension sociale – du moins tant qu'on va au spectacle cinématographique dans les salles de cinéma qui sont des lieux sociaux[102]. En fait, l'étrange socialité de la pratique spectatoriale comporte un aspect paradoxal : face à l'écran, on se trouve seul et pourtant intégré dans le corps social du public spectatorial. En plus on fait un véritable acte de volonté d'impuissance en se laissant envoûter par un monde multimédia qui exerce un pouvoir quasi hallucinatoire sur nous. On s'impose la stase physique du corps installé dans son siège – même si, dans le cinéma *drive-in*, il s'agit paradoxalement du siège d'un véhicule automobile ! – et on s'abandonne à une intense esthésie basée sur le mouvement. Sommes-nous tous, au cinéma, des Ulysse attachés au mât d'un vaisseau quelconque ?

---

101. Il est de mode de parler aujourd'hui de la qualité tactile, ou haptique, de toute expérience. Du point de vue empirique, on serait plus sûr – du moins en Amérique du Nord – d'inclure dans la synesthésie du cinéma l'odeur du maïs soufflé !
102. C'est d'ailleurs le réaménagement de ces salles – plus petites et regroupées dans des « cinéphiles » – qui est un des développements récents les plus impressionnants de l'industrie du cinéma. Si elle était la réponse à la menace que le visionnement privé des films faisait peser sur cette industrie, il semblerait que ce soit une réussite : le spectacle cinématographique s'est stabilisé comme pratique culturelle.

Quoi qu'il en soit, cette « cinésthésie synesthétique » – pour ramener la nouvelle approche à une formule néologique – pourrait même être reconnectée avec la troisième Critique de Kant, un des textes fondateurs de l'esthétique classique. Ne trouve-t-on pas dans la pratique spectatoriale telle qu'on l'observe dans les salles de cinéma aujourd'hui un *sensus communis aestheticus* en acte qui est bien de notre temps ? En tout cas, esthésique et socialité continuent à faire un drôle de ménage qui mériterait d'être analysé plus à fond.

Et rêvons encore un peu plus : pensé de la sorte comme un art-et-média qui interpelle nos sens avec intensité, qui médiatise entre nous et le monde, qui est partie intégrante de notre monde et qui comporte une socialité propre, le phénomène complexe cinéma-et-ville ne pourrait-il pas être inséré dans le projet d'une anthropologie historique matérielle des cinq sens telle que Marx l'a envisagée dès 1844 dans ses manuscrits de Paris : écrire une histoire qui raconte la manière dont l'être humain, dans un environnement techniquement et médiatiquement transformé par lui, se situe par ses cinq sens dans son monde ?

2. Les figures de la ville

À quelles stratégies figuratives les cinéastes ont-ils recours quand ils font face au phénomène complexe, global et pluriel qu'est la ville ? On aborde ici un autre volet important de notre problématique. Et d'emblée, cette question nous situe à cheval entre le langage et l'image, entre la culture verbale et la culture picturale. Car, dans le film sonore où interviennent langage et image, il n'est pas toujours facile de savoir auquel des deux registres sémiotiques, ou à quelle interaction entre les deux attribuer le travail de figuration. En plus, le film étant un tard-venu dans le paysage culturel, son existence même est précédée d'une longue tradition langagière, discursive et plus spécifiquement littéraire de la figuration de la ville, dont il a pu hériter.

Donner à un recueil de photographies, ou à un film, le titre *The Naked City*, c'est offrir au niveau du langage, dès le titre, une figuration de la ville. Et cette figuration, quel que soit le matériau visuel qu'elle annonce, détermine lourdement l'attitude réceptrice du spectateur. Dans ce cas concret, une des associations possibles va vers le syntagme anglais *the naked truth*, la vérité sans voiles, qui renvoie, à son tour, à une longue tradition occidentale dans le domaine iconographique. En fait, une des représentations allégoriques de la Vérité est une femme nue ou à peine voilée[103]. Le sexisme à peine voilé de cette tradition, avec toutes ses connotations érotiques ou sexuelles, a pu être réactivé plus directement par le photographe ou le cinéaste en laissant sous-entendre que la ville sera montrée comme une femme dont le spectateur connaîtra la véritable nudité ou la vérité nue. Que Weegee, l'auteur du livre de ce titre, soit journaliste spécialisé en photographies sur le crime à New York ne fait que confirmer cette lecture anticipatrice du titre.

Certes, les figurations de la ville ne sont pas toujours annoncées dans le titre, leur manifestation peut être réalisée de manière plus subtile, rester bien plus implicite. Mais le langage y joue presque toujours un rôle, que ce soit sous forme d'une préfiguration qui remonte loin dans le répertoire traditionnel des figures circulant dans une culture, par un élément explicite du dialogue, ou encore par une explicitation proposée *a posteriori* par un commentateur. Mais la figure implique toujours un travail très complexe de mise en discours qui joue sur plusieurs registres : il y a d'abord l'élément sémantique qui contribue à la conceptualisation ; un second registre est celui de l'axiologie qui ajoute de la valeur au phénomène représenté, il peut être combiné avec des contenus moraux ; finalement, toute figure peut véhiculer une charge affective.

Après ces quelques remarques préliminaires sur le procédé de la figuration en général, nous pouvons aborder le riche répertoire des figures de la ville que le film peut actualiser. Je laisserai de côté des figures-personnages qui servent d'intermédiaire au spectateur du film pour entrer dans la ville, en avoir une expérience phénoménale et l'explorer tels que le flâneur, le détective ou encore simplement le conducteur d'une automobile[104]. Pour commencer avec des figures axiologiquement négatives, il y a la ville-désert, souvent utilisée pour exprimer une des plaintes adressées à la ville moderne : son « désert »

---

103. Cette iconographie est elle-même développée en complicité avec la question philosophique grecque ancienne de l'*alethéia*, la révélation de la vérité par un processus de dévoilement progressif.
104. Qui peut alors jouer dans le film un rôle analogue à l'observateur fictif, dans le roman réaliste, que le narrateur invente pour guider le lecteur à travers les rues d'une ville et pour servir de prétexte à des descriptions minutieuses.

social fait de solitude, d'aliénation et d'anomie. Dans la figure de la ville-enfer, on atteint un maximum de négativité. La ville-labyrinthe, image intensifiée encore par la ville-chaos, peut nous procurer l'expérience subjective de la perte d'orientation, le manque d'ordre jusqu'à la claustrophobie. La ville-spectacle est d'une axiologie ambivalente, elle peut nous émerveiller ou nous décevoir par sa facticité. C'est depuis le travail de Guy Debord (1967) sur *La société du spectacle* que ce terme se trouve désambiguïsé et investi d'une valeur négative.

La plupart des figures comportent cependant un grand potentiel d'ambivalence, et peuvent se réaliser sur le mode positif ou négatif. La ville-labyrinthe, par exemple, peut également être perçue avec plaisir et amusement. À la ville-enfer correspond une figure antagoniste : la ville-paradis[105]. Un cas particulièrement intéressant est la ville-machine, d'abord parce que cette figure relève d'une longue tradition, déjà pré-filmique, ensuite parce qu'elle connaît en *Metropolis* (1927) une espèce de prototype très prégnant. N'importe que la comparaison du fonctionnement de la ville avec une machine géante peut-être positive (on insistera alors par exemple sur sa perfection organisationnelle et sur son fonctionnement impeccable) ou négative (on dénoncera alors son inhumanité aliénante). Parmi les figures les plus classiques, on trouve la ville-jungle qui a recours à une image naturelle pour insister sur les dangers qui guettent l'habitant de la ville. On peut considérer les figures de la ville-marécage ou de la ville-toile d'araignée comme ses variantes : dans les deux cas, l'accent est mis sur les dangers que la ville représente pour ses habitants[106].

Suit toute une série de figures anthropomorphisantes qui présentent la ville selon le modèle analogique d'un personnage humain. La ville-vampire fait partie des figures qui expriment la peur d'être avalé, anéanti par la ville. La ville-ventre attribue à la ville la fonction d'une partie du corps animal et humain, celle qui absorbe et digère. Elle connaît son prototype dans le roman réaliste de Zola *Le ventre de*

---

105. Le film *The Truman Show* (1998) joue sur cette ambivalence : la ville où habite Truman Burbank s'appelle Seahaven ; son aspect exagérément idyllique se transforme en une sorte de prison quand le héros découvre que tout a été mis en place pour l'empêcher de quitter ce « paradis ».
106. Tenant compte de la connotation négative de la ville-toile d'araignée, on peut se demander comment il a été possible de faire de *Spider Man* un héros positif.

Paris. Le film *The Belly of an Architect* (1987) de Peter Greenaway en propose une étrange inversion dans la mesure où c'est l'architecte qui a en quelque sorte une indigestion de la ville, et ceci pour signaler que la ville de Rome rejette plutôt qu'elle n'avale Kraklite, le protagoniste. Finalement, il y a un très riche champ tropologique de la ville figurée comme une femme, dont *The Naked City* est un premier exemple. Ses variantes sont la figure maternelle de la mère-cité et la figure de la ville-matrice qui, à son tour, déploie encore une fois l'ambivalence dont les figures sont capables : la ville peut paraître comme un espace utérin qui accueille et protège, au prix toutefois, d'une régression ; ou alors elle s'avère être une intériorité menaçante et vorace qui incorpore et anéantit comme une mère chtonique.

Dans la plupart des cas, la figure amorce une cristallisation conceptuelle du phénomène urbain, mais son niveau et sa modalité de concrétisation varient beaucoup et montrent une grande instabilité. Le plus souvent, c'est dans diverses traditions du discours verbal que les figures filmiques de la ville trouvent leurs ancêtres et modèles. Étrangement, tout en présentant une grande ambivalence elle-même, la figuration contribue dans chaque cas concret à la stabilisation du sens des villes que nous proposent les cinéastes.

3. Cinéma-et-ville et identité

Un quasi-paradoxe ayant trait à l'identité des villes mérite d'être repris et élaboré ici. Il y a unanimité pour dire que la ville moderne est le chronotope qui opère activement la dissolution de l'identité individuelle et qui va jusqu'à faire du sujet individuel un être de série, le vidant de la sorte de toute substance propre. En revanche, l'identité est affirmée au niveau du phénomène collectif qu'est la ville même. Le détour par un exemple littéraire permettra d'illustrer ce paradoxe. Il s'agit du roman *L'homme sans qualités* – titre désindividualisant s'il en est ! – de l'écrivain autrichien Robert Musil, dont la publication commença en 1930 mais resta inachevée à la mort de l'auteur survenue en 1942. Dès le premier chapitre, Musil décrit la ville dans des termes vaguement scientifiques (masse, vitesse) qui semblent en faire un phénomène anonyme répétable à l'envi, pour abruptement poser la question de son identité et l'affirmer de la manière la plus univoque :

Du fond des étroites rues, les autos filaient dans la clarté des places sans profondeur. La masse sombre des piétons se divisait en cordons nébuleux. Aux points où les droites plus puissantes de la vitesse croisaient leur hâte flottante, ils s'épaississaient, puis s'écoulaient plus vite et retrouvaient, après quelques hésitations, leur pouls normal. L'enchevêtrement d'innombrables sons créait un grand vacarme barbelé aux arêtes tantôt tranchantes, tantôt émoussés, confuse masse d'où saillait une pointe ici ou là et d'où se détachaient comme des éclats, puis se perdaient, des notes plus claires. À ce seul bruit, sans qu'on en pût définir pourtant la singularité, un voyageur eût reconnu les yeux fermés qu'il se trouvait à Vienne, capitale et résidence de l'Empire. On reconnaît les villes à leur démarche, comme les humains (Musil, 1957, 15-16).

Les habitants de la ville non seulement n'ont aucun droit à une identité individuelle quelconque, mais ils sont explicitement réduits à des phénomènes de masse dont on observe le comportement de système physique (« des cordons nébuleux ») – la ville oui. C'est comme si les attributs du sujet individuel, au moment de son effacement dans la masse, étaient transposés au niveau du phénomène collectif qu'est la grande ville moderne. C'est à ce niveau collectif que la construction identitaire est alors affirmée, d'ailleurs explicitement d'après le modèle de l'identité individuelle anthropomorphe (« on reconnaît les villes à leur démarche, comme les humains ») : les individus sont effacés, la ville, elle, a un nom et des qualités.

À bien des égards donc la question de l'identité de la ville en question n'est pas indifférente. C'est à elle que se réfère et s'applique alors tout l'appareil conceptuel et rhétorique de la construction identitaire qui a été développé pour le niveau individuel, mais n'y a plus prise. Les réclamations et appropriations identitaires s'adressent, de plus belle, à la ville : de quelle ville s'agit-il ? À qui appartient cette ville ? À qui la ville sert-elle de lieu d'identification ? Qui a le droit de s'y refléter, de s'y reconnaître ?

Ce programme identitaire collectif s'articule d'ailleurs comme à contre-courant de certains aspects de la mondialisation culturelle qui affecte tout particulièrement l'industrie cinématographique. Dans « l'archipel mégalopolitain mondial » (Dollfus, 1997, 25-32), les villes sont-elles encore différenciées, ne sont-elles pas devenues interchangeables ? C'est ici que se pose le vaste problème de l'identité nationale du cinéma et des métropoles : la culture cinématographique matérielle n'est-elle pas en train d'effacer l'identité et l'appartenance des villes ?

En tant que spectateur-consommateur de cinéma, par exemple, on peut se déplacer de ville en ville, de continent en continent, et on se trouve partout dans les mêmes nouveaux cinéphiles : de Montréal à New York, de New York à Berlin, de Berlin à São Paulo, la culture spectatoriale cinématographique est à toutes fins utiles la même et interchangeable. Une fois que le spectateur est installé dans la salle de cinéma, l'identité du lieu où il se trouve devient indifférente.

Si on se place du côté de la production de l'industrie cinématographique, la question de l'identité des villes en tant que lieu de production se pose autrement. Cela est tout particulièrement le cas pour les villes canadiennes – Vancouver et Montréal en premier lieu, mais aussi Toronto, qui aspirent toutes, de manière plus ou moins avouée, à devenir le Hollywood du Nord. Plus exactement à devenir des centres urbains de production, soit carrément en sous-traitance par rapport à un centre de production situé plus au Sud, soit simplement selon un calcul de réduction des frais de production, calcul découlant des impératifs d'une économie en voie de mondialisation sous l'hégémonie de l'industrie culturelle états-unienne. D'où, d'une part, fierté nationale ou locale : notre ville est sur la *map* comme centre de production cinématographique. Mais, d'autre part, déception que l'identité de la ville, la plupart du temps, ne compte pas. Elle est même activement effacée lorsqu'on tourne dans les rues de Montréal et qu'on les maquille pour représenter n'importe quelle ville nord-américaine prévue par le scénario du film. L'ironie veut que ce soit seulement par accident et par inadvertance de la part de l'équipe de tournage que quelques signes et symboles captés par les caméras, et qu'il serait trop coûteux d'éliminer, trahissent l'identité du lieu de tournage.

Ainsi, les villes deviennent-elles échangeables, les noms des villes indifférents comme lieux de production cinématographique. On se croirait dans une industrie d'extraction où le Canada ne fournit que la matière première – en l'occurrence le matériau visuel « images de grande ville moderne » – à prélever, bon marché, en vue de la fabrication d'un produit états-unien. Mais le nom de la ville de tournage ne compte pas. On n'est plus alors dans la logique du navire des Argonautes, parce qu'on peut changer de nom. À moins qu'on adopte une étymologie déviante qui fait dériver le nom du navire de *argo*, qui veut dire « rapide » en grec ancien, et non plus de Argos, son constructeur. On a affaire désormais à un nom générique – avec n'importe quel matériau urbain visuel on fait de la ville filmique moderne –, non plus à un nom propre. Tous les enjeux d'identité symbolique, d'autoreprésentation des habitants par leur propre ville, le désir d'appropriation identitaire nationale moyennant la ville, etc. passent par le collimateur mondialisant de la production cinématographique, ou, pire encore, par le maquillage hollywoodien.

Musil aurait-il prévu un tel développement en revenant – quelque peu dialectiquement – sur sa première affirmation et en la déconstruisant radicalement :

> Pourquoi [....] à propos de cette entité autrement complexe qu'est la ville où l'on séjourne, on veut toujours savoir exactement de quelle ville particulière il s'agit. Ainsi est-on distrait de questions plus importantes.
>
> Il ne faut donc donner au nom de la ville aucune signification spéciale. Comme toutes les grandes villes, elle était faite d'irrégularité et de changement, de choses et d'affaires glissant l'une devant l'autre, refusant de marcher au pas, s'entrechoquant ; intervalles de silence, vies de passage et ample pulsation rythmique, éternelle dissonance, éternel déséquilibre des rythmes ; en gros une sorte de liquide en ébullition dans quelque récipient fait de la substance durable des maisons, des lois, des prescriptions et des traditions historiques (Musil, 1957, 16-17).

Le passage se termine comme il a commencé : par une description de la ville qui est assimilée à quelque système physique collectif – ici thermodynamique –, description qui a pour effet d'annuler toute identité du système ou de ses parties. S'y trouvent opposées thèse (le nom compte) et antithèse (le nom ne compte pas, n'est qu'une diversion de questions plus importantes). On dirait que, au début du XXIe siècle, nous en sommes encore là, dans ce champ de tension entre les deux positions, exacerbé par la logique de la mondialisation de l'industrie cinématographique qui produit la double motivation tant pour effacer que pour affirmer l'identité de la ville. La logique identitaire semble en fait suivre la loi de la compensation établie par Lübbe : pas de déterritorialisation qui ne soit accompagnée d'un désir de reterritorialisation, pas de fragmentation, surtout subie comme une blessure, qui ne déclenche un fantasme, parfois violent, de retotalisation.

IV. Ouvertures

En fin de parcours – d'un parcours marqué par des nœuds d'intensité, par des interrogations spécifiques, par des solutions partielles, toutes sélectionnées dans le vaste champ circonscrit par la problématique « du cinéma et des restes urbains » – il est facile de reconnaître que l'exploration de ce champ est loin d'être achevée. D'autant plus qu'il s'agit là d'un champ en pleine évolution dans la culture contemporaine. Il s'agit d'une problématique dynamique qui nous interpelle en tant que chercheurs afin que nous y apportions des éléments d'explication et de compréhension.

Je formule donc le vœu que les recherches puissent continuer sur l'objet relationnel « cinéma-et-ville ». Et c'est bien en vue d'une telle continuation, en quelque sorte pour poser quelques jalons d'orientation, que j'indiquerai en conclusion deux voies à explorer.

1. Ouvrir l'archipel métropolitain

Dans son petit livre récent sur *La mondialisation* (1997), Olivier Dollfus, en géographe qu'il est, observe que les zones fortes de la mondialisation sont quelques « archipels mégalocytaires ». Il confirme par ce fait que la ville joue un rôle prépondérant dans le phénomène qu'on a convenu d'appeler la mondialisation, quelles qu'en soient par ailleurs les définitions proposées.

Or, on peut observer que les pérégrinations présentées dans les travaux de ce volume, pour diverses qu'elles soient, se déroulent largement à l'intérieur d'un seul de ces archipels, celui qu'on pourrait appeler « eurafricain » si on ne craignait d'usurper la désignation générale « américain » pour la seule partie septentrionale du continent américain. De Bruxelles à Berlin et à Amsterdam, à Rome, Turin et Naples, en passant par Lisbonne et Paris, puis massivement à New York, Los Angeles et, *last but not least*, en considérant Montréal et Vancouver – et j'en oublie certainement – nos fréquentations intellectuelles ont tendance à privilégier l'archipel mégalopolitain « eurafricain ».

Trop peu d'efforts, et trop timides, ne sont encore faits pour sortir de cet archipel qui est, somme toute, notre propre aire culturelle. Or, il faudrait multiplier ce genre de sorties. D'abord pour des raisons méthodologiques : insister sur la comparaison et multiplier les contrastes nous permettraient de faire sauter le singulier collectif dans notre usage du mot « la ville » et de parler sérieusement des villes au pluriel.

Mais aussi pour des raisons que je n'hésiterais pas à verser au chapitre de l'éthique de la recherche. Certes, on a raison jusqu'à un certain point d'affirmer que le choix objectivement restreint de nos objets est chose « naturelle », que c'est notre propre monde dont il y va, et que, après tout, notre intérêt de chercheur se porte vers la compréhension de notre propre expérience urbaine. Mais il n'en est pas moins vrai que cette attitude, devenant exclusive, risque de se muer en l'indice d'un certain enfermement ethnocentrique. C'est qu'elle comporte surtout, et historiquement encore une fois, le risque de généraliser, et pire encore, d'universaliser à partir des données et valeurs d'une seule zone et d'une seule culture qui s'érige de ce fait – implicitement ou explicitement – en centre et dégrade les autres zones en périphérie d'après un modèle de différenciation spatiale trop longtemps pratiqué et trop étroitement relié au processus historique de la colonisation pour qu'on le reproduise sans esprit critique.

2. Ouvrir le *cityscape* au *mediascape*

La possibilité de réactiver les notions de paysage et de chronotope pour le traitement de notre problématique a déjà été évoquée. Or, de ce point de vue, la langue anglaise nous offre une possibilité intéressante. Comme elle décompose le terme paysage en *land-scape*, où *land* est le contenu spécifique dont il s'agit (la terre, le pays, le territoire) et dont le suffixe *scape* indique une considération collective, une intégration globale dans notre regard et intérêt, elle met à notre disposition un élément combinatoire mobile, justement ce suffixe, que nous pouvons attacher à toutes sortes de réalités captées lexématiquement comme contenus sémantiques pour en indiquer ce même traitement global et intégrateur. Ainsi, selon le modèle de *landscape* sont apparus récemment en anglais les composés de *soundscape*, *cityscape* et *mediascape*. Et la série des néologismes est ouverte[107].

---

107. Dans son intervention remarquée dans le débat sur la mondialisation « Disjuncture and Difference in the Global Cultural Economy » (1990), Arjun Appadurai exploite ce potentiel de formation néologique en proposant de décomposer le phénomène

Parcours culturels dans l'archipel métropolitain...

Adoptant cette terminologie, on pourrait dire que notre objet relationnel nous invite à penser les liens et interactions entre *cityscape* et *mediascape*. Je plaide en faveur d'une plus grande ouverture des variétés de *cityscape* que nous devrions prendre en considération. Il faudrait du reste ouvrir davantage le *cityscape* sur le *mediascape*.

Il semble y avoir unanimité sur le fait que c'est le « paysage des médias » (pour traduire ainsi, maladroitement[108], *mediascape*) qui est aujourd'hui celui qui se transforme le plus rapidement. Nous en connaissons certaines causes : émergence et développement de nouveaux paradigmes technologiques, exploitation économique de ces développements, etc. Il semble évident aussi que cette dynamique des médias, du moins leur plus grand impact, se concentre dans les villes, et plus particulièrement dans les mégalopoles, ou dans ce que Saskia Sassen (1991) appelle *global cities*. Or, pour mieux capter cette même dynamique en tant que chercheurs, nous devrions davantage ouvrir notre champ de recherche sur la pluralité des médias qui coexistent avec le cinéma et qui concurrencent le cinéma. Et avec lesquels le cinéma sera de plus en plus obligé de trouver un *modus vivendi*, une relation de bon voisinage. Je pense en particulier à la vidéo, à la télévision, aux installations interactives, à Internet pour mentionner d'abord ceux avec lesquels le cinéma sera de plus en plus en état et dans l'obligation de partager la base technique de la numérisation qui ouvre un potentiel multimédiatique dont nous n'avons encore vu que le feu d'artifice inaugural.

Le potentiel intermédial qui s'ouvre ainsi, comme partie constitutive de la réalité de la ville en tant qu'expérience phénoménale et par rapport à la ville comme objet de (re)présentation, devrait être plus sérieusement pris en considération. En amont de ces développements technico-médiatiques, il serait bon aussi d'activer les liens avec la culture et les médias du langage et plus particulièrement avec l'hégémonie (déclinante ?) de l'imprimé et de l'écrit. Même la littérature comme art-et-média longtemps dominante en Occident, et dont le cinéma a repris certaines fonctions en les adaptant à l'audiovisuel,

---

de la mondialisation en cinq sphères différentes (*ethnoscape*, *mediascape*, *technoscape*, *financescape* et *ideascape*) dont l'articulation non synchronisée permet de rendre compte de la complexité et de la diversité du phénomène.

108. Maladroit, parce qu'on l'obtient par une métaphorisation généralisante du terme spécifique « paysage ».

mériterait une place plus importante dans notre approche. C'est dans cette intermédialité particulière que se joue un des enjeux clés de notre situation culturelle : l'interaction, par moments conflictuelle, entre langage et image.

Cela ne veut certes point dire que chaque chercheur doive désormais avoir un profil impossible à réaliser et devenir une espèce de *uomo universale* après la lettre, ou encore une encyclopédie ambulante. Ce serait là une fausse exigence et orientation. Mais cela veut dire que la configuration interdisciplinaire et intermédiale des problématiques devrait se refléter dans les regroupements des chercheurs qu'on réunira pour les aborder.

BIBLIOGRAPHIE

ADORNO, T. W. (1965), « Der wunderliche Realist », *in Noten zur Literatur III*, Frankfurt am Main, Suhrkamp.
ADORNO, T., HORKHEIMER, M. (1974, c.1944), « La production industrielle de biens culturels », *in La dialectique de la raison*, Paris, Gallimard, p. 129-176.
ALLOR, M. (1997), « Locating Cultural Activity : The "Main" as chronotope and heterotopia », *Topia*, 1.
ALTER, N. (1997), « Documentary as Simulacrum : Tokyo-Ga », *in The Cinema of Wim Wenders*, Roger F. Cook and Gerd Gemünden (ed.), Detroit, Wayne State University Press.
ALTHUSSER, L. (1967), « Sur le Contrat social », *Cahiers pour l'analyse*, n° 8, p. 5-42.
ANDERSON, B. (1996), *Imagined Communities, Reflexions on the origin and spread of nationalism*, London, Verso.
ANONYME (1907), « Au Ouimetoscope. Concours de sacs de sel », *La Presse*, Montréal.
APPADURAI, A. (1990), « Disjuncture and Difference in the Global Cutlural Economy », *Public Culture II*.
APPADURAI, A. (1998), *Modernity at Large. Cutural Dimensions of Globalization*, Minneapolis, University of Minnesota Press.
ARCAND, D. (1989), « Dossier Denys Arcand », *24 images*, n°s 44-45, p. 50.
ARROWSMITH, W. (1995), *Antonioni. The Poet of Images*, New York-Oxford, Oxford University Press.
AUGÉ, M. (1992), *Non-Lieux*, Paris, Seuil.
AUGÉ, M. (1997), *L'impossible voyage*, Paris, Rivages poche.
AUMONT, J. (1989), *L'œil interminable. Cinéma et peinture*, Paris, Librairie Séguier.
BAILIE, D. (1996), « Cinemas in the City : Edmonton from the nickel-odeon to the multiplex », *Prairie Forum*, 21. 2, Fall.
BARBI, D., CERVONE, A., CREMONINI, G. et ROMAGNOLI, P. (1989), *Immagini della città. Una sperimentazione sullo spazio cinèmatographie*, Bologna, Thema.
BARTHES, R. (1970), *L'empire des signes*, Genève, Skira, Les sentiers de la création.
BARTHES, R. (1975), « En sortant du cinéma », *Communications*, 23, p. 104-107.
BARTHES, R. (1975), *Roland Barthes par Roland Barthes*, Paris, Seuil.
BARTHES, R. (1977), « The Photographic Message », *in Image, Music, Text*, trans. Stephen Heath, New York, Hill and Wang.
BARTHES, R. (1981), *Camera Lucida : Reflections on Photography*, trans. Richard Howard, New York, Hill and Wang.

BARTHES, R. (1982), *Empire of Signs*, trans. Richard Howard. New York, Hill and Wang.
BARTHES, R. (1995), *Œuvres complètes*, tome 3, Paris, Seuil.
BAUDELAIRE, C. (1992), « The Painter of Modern Life », *in Baudelaire : Selected Writings on Art and Literature*, trans. P. E. Charvet, London, Penguin Books.
BAUDRILLARD, J. (1982), *À l'ombre des majorités silencieuses, ou la fin du social*, Paris, Gonthier/Denoël.
BAUDRILLARD, J. (1988), « Simulacra and Simulations », *in Selected Writings*, Mark Poster (ed.), Stanford, Stanford University Press.
BAUDRILLARD, J. (1988), *America*, trans. Chris Turner, London, Verso.
BAZIN, A. (1967), *What is cinema ?*, trans. Hugh Gray, Berkeley, University of California Press.
BEAUCHAMP, M. (1988), « Images de Montréal. Entre révélation et trahison », *24 Images*, n°s 39-40.
BELLAVANCE, G., LAPLANTE, B. (1997), *Le perfectionnement professionnel des auteurs, créateurs et interprètes du secteur culturel du Québec*, Sainte-Foy, INRS-Culture et société.
BELMANS, J. (1977), *La ville dans le cinéma*, Bruxelles, Éditions A. de Boeck.
BELTON, J. (1992), *Widescreen Cinema*, Cambridge, Harvard University Press.
BENEVOLO, L. (1983), *Histoire de la ville*, Roquevaire, Éditions Parenthèses.
BENJAMIN, W. (1971), « L'œuvre d'art à l'ère de sa reproductibilité technique », *in Poésie et révolution*, Paris, Denoël, p. 171-210.
BENJAMIN, W. (1974), *Charles Baudelaire, un poète lyrique à l'apogée du capitalisme*, Paris, Payot.
BENJAMIN, W. (1983), *Charles Baudelaire, a lyric poet in the age of high capitalism*, trans. Harry Zohn, London, Verso.
BENJAMIN, W. (1985, c1928), *L'Origine du drame baroque allemand*, Paris, Flammarion.
BENJAMIN, W. (1989), *Paris, capitale du xxe siècle*, Paris, Édition du Cerf.
BENJAMIN, W. (1999), *The Arcades project*, Cambridge, Belknap Press.
BERMAN, M. (1982), *All that is solid melts into air : the experience of modernity*, New York, Penguin.
BESTOR, T. C. (1989), *Neighbourhood Tokyo*, Stanford, Stanford University Press.
BJÖRKMAN, S. (sous la dir.) (1993), *Woody on Allen*, Stockholm, Alfabeta Boförlag.
BOGNAR, B. (1997), « The Making of World City : From Castle Town to Metropolis », *in Tōkyō*, Botond Bognar (ed.), New York, Academy Editions, p. 45-51.
BOILLAT, A. (2000), « L'espace dans *Le retour d'Afrique* d'Alain Tanner », *Approches du cinéma suisse*, Payot, Lausanne.
BONITZER, P. (1985), *Peinture et cinéma. Décadrages*, Paris, Cahiers du cinéma/Éditions de l'Étoile.

BORGES, J.-L. (1951), *Fictions*, Paris, Gallimard.
BORY, J.-L. (1971), « La soif de l'ordre », *Le Nouvel Observateur*, 22 février, p. 22-23.
BOURASSA, A.-G., LARRUE, J.-M. (1993), *Les nuits de la "main" : cents ans de spectacles sur le boulevard Saint-Laurent (1891-1991)*, Montréal, VLB éditeur.
BOYER, C. (1994), *The City of Collective Memory : Its Historical Imagery and Architectural Entertainments*, Cambridge, MIT Press.
BRITISH COLUMBIA. MINISTRY OF SMALL BUSINESS, TOURISM AND CULTURE. (2000), *B.C. film production tops $1 billion* (sous presse).
BROWN, G. (1995), « Intersection », *in Village Voice*, Film Review Annual, Englewood, Film Review Publishers.
BUCK-MORSS, S. (1986), « The Flâneur, the Sandwichman and the Whore : The Politics of Loitering », *New German Critique*, 39.
BURCH, N. (1969), *Praxis du cinéma*, Paris, Gallimard.
CALVINO, I. (1995), « *L'eclisse* di Antonioni », *in Saggi. 1945-1985*, T. II, Milan, Arnoldo Mondadori Editore.
CALVINO, I. (1997), *Eremita a Parigi. Pagine autobiografiche*, Milan, Arnoldo Mondadori Editore.
CALVINO, I. (1972), *Le città invisibili*, Torino, Einaudi.
CALVINO, I. (1974), *Les villes invisibles*, Paris, Seuil.
CAMUS, M. (2000), « Galeries Royales Saint-Hubert », *in De facto*, 21, p. 25-31.
CASSIVI, M. (2000), « Tournages Trompe-l'œil », *La Presse*, 15 avril, p. C1-2.
CASTELLS, M. (1998), *La société en réseaux*, vol. 1, Paris, Fayard.
CAUQUELIN, A. (1979), *Cinévilles*, Paris, UGE.
CAYROL, J., DURAND, J. (1963), *Le droit de regard*, Paris, Seuil.
CHION, M. (1985), *Le son au cinéma*, Paris, Éditions de l'Étoile.
CLARKE, D. (ed) (1997), *The Cinematic City*, London, Routledge.
CLAY, J. (1975), *De l'impressionnisme à l'art moderne*, Paris, Hachette.
COE, N. M. (2000), « On location : American capital and the local labour market in the Vancouver film industrie », *International journal of urban and regional research*, 24(1), p. 79-94.
COLERIDGE, S. T. (1971), *Biographia Literaria*, George Watson (ed.), Londres et New York, Dent.
« Columbia as Hollywood North », *Canadian Journal of Communication*, 20, p. 231-254.
COMOLLI, J-L. (1994), « La ville filmée », *in Regards sur la ville*, Paris, Centre Pompidou.
CRETTAZ, B. (1991), « Production et Patrie », *in Les Suisses dans le miroir. Les expositions nationales suisses*, Lausanne, Payot.
DANEY, S. (1998), *Ciné-journal*, 2 Tomes, Paris, coll. « La petite bibliothèque des Cahiers du Cinéma ».
DAVIS, D.W. (1997), « Ozu's Mother » *in Ozu's Tokyo Story*, David Desser (ed.), Cambridge, Cambridge University Press, p. 76-100.

DAWSON, J. (1976), *Wim Wenders*, trans. Carla Wartenberg, New York, Zoetrope.
DEBORD, G. (1992, c1967), *La société du spectacle*, Paris, Gallimard.
DE CERTEAU, M. (1984), *The Practice of Everyday Life*, trans. Steven Rendall, Berkeley, University of California Press.
DE CERTEAU, M. (1990), *L'invention du quotidien. I. Arts de faire*, Paris, Gallimard.
DE KUYPER, E. (1995), *Een passie voor Brussel*, Babylon-De Geus, Amsterdam.
DELANY, P. (1994), « Introduction : Vancouver as Postmodern city », *in Vancouver : Representing the Postmodern city*, Paul Delany (ed.), Vancouver, Arsenal Pulp Press.
DE LAURETIS, T. (1981), « Cinema, linguaggio e il luogo del soggetto », *in* Detassis P. et GRIGNAFFINI, G., *Sequenza segreta. Le donne e il cinema*, Milan, Feltrinelli, p. 214-232.
DELEUZE, G. (1985), *L'image-temps*, Paris, Minuit.
DELEUZE, G. et GUATTARI, F. (1980), *Capitalisme et schizophrénie. Mille Plateaux*, Paris, Minuit.
DELEUZE, G. et PARNET, C. (1996), *Dialogues*, Paris, Flammarion.
DOLLFUS, O. (1997), *La mondialisation*, Paris, Presses de Sciences Po.
DOUGLAS, M. (1966), *Purity and Danger. An Analysis of Pollution and Taboo*, New York, Routledge and Kegan Paul.
DUQUET, P. (1999), « Le Bureau du film de Québec : un ambassadeur de premier ordre », *Le Soleil Économique*.
DURKHEIM, E. (1955), *Pragmatisme et Sociologie*, Paris, Vrin.
ECKLER, R. (1996), « Curtain Set to Rise : Theatre Complex 1 topes to entice the entire family », *Calgary Herald*, 17 juillet, p. C7.
EIZYKMAN, C. (1976), *La jouissance-cinéma*, Paris, UGE.
ELGER, D. (1988), *Expressionnisme*, Paris, Taschen.
FERRO, M., (1975), *Analyse de film, analyse de société*, Paris, Classiques, Hachette.
FRANK, H. (1999), « Landschaft : Natur und Politik », *in Ästhetik des Politischen, Politik des Ästhetischen*, K. Barck et R. Faber, Würzburg, Königshausen & Neumann, p. 274-289.
FRIEDBERG, A. (1993), *Window Shopping : Cinema and the Postmodern*, Berkeley, University of California.
GARDIES, A. (1993), *L'Espace au cinéma*, Paris, Méridiens Klincksieck.
GARY, R. (1974), *La nuit sera calme*, Paris, Gallimard.
GASHER, M. (2000), « The Making of Hollywood North : Feature film in British Columbia », *Lonergan Review*, 6, p. 82-124.
GASHER, M. (1995), « The Audiovisual Locations Industry in Canada : Considering British Columbia as Hollywood North », *Canadian Journal of Communication*, 20, p. 231-254.

GAUDREAULT, A., LACASSE, G. et SIROIS-TRAHAN, J.-P. (1996), *Au pays des ennemis du cinéma. Pour une nouvelle histoire des débuts du cinéma au Québec*, Québec, Nuit Blanche éditeur.
GIBSON, J. J. (1986), *The ecological approach to visual perception*, London, LEA.
GODARD, J.-L. (1964), « La nuit, L'éclipse, L'aurore : entretien avec Michelangelo Antonioni », *Cahiers du cinéma*, n° 160, p. 8-17.
GOFFIN, J. (1997), *Sur le pas des écrivains à Bruxelles*, Bruxelles, Octogone.
GOFFMAN, E. (1963), *Behavior in Public Places*, Glencoe.
GOFFMAN, E. (1964), « The neglected situation », *American Anthropologist*, vol. 66, n° 6, p. 133-136.
GOFFMAN, E. (1991), *Les cadres de l'expérience*, Paris, Minuit.
GOMERY, T. (1985), « U.S. Film Exhibition : The Formation of a Big Business », in *The American Film Industry*, revised edition, Tino Balio (ed.), Madison, University of Wisconsin Press.
GOMERY, T. (1990), « Building a Movie Theatre Giant : The Rise of Cineplex Odeon », in *Hollywood in the age of television*, Tino Balio (ed.), Boston, unwin Hyman.
GOMERY, T. (1992), *Shared Pleasures : A History of Movie Presentation in the United States*, Madison, University of Wisconsin Press.
GRAFMEYER, Y. et JOSEPH, I. (1979, 1993), *L'école de Chicago. Naissance de l'écologie urbaine*, Paris, Aubier, 3e édition.
GUBACK, D. (1987), « The Evolution of the Motion Picture Theatre Business in the 1980s », *Journal of Communication*, 37, 2.
GUMPERZ, J. (1989), *Engager la conversation*, Paris, Minuit.
HABERMAS, J. (1987), *Théorie de l'agir communicationnel : pour une critique de la raison fonctionnaliste*, tome 2, Paris, Fayard, chapitre V, p. 7-124.
HAKE, S. (1993), *The Cinema's Third Machine : Writing on Film in Germany, 1907-1933*, Lincoln and London, University of Nebraska Press.
HALL, S. (1996), « When was "the Post-colonial" ? Thinking at the Limit », in Iain Chambers and Lidia Curti, *The Post-Colonial Question : Common Skies, Divided Horizons*, London, Routledge.
HALL, S. (1993), « Cultural Identity and Diaspora », in Patrick Williams and Laura Chrisman, *Colonial Discourse and Post-Colonial Theory*, Cambridge, Harvester/Wheatsheaf.
HELD, D. (1990), « The Decline of the Nation-State », in Stuart Hall and Martin Jacques, *New Times : the Changing Face of Politics in the 1990s*, New York, :Verso.
HESS-LÜTTICH E. W. B. et MÜLLER J.E. (1994) (ed.), *Semiohistory and the Media. Linear and Holistic Structures in Various Sign Systems*, Tübingen, Gunter Narr.
HIDENOBU, J. (1995), *Tokyo : A Spatial Anthropology*, Trans. Kimiko Nishimura, Berkeley, University of California Press.

HORWATH, A. et SCHLEMMER, G. (1991), « Film und Stadt », *in* G. Perching et W. Steiner, *Kaos Stadt. Möglichkeiten und Wirklichkeiten städtischer Kultur*, Wien, Picus Verlag, p. 198-215.
HUGO, V. (1966, c1832), *Notre-Dame de Paris*, Paris, Gallimard.
ISER, W. (1976), *Der Akt des Lesens*, München, W. Fink (UTB).
ISSARI, A. (1989), *Cinema in Iran 1900-1979*, Metuchen, The scarecrow Press.
JAMES, W. (1920, c1897), *La volonté de croire*, Paris, Flammarion.
JAMES, W. (1996, c1892), *Conférences sur l'éducation*, traduction et introduction de Bernard Jolibert, Paris, L'Harmattan.
JAMES, W. (1902), *L'expérience religieuse*, Paris, Alcan.
JAMES, W. (1910), *La philosophie de l'expérience*, Paris, Flammarion.
JAMES, W. (1914), *Le pragmatisme*, Paris, Flammarion.
JAMES, W. (1924), *Correspondance*, préface de Henri Bergson, Paris, Payot.
JOAS, H. (1985), *Georg Herbert Mead*, London, Polity Press.
JOAS, H. (1993), *Pragmatism and social theory*, Chicago University Press.
JONQUET, T. (1999), *Jours tranquilles à Belleville*, Paris, Méréal.
JOSEPH, I. (1994) (dir.), *Prendre place : espace public et culture dramatique*, Paris, Éditions Recherches.
JOSEPH, I. (1998), *Erving Goffman et la microsociologie*, Paris, PUF.
JOSEPH, I. (1998), *La ville sans qualités*, Paris, Éditions de l'Aube.
JOSEPH, I. (1999), « Le monde comme féérie », préface à Gabriel Tarde, *Les lois sociales*, Les empêcheurs de penser en rond.
JUTZ, G. (1991), *Geschichte im Kino. Eine Semio-Historie des französischen Films : Rohmer, Resnais, Godard, Allio*, Münster, Nodus.
KEARN, S. (2000), *The Culture of Time and Space, 1880-1918*, Cambridge, Mass., Harvard University Press.
KINSER, S. (1992), « Everyday Ordinary », *Diacritics*, Summer, p. 72.
KOCH, G. (1966), *Kracauer zur Einführung*, Hamburg, Junius Verlag.
KOLKER, R., BEICKEN, P. (1993), *The Films of Wim Wenders : Cinema as Vision and Desire*, Cambridge, Cambridge University Press.
KRACAUER, S. (1947), *From Caligari to Hitler : A Psychological History of the German Film*, Princeton, N.J., Princeton University Press.
KRACAUER, S. (1960), *Theory of Film : The Redemption of Physical Reality*, London, Oxford University Press.
KRACAUER, S. (1963), *Das Ornament der Masse*, Frankfurt am Main, Suhrkamp Verlag.
KRACAUER, S. (1971, c1929), *Die Angestellten. Aus dem neuesten Deutschland*, Frankfurt am Main, Suhrkamp Verlag.
KRACAUER, S. (1974), *Kino : Essays, Studien, Glossen zum Film*, Frankfurt am Main, Suhrkamp Verlag.
KRACAUER, S. (1976), *Jacques Offenbach und das Paris seiner Zeit*, Frankfurt am Main, Suhrkamp Verlag.
KRACAUER, S. (1979), *Schriften 2*, Frankfurt am Main, Suhrkamp Verlag.

Bibliographie

KRACAUER, S. (1987, c.1964), *Straßen in Berlin und anderswo*, Berlin, Das Arsenal.
KRACAUER, S. (1990, c1928), *Ginster. Von ihm selbst geschrieben*, Frankfurt am Main, Suhrkamp Verlag.
KRACAUER, S. (1995, c1927), *The Mass Ornament: Weimar Essays*, Trans. Thomas Levin, Cambridge, Massachusetts, Harvard University Press.
KRISTEVA, J. (1988), *Étrangers à nous-mêmes*, Paris, Fayard.
KRISTIC, V. (1997), « Liquid Constructions : Tokyo and the End of Space » *in Tokyo*, Ed. Botond Bognar, New York, Academy Editions, p. 38-39.
LABATUT, S. « Annexe II » de SEGALEN, V. (2000), *René Leys*, Paris, Gallimard.
LACASSE, G. (1988), *Histoires de « scopes ». Le cinéma au Québec*, Montréal, Cinémathèque québécoise.
LAFORGUE, J. (1979, c1970), *Poésies complètes*, Paris, Gallimard.
LAMONDE, Y., HÉBERT, P-F. (1981), *Le cinéma au Québec : Essai de statistique historique (1896 à nos jours)*, Québec, Institut québécois de recherche sur la culture.
LANKEN, D. (1993), *Montreal Movie Palaces : Great Theatres of the Goden Era, 1884-1938*, Waterloo, Penumbra Press.
LAPOUJADE, D. (1997), *William James. Empirisme et pragmatisme*, Paris, PUF.
LARRUE, J-M. (1995), « Le cinéma des premiers temps à Montréal et l'institution du théâtre », *Cinéma*, 6, 1, automne, p. 119-131.
LA VIDÉOTHÈQUE DE BRUXELLES, URL : www.lamediatheque.be
LEFEVRE, G. (1991), *Bruxelles dévoilée*, Bruxelles, Glénat.
LOYER, F. (1990), *Paris au XIXe siècle. L'immeuble et la rue*, Paris, Editions Hazan.
MACDONALD, G. (1998), « The Vast Picture Show », *The Globe and Mail*, January 17, p. B1.
MACKENZIE, S. (1997), « A Screen of One's Own : Québécois Cinema, National Identity and the Alternative Public Sphere », thèse de doctorat non publiée, McGill University, Montréal.
MANCINI, M. et PERELLA, G. (1986), *Michelangelo Antonioni Architetture della Visione*, Roma, Coneditor.
MANGIN, D. (2000), « Changeons le regard sur Paris », *Libération*, le mercredi 2 février.
MARTINI, G. (1984), *Città e Metropoli. Le culture, i conflitti*, Ferrare, Quaderno di Quindi, n° 1.
MASSEY, D. (1991). « A Global Sense of Place », *Marxism Today*, p. 24-29.
MEAD, G. H. (1932), *The Philosophy of the Act*, University of Chicago Press.
MEAD, G. H. (1980, c1932), *The Philosophy of the Present*, Chicago University Press.
MEAD, G. H. (1964, c1934), *Le soi, l'esprit et la société*, Paris, PUF.
MERCIER, S. (1783-1788), *Tableau de Paris*, Amsterdam (12 volumes).

MERLEAU-PONTY, M. (1976), *Phénoménologie de la perception*, Paris, Gallimard.
METZ, C. (1966), « La grande syntagmatique du film narratif », *Communications*, n° 8, (revue et argumentée *in Essais sur la signification au cinéma*, Paris, Klincksieck, 1968).
METZ, C. (1991), *L'énonciation impersonnelle ou le site du film*, Paris, Méridiens Klincksieck.
MOLINO, J. (1975), « Fait musical et sémiologie de la musique », *Musique en jeu*, 17, p. 37-62.
MORRIS, P. (1978), *Embattled Shadows : A History of Canadian Cinema, 1895-1939*, Montréal, McGill-Queen's University Press, p. 24-25.
MÜLLER, J. E. (1995), « Ort und Mythos des Übergangs : Zur historischen Funktion von *Transit Levantkade* », *in* U. Greiner et R. Riesinger (dir.), *Neue Mythographien. Gegenwartsmythen in der interdisziplinären Debatte*, Wien, Böhlau, p. 19-45.
MÜLLER, J. E. (1996), « Die filmische Konstruktion der Stadt – oder einige Bemerkungen zum audiovisuellen Modell Amsterdam », *in* D. Röller, *Stadt und Mensch. Zwischen Chaos und Ordnung*, Bern/New York, Peter Lang, p. 231-244.
MÜLLER, J. E. (1998), « Geschichtsbilder im Kino. Perspektiven einer Semiohistorie der Audiovisionen », dans *Medienwissenschaft*, 4/1998, p. 406-423.
MUSIL, R. (1957), *L'homme sans qualités*, Paris, Seuil.
NEMOIANU, V. (1989), *A Theory of the Secondary : Literature, Progress and Reaction*, Baltimore, The Johns Hopkins University Press.
NIETSCHMANN, B. (1993), « Authentic, State, and Virtual Geography in Film », *Wide Angle*, 15(4), p. 5-12.
NOLLETTI, A. Jr. (1992), « *Woman of the Mist* and Gosho in the 1930s », *in Reframing Japanese Cinema : Authorship, Genre, History*, Eds. Arthur Nolletti, Jr. and David Desser. Indiana, Indiana University Press, p. 3-32.
OLIE, J. (1999), *Amsterdam gefotografeerd aan het eind van de 19de eeuw dor Jacob Olie*, Amsterdam, De Verbeelding.
ORWELL, G. (1982), *1984*, Paris, Gallimard.
PEETERS, F., SCHUITEN, B. (1997), *Brüsel*, Tournai, Casterman.
PENDERGAST, C. (1996), « Circuler dans la ville pré-/post-moderne : de Jules Laforgue à Michel de Certeau », conférence prononcée le 26 novembre à l'Université de Montréal.
PENDERGAST, C. (1995), *Paris and the Nineteenth Century*, Oxford, Blackwell Pub.
PENZ, F., THOMAS, M. (1997), *Cinema & Architecture*, Londres, BFI Publishing.
PERRATON, C. (2001), « Réinventer la ville en sortant du cinéma », dans ce volume.
PEUCKER, B. (1995), *Incorporating Images : Film and the Rival Arts*, Princeton, Princeton University Press.

Bibliographie

PITHON, R. (1992), « Alpes et identité nationale dans le cinéma suisse : de La Croix du Cervin à Zwischen uns die Berge », *La Suisse imagée. Bricolages d'une identité nationale*, Zurich, Chronos, p. 217-234.
QUÉBEC. INSTITUT DE LA STATISTIQUE DU QUÉBEC, *Statistiques sur l'industrie du film*, Québec, Sodec.
RANCIERE, J. (2000), *Le partage du sensible*, Éditions de la Fabrique.
REEH, H. (1986), « En hommage à la ville du futur antérieur – ville et vitesse dans l'œuvre de Paul Virilio », *in* Groupe de Travail Interdisciplinaire, École Normale Supérieure de St. Cloud (collectif), *Ville et voyages – trajectoires urbaines*, Paris, Didier Erudition, p. 65-88.
REEH, H. (1991), *Storbyens Ornamenter – Siegfried Kracauer og den moderne bykultur*. [The Ornaments of the Metropolis : Siegfried Kracauer and Modern Urban Culture.], Odense, Odense University Press.
REEH, H. (1993), *The Urban Challenge in Siegfried Kracauer's Essay « Das Ornament der Masse »*, Working Paper 19, Odense, Humanities Research Center, Odense University.
REEH, H. (1999), « Fragmentation, Improvisation, and Urban Quality », *in Chora Three : Intervals in the Philosophy of Architecture*, Montreal, McGill-Queen's University Press, p. 157-177.
REEH, H. (2000), *Den urbane dimension – tretten variationer over den moderne bykultur* [The Urban Dimension : Thirteen Variations on Modern Urban Culture], Odense, Odense University Press.
RICHIE, D. (1986), « Walking in Tokyo », *in Tokyo : Form and Spirit*, Mildred Friedman (ed.), Walker Art Centre, Minneapolis, New York, Harry N. Abrams, p. 91-99.
RICHIE, D. (1988), « Attitudes Toward Tokyo on Film », *East-West Film Journal*, vol. 3, n° 1 (December), p. 68-75.
ROPARS-WUILERMIER, M.-C (1988), « L'espace et le temps dans l'univers d'Antonioni », *in* C. Di Carlo, *Michelangelo Antonioni. 1942/1965*, Rome, Ente Autonomo di Gestione per il cinema, vol. 1, p. 229-236.
RUWEDEL, M. (1986), « Marquee Picture Portfolio, The Theatres of Montreal », *Marquee*, 18.4, p. 20.
RUWET, N. (1968), *Introduction à la grammaire générative*, Paris, Plon.
SASSEN, S. (1991), *The Global City*, New York, London, Tokyo, Princeton, Princeton University Press.
SCEMAMA-HEARD, C. (1998), *Antonioni : le désert figuré*, Paris-Montréal, L'Harmattan.
SCHAMA, S.(1993), *L'embarras des richesses*, Paris, Gallimard.
SCHMID, G. (1986), « Geschichtsbilder, von der Metaphorik zur Wörtlichkeit und retour », *in Zeitgeschichte*, 13/8, p. 271-288.
SCHMID, G. (1988), *Die Spur und die Trasse. (Post)Moderne Wegmarken der Geschichtswissenschaft*, Wien/Köln/Graz, Böhlau.
SCHMID, G. (2000), *Die Geschichtsfalle. Über Bilder, Einbildungen und Geschichtsbilder*, Wien/Köln/Weimar, Böhlau.

SEIDENSTICKER, E. (1990), *Tokyo Rising: The City Since the Great Earthquake*, New York, Alfred A. Knopf.
SEGURA, M. (2000), « Hollywood P.Q. », *L'Actualité*, 15 mars, p. 64-70.
SENNETT, R. (1976), *The Fall of Public Man*, New York, A. A. Knopf.
SENNETT, R. (1990), *The Conscience of the Eye: the Design and Social Life of Cities*, New York, A. A. Knopf.
SENNETT, R. (1994), *Flesh and Stone*, New York, W. W. Norton Company.
SMITH, H. D. (1986), « Sky and Water : The Deep Structures of Tokyo », *in Tokyo : Form and Spirit*, Mildred Friedman (ed.), Walker Art Centre, Minneapolis New York, Harry N. Abrams Inc, p. 21-36.
SOBCHACK, V. (1988) « Cities on the Edge of Time : The Urban Science Fiction Film », *East-West Film Journal*, vol. 3, n° 1, p. 4-19.
SOJA, E. (1997), « Six Discourses on the Postmetropolis », *in Imaging cities : Scripts, Signs, Memory*, Sallie Westwood and John Williams (ed.), New York, Routledge, p. 21.
SOJCHER, F. (1999), *La kermesse héroïque du cinéma belge*, Paris, L'Harmattan.
SORLIN, P. (1991), *European Cinemas, European Societies. 1939-1990*, London/New York, Routledge.
ST-PIERRE, J. (1995), « La région prépare sa carte d'affaires », *Progrès-Dimanche*.
STIERLE, K. (1993), *Mythos Paris. Zeichen und Bewußtsein der Stadt*, München/Wien, Hanser.
SZILASI, G. (1997), *Photographies/Photographs*, Montréal, McGill-Queen's University Press.
TAKAYUKI T. (1996), « Full Metal Apache Shinya Tsukamoto's *Tetsuo* Diptych : The Impact of American Narratives upon the Japanese Representation of Cyborgian Identity », *The Japanese Journal of American Studies*, n° 2, p. 25-47.
THOMAS, P. (1995), *Un siècle de cinéma belge*, Ottignies, Quorum.
THOMPSON, M. (1979), *Rubbish Theory. Creation and Destruction of Value*, Oxford, Oxford University Press.
THYS, M., MICHELEMS, R. et al. (1999), *Belgian cinema/Le cinéma belge/De Belgische film*, Gent, Ludion.
TIERCELIN, C. (1993), *C.S. Peirce et le pragmatisme*, Paris, PUF.
TORTAJADA, M. (1998), « Cinéma suisse : comment échapper au paysage narcissique ? », *in Derrière les images*, Musée d'Ethnographie, Neuchâtel.
TORTAJADA, M. (1999), « Image de la Suisse, image du cinéma suisse. Le stéréotype fondamental de l'identité et le statut du cinéma suisse des années 70 », Actes du colloque *Film und Kino in der Schweiz Ansichten zwischen Zeilen und Medien*, Zürich, novembre.
VERONNEAU, P. (1992), *Montréal, ville de cinéma*, Montréal, Cinémathèque québécoise.
VILLENEUVE, J., NEVILLE, B. et DIONNE, C. (dir.) (1999), *La mémoire des déchets. Essais sur la culture et la valeur du passé*, Québec, Nota Bene.

VIRILIO, P. (1980), *Esthétique de la disparition*, Paris, Balland.
VIRILIO, P. (1998), *La bombe informatique*, Paris, Galilée.
WARWICK TRADING COMPANY LTD. (1902), *Film Catalogue*, Londres.
WESTWOOD, S. and Williams, J. (eds.) (1997) *Imagining Cities : Scripts, Signs, Memory*, London, Routledge.
WILLIAMS, L. (1994), *Viewing Positions : Ways of Seeing Film*, New Brunswick, Rutgers University Press.
WILLAUMEZ, M.F. (1994), *Trois visages de passages au XIXe siècle*, Bruxelles, Solibel.
WILSON, E. (1997), « Looking Backwards, Nostalgia and the City », *in Imagining Cities : Scripts, Signs, Memory*, Sallie Westwood and John Williams (ed.), New York, Routledge, p. 129.
YAKABUSKI, K. (1997), « A Phoenix to Rise on Ste-Catherine », *The Globe and Mail*, 29 octobre, p. A2.
YOSHIMOTO, M. (2000), *Kurosawa : Film Studies and Japanese Cinema*, Durham, Duke University Press.
ZEVI, B. (1994), *Architettura della modernità*, Rome, Newton Compton.

INDEX DES FILMS

A

2001 A Space Travesty, 95
À propos de Nice, 133
À tout prendre, 93
A Turnout of the Montreal Fire Brigade and Apparatus, 90
Affliction, 94, 95
Alaska, 124
Alice dans les villes, 9, 15
Alphaville, 6, 9, 51, 52, 53, 54, 55, 56, 57, 58, 60, 230, 233
Amsterdamned, 166, 170
Ancient of Days, 205
Armageddon, 228
Asphalte, 164
Au fil du temps, 187

B

Babel – lettre à mes amis restés en Belgique, 179
Babel opéra ou la répétition de Don Juan, 179
Barney's Great Adventure, 94
Berlin, symphonie d'une grande ville, 32
Berlin, the Symphony of a Great City, 70, 72
Bird on a Wire, 122, 124
Blade Runner, 32, 230
Bonjour !, 210
Brazil, 230
Broadway Danny Rose, 134
Brussels by night, 179
Bruxelles mise en pièces, 179
Bruxelles Requiem, 185
Bruxelles, une ville à sauver, 179
Bullet Ballet, 214, 215
Bullets Over Broadway, 134

C

Caro diario, 157

Central do Brasil, 7
Charles mort ou vif, 192
Chronique d'un amour, 152
Contes cruels de la jeunesse, 212
Course de La Presse, 91
Courses d'automobiles au Parc Delorimier, 91
Cousins, 122
Crash, 107, 112
Crépuscule à Tokyo, 203

D

Dans la ville blanche, 9, 13
Dark City, 228, 229
Désert rouge, 150
Deux ou trois choses que je sais d'elle, 187
Deux secondes, 95
Diamonds are Forever, 171
Doomed Megalopolis, 215
Duke of York in Montreal and Quebec, 90

E

Eldorado, 7, 95
Electric Tram Ride Through Ste-Catherine Street, 90
Elle et lui, 212
End of days, 228
Entr'acte, 67
Entre Flore et Thalie, 186
Entre le ciel et l'enfer, 213

F

Family Viewing, 6, 51, 56, 58, 59, 60, 61, 231, 233
Femme de Tokyo, 203
Femmes entre elles, 149
Film as the Discoverer of the Marvels of Everyday, 65
First Blood, 124
Flesh and Stone, 174
From Caligari to Hitler, 65, 71

G

Ghost in the Shell, 215
Godzilla King of the Monsters, 214
Golden Gloves, 93
Grauzone, 191, 192
Gymnastes au Champ-de-Mars, 91

H

Hachisch, 192, 194
Halfaouine, 224
Heidi, 188
Hemoglobin, 94
Highlander 3, 107, 112
Highlander, 120
Homme sans carte, 212
Housekeeping, 124

I

Il deserto rosso, 150
Il grido, 151
Independance Day, 228, 229
Intersection, 122, 127

J

Jacqueline, 188
James ou pas, 192
Je suis né mais…, 210, 213
Jennifer 8, 124
Jésus de Montréal, 34, 35, 95, 120
Jeux de famille, 213
Jordaan film Oranje Hein, 166, 169
Journal intime, 158
Jours tranquilles à Belleville, 40
July 14, 67
Jumanji, 124

L

L'acrobate, 156
L'amore molesto, 157
L'aria serena dell' Ovest, 156
L'arrivée du train en gare de la Ciotat, 161
L'Aventure, 150
L'avventura, 151
L'éclipse, 150, 151

L'eclisse, 154
L'homme à la caméra, 32
L'inconnu de Shandigor, 187
La dernière chance, 188
La Florida, 88
La grande Illusion, 107
La jetée, 52
La loi du plus faible, 224
La lutte, 93
La Notte, 152, 154, 156, 187
La nuit des morts vivants, 108
La nuit, 150
La pomme, 192, 198, 222
La position de l'escargot, 95
La promesse, 43, 44
La rue de la honte, 211
Last Night, 228
Laws of Gravity, 7
Le chat dans le sac, 93
Le chœur de Tokyo, 203
Le confort et l'indifférence, 35
Le cri, 149
Le désert rouge, 148
Le dossier « B », 182, 186
Le fabuleux destin d'Amélie Poulain, 7
Le fusilier wipf, 188
Le grand soir, 190
Le mépris, 54
Le million, 68
Le procès de Tokyo, 203
Le retour d'Afrique, 192
Le révolutionnaire, 93
Le vagabond de Tokyo, 203
Legends of the Fall, 124
Léolo, 219
Les arpenteurs, 192
Les choses de la vie, 129
Les enfants du paradis, 221
Les ordres, 93
Les raquetteurs, 92
Les villes invisibles, 147
Les violettes sont bleues, 221
Lisbon Story, 5, 9, 14, 17, 19, 82, 84, 85, 158
Little Women, 124
Look Who's Talking, 124

Index des films

Los Olvidados, 224
Love and Human Remains, 108, 110
Lyon, le regard intérieur, 133

M

Man with a Movie Camera, 71
Manhattan Murder Mistery, 134
Manhattan, 9, 17, 18, 19, 120, 134, 135, 138, 140, 141, 142
Marius et Jeannette, 43
Masculin/Féminin, 198
Messidor, 191
Metropolis, 5, 9, 32, 55, 212, 246
Montreal Fire Department on Runners, 90

N

Naked City, 32, 244, 247
Naked Lunch, 107
Notebook on Cities and Clothes, 81

O

Once Upon a Time in America, 104, 107

P

Pane e tulipani, 157
Patlabor, 215, 216
Playtime, 52
Pluto Nash, 114
Pourquoi pas, Eijanaika pas ?, 208
Pretty Poison, 94
Puppet on a Chain, 171

Q

Quo Vadis, 19

R

Rabid, 107, 108, 111
Roma, 9, 12, 13, 16, 19, 20, 32, 120
Roxanne, 124
Rumble in the Bronx, 124

S

Salaam Bombay, 220, 224
Sans soleil, 204

Sauve qui peut la ville, 179
Scanners 2, 107, 108, 110, 111, 113
Scanners 3, 110
Scanners, 110, 111
Shadows, 43, 44
Shazzam, 45
Shivers, 108
Short Cuts, 44
Sleeper, 139
Snake Eyes, 95, 114
Sous les toits de Paris, 67
Spider Man, 246
Stakeout, 124
Stalker, 228
Strange Days, 32

T

Terminator I, 228
Terminator II, 228, 229
Tetsuo (Iron Man), 214
The Alarm, 90
The Assignment, 107, 108, 114, 116
The Belly of an Architect, 155, 247
The Bone Collector, 104, 114
The CPR Imperial Limited Leaving Montreal Station, 90
The Fifth Element, 230, 231
The Fourth of July, 228
The Jackal, 107, 114, 115, 116
The Last of England, 228, 229
The State of Things, 85
The Talented Mr. Ripley, 157
The Truman Show, 246
Theory of Film : The Redemption of Physical Reality, 65, 72, 74, 75, 77, 78, 80, 82, 83
Titanic, 228
Tokyo décadence, 203
Tokyo olympiades, 203, 211
Tokyo Story, 81
Tokyo-Ga, 80, 204

U

Un 32 août sur terre, 88, 95
Une auberge à Tokyo, 203

Une Passion pour Bruxelles, 175
Une simple histoire, 54

V

Villes invisibles, 177
Visage d'un autre, 212
Vive la Liberté, 68

Vivre, 210, 211
Voyage à Tokyo, 203, 210

W

West Side Story, 17
Who's Harry Crumb, 124

TABLE DES MATIÈRES

Présentation
    Charles Perraton et François Jost   5

Introduction
    Être de ville, être de film. Miroirs et réflexions
    Alain Médam   9

1. Le cinéma pour repenser la ville   27

  Réinventer la ville en sortant du cinéma
    Charles Perraton   27

  La ville sans cinéma. Le cinéma dans la ville
    Isaac Joseph   37

  Surveiller et unir
    François Jost   51

  The Street – Repressed or Redeemed ?
  Siegfried Kracauer on Cities and Cinema
    Henrik Reeh   63

  "The Ecstatic Membrane of the Real"
  Filming Wenders' Cities
    Brigitte Peucker   77

2. La ville-décor   87

  Montréal, de l'espace colonial à l'espace postcolonial
    Germain Lacasse   87

  Montréal polymorphe, *Montreal anywhere*
  Une ville de tournage à l'ère de la délocalisation
    Guy Bellavance   99

  Tourner à Vancouver :
  stratégies de représentations hollywoodiennes
    Mike Gasher   121

3. Le cinéma comme imaginaire de la ville — **133**

Manhattan, ville-personnage
  Elena Dagrada — 133

Des « villes invisibles » de Calvino
aux villes visibles du cinéma italien
  Cristina Bragaglia — 147

4. La ville : représentations et identité — **159**

La ville comme imag(o)ination ou quelques thèses
sur la construction audiovisuelle de la « métropole »
d'Amsterdam
  Jürgen Müller — 159

Bruxelles brûle-t-elle ?
  Véronique Beelaert — 175

Le regard urbain dans le nouveau cinéma suisse
(Michel Soutter, Fredi Murer, Alain Tanner)
  Maria Tortajada — 187

Tokyo, le film
  Catherine Russell — 203

L'espace populaire : quel regard sur quelle ville ?
  May Telmissany — 217

Conclusion

Parcours culturels dans l'archipel métropolitain :
cinéma, ville et restes urbains
  Walter Moser — 227

Bibliographie — **255**

Index des films — **267**

541010 - Septembre 2013
Achevé d'imprimer par